証言で学ぶ「沖縄問題」

観光しか知らない学生のために

松野良一＋
中央大学FLPジャーナリズムプログラム 編

中央大学出版部

はじめに――「沖縄問題」を証言で学ぶことについて

私事で大変恐縮だが、私が沖縄に関心を持ったのは約四〇年前、高校時代のことである。全国高校演劇コンクールの予選で、沖縄のある高校の舞台を見て衝撃を受けたのがきっかけである。三線《さんしん》の音色とともに演じられる沖縄地上戦の悲劇を見て、次の舞台が自分の高校の出番であることをすっかり忘れて涙したことを覚えている。

そして、大学を卒業して以来、私はジャーナリズムの世界で仕事をしてきたが、沖縄問題については機会があるたびに取材に赴いた。ジャーナリストなら、誰でもが「沖縄問題」には強い関心を持つものである。なぜなら、そこで、日本の政治の縮図、国の政策と住民運動、そして米国の世界戦略などを見ることができるからだ。

私の場合、取材のほとんどが、米軍基地問題と反対闘争、そしてリゾート開発をめぐる黒い噂と土建政治に関するものであった。立派に整備された道路と自治体の建物、しかし一方で、地元の産業はなかなか育成されず、失業率は高く、教育水準もなかなか向上しない。膨大な補助金や公共事業によって、沖縄は本来持っていた強い生命力を弱めてしまったようにも思えた。

さらに、米国の世界戦略のために存在し続ける米軍基地。そして、日本の防衛を理由に毎年増加してきた米軍基地を維持するための「思いやり予算」。基地反対闘争をする人たちもいれば、基地の存在で生きている人たちもいる。土建政治を批判する人もいれば、逆にそれを利用してしたたかに生きている人もいる。軍用地主の存在、基地従業員の存在、そして、公共事業で生活する建設会社などの人たち。少し取材すれば、基地がなくなればすべて解決するような簡単な問題ではないことがわかる。また一方で、返還された基地の跡にできた商業施設などが、新しい雇用と産業を生み出していることも事実だ。

「沖縄問題」というのは、範囲も広く奥も深い。沖縄独自の問題もあれば、日本全国に共通する問題も内包している。そればかりではない。世界を見渡してみると、米軍基地が存在する国、地域で生じている問題には、沖縄で生じている問題と似通っている部分が多々あることに気づく。

＊

「沖縄問題」とひとくちに言っても、その中身は多様である。人によってその種類と内容は異なっている。琉球王国が島津藩に実質的支配を受けたあと、明治に入って廃藩置県によって「日本」に組み入れられたいわゆる琉球処分。そして、本土決戦のための時間稼ぎとなった沖縄地上戦、集団自決をめぐる裁判や教科書問題。戦後の米軍基地問題、沖縄返還などをめぐる密約、日米地位協定問題、ベ平連活動とベトナム戦争、連続する米兵による暴行強姦事件、基地建設反対闘争や一坪地主運動。最近では、リゾート開発と環境問題、絶滅寸前の希少動植物保護問題、相対的に下位にある学力と進学率、賃金格差、土建政治、琉球の伝統文化や食文化の消失や変容。さらに、それらの原因は「日本」に組み入れられたことにあると主張する琉球独立論の勃興など、挙げればきりがない。

この本は、どのテーマを選ぶのか、そして誰にインタビューするのか、どのように文章を構成するのかについて、大学生たちに自ら考えてもらった。担当したのは、中央大学FLPジャーナリズムプログラムの学生たちである。沖縄行きの渡航費用は、もちろん自腹である。だから、「沖縄問題」に関する学習意欲と取材のモチベーションが高い学生ばかりであった（FLPとは、ファカルティ・リンケージ・プログラムの略で、学部横断型のゼミのことである。中央大学には六学部あるが、そこから選抜試験を経てゼミを構成する）。

一連の取材では、あまり知られていない「沖縄問題」について証言された方、さらには、「学生さんだから話すよ」と初めて証言された方もいらっしゃった。

集団自決から抜け出し孤児として生き延びた少年、重傷の同級生に手榴弾を渡した鉄血勤皇隊員、コザ暴動で嘉手納基地に突入したロック歌手、沖縄のガンジーと呼ばれた反基地運動家、普天間基地と辺野古、戦争マラリアと陸軍中野学校、台湾疎開と尖閣列島戦時遭難事件など、これまであまり知られていなかった歴史的事実に関する貴重な証言も収めた。

現代の学生にとっては、沖縄のイメージといえば、「リゾート地」である。ビーチで遊び、飲んだり食べたりすることは希望しても、沖縄地上戦や基地問題などについて考えることは、「暗いのはいやです」と避けたがる傾向がある。ビーチで楽しむのもいいが、しかし一方で、大学で学ぶ者として、自分たちを取り巻く問題から目をそむけず、自然体で現場に足を運び、当事者、関係者の声に耳を傾ける必要がある。

この本を読んだ学生が「沖縄問題」に関心を持ち、自ら沖縄を訪れて、現場で考えてくれることになれば、これほどうれしいことはない。

二〇一四年四月

中央大学総合政策学部教授　松野良一

目次

第一部

沖縄地上戦の証言

第二部

戦後の沖縄

第三部

沖縄と米軍基地

本文中に記されている聞き手の学年及び語り手の年齢は、すべて取材当時のものです。

第一部

沖縄地上戦の証言

沖縄地上戦の記憶

――集団自決、そしてコザ孤児院の記憶

解説　川平成雄▼琉球大学教授
証言1　松本　実▼七十四歳
証言2　長嶺将興《しょうこう》▼七十八歳

聞き手　金光真理（中央大学経済学部二年）
日野愛音（中央大学法学部二年）

はじめに

沖縄は、日本で唯一、地上戦が繰り広げられた地である。米軍は沖縄戦において、捕虜にした日本軍兵士や住民を収容するため、占領した場所に次々とキャンプを設置した。その数は十二カ所にのぼる。その収容キャンプの一つに、コザキャンプがあった。コザキャンプの中には、親を失った子供たちを収容する目的でコザ孤児院が設置された。一歳から十三歳までの子供が集められ、一九四五年からの約四年間で八〇〇人を収容したという。県内でも最大規模の孤児院であった。一九四九年には他の場所の孤児院と統合され、沖縄厚生園になった。

敗戦から六十五年経った、二〇一〇年六月二十日。沖縄県沖縄市で、コザ孤児院で亡くなった子供への慰霊祭が戦後初めて行われた。孤児院に収容されていた人や、孤児院で先生をしていた人など、参加者はおよそ六十人に及んだ。皆、六十五年ぶりの再会を喜び合った。

私は、ある新聞記事でこのコザ孤児院の慰霊祭のことを知った。しかし、私がこの慰霊祭に関する新聞記事を読んでも、違和感を覚えるだけだった。初め、「孤児院」という文字を見てもピンとこなかったからだ。沖縄には、一度だけ行ったことがある。高校三年生の夏休み、家族との旅行だった。青い空、白い雲、輝く海。浜辺は海水浴客で賑わい、街の中はカメラやガイドブックを持った観光客でいっぱいだった。沖縄には笑顔が溢れていた。その時私が抱いたイメージは「美しい沖縄」。それだけだった。

そのような沖縄が、ほんの六十五年前にはたくさんの孤児で溢れていたなんて。多くの子供が家族を失い、たった一人で生きていかなければならなかったなんて。

それがどうしても信じられなかった。私は平成元年生まれ。戦争を体験していないどころか、昭和という時代すら知らない。戦後の食糧も何もない時代に、子供たちはどうやって暮らして、何を思っていたのだろう。彼らの目に、沖縄戦はどのように映っていたのだろう。様々な疑問が湧いた。しかし、大学の図書館に行っても孤児院に関する本は見つからず、インターネットを使っても私が見た記事が出る程度だった。コザ孤児院に関する情報は、思った以上に少なかった。

コザ孤児院略史

1945年…米軍が設置したコザ難民キャンプ（コザ収容所）内に設置される。
1949年…他の孤児院と統合され、沖縄厚生園へ。
なお、1945年から1949年までの間に約800人の子供を収容した。

「もう一度、沖縄に行こう」

東京で資料を探すよりも、沖縄へ行き、コザ孤児院に関して証言してくださる人に話を伺った方がいいと思った。こうして、二〇一〇年十月三十一日から十一月三日の四日間、私は沖縄に滞在することにした。一日目は、琉球大学法文学部教授の川平成雄氏からコザ孤児院について概要を伺った。二、三日目は、沖縄県沖縄市役所総務課市史編集担当の協力を得て、収容体験を持つ松本実さんと長嶺将興さんに話を伺うことができた。（日野）

まずは、沖縄戦や沖縄戦後の住民の経済活動について研究されている、琉球大学法文学部教授、川平成雄氏に話を伺った。

解説▽琉球大学教授　**川平成雄**

孤児院が設置された背景

——米軍が収容キャンプを置いたのはなぜですか？

川平さん　これは、米軍が進攻する際に、住民が邪魔にならないようにするためです。戦時中、三十代、四十代の人は、もう戦力でしょ。足りなくなってくると、それ以上の年齢の人も駆り出される。だから残るのは、おじいちゃんおばあちゃんと、子供たち。地上戦で家などは破壊されているから、みんな地上をさまよっていたんです。でも、米軍は沖縄進攻作戦の最中ですから、そんなに地上をさまよっている住民がいると、民間人の犠牲が余計に増えてしまう。だから、さまよっている子供たち、老人がいれば、近くのキャンプ、つまり収容所に連れていくんです。最初は十二カ所。その敷地の中に、孤児院もだんだん設置された。進攻作戦を遂行するために、設置したんです。

——収容キャンプの中でも「孤児院」が設置されたのはなぜですか？

川平さん　二つの意図がありました。一つ目は子供たちが浮浪しないようにという意図です。地上戦では家も畑も焼かれ、壕は日本軍が使っていました。そのため住民は、戦火の中、何もない地上を逃げ回らなければなりません

解説者の略歴

川平成雄　▷琉球大学法文学部総合社会システム学科経済学専攻課程教授。博士（歴史学）。沖縄戦及び沖縄戦後の住民に焦点を当て、『沖縄空白の一年──一九四五‐一九四六』（吉川弘文館）を上梓。

孤児院について語る川平成雄教授。

でした。だから戦場をさまよっている子供たちがたくさんいたんですね。米軍は、子供たちが邪魔にならないように、その子供たちを一カ所に集めようとしたんです。

　二つ目は、子供たちを救おうという意図です。当時は休む場所も、食べる物もなかったため、子供たちは栄養失調で衰弱し、骨と皮だけの状態でした。皮膚病や赤痢も流行っていました。そのあまりの姿に、子供たちを特別に世話してあげる場所を作らなくてはいけないと、米軍は考えました。

——では、子供たちは孤児院にたどり着いて初めて安定した生活ができたのですか？

川平さん　そうですね。孤児院はテントを使用したり、民家を使用したりと様々でしたが、物資はすべて米軍側のものでした。米国人の医者もいました。だから子供たちは、収容されれば食べ物にありつけ、怪我の手当てもしてもらえたのです。子供たちにとっての沖縄戦の終わりは、米軍側のキャンプに収容された時だったと私は思います。

——孤児院に収容された子供たちはその後どうなったのですか？

川平さん　すぐに亡くなってしまう子供たちがほとんどでした。当時は本当に食糧不足でしたから、多くの子供たちが栄養失調でした。伝染病もありました。また、一度にたくさんの子供たちを収容したため、子供たちの世話をする大人も疲れ果てていました。だから、朝になって大人が気づくと、泣き声を上げることもなく、静かに冷たくなっている子供たちも多くいました。

＊

平成に生まれた私たちにとって、食べ物があることは当たり前だ。そのため、川平教授の話はとても衝撃的だった。私たちよりずっと小さな子供たちが、食糧を求めてさまよう。やっと孤児院にたどり着いても、栄養失調で亡くなってしまう。その事実が信じられなかった。どんな思いで子供たちは生きていたのだろう。

　私たちはその疑問を胸に、二日目、三日目と、二人のコザ孤児院収容経験者に話を伺った。松本実さん（七十四）と、長嶺将興さん（七十八）。二人は戦時中、どう過ごしたのだろうか。

まずは、八歳の時に集団自決で家族を失い、たった一人でコザ孤児院に収容された、松本実さんに話を伺った。

証言1▽松本　実

ただ一人生き残った

――孤児院にたどり着くまでの経緯を教えてください。

松本さん　私が孤児になったきっかけは、集団自決でした。私が住んでいたのは浦添市宮城という集落でした。空襲の時には、いつも近くにある鍾乳洞に近所の人と隠れていました。だいたい六十人ほどいました。ある時、大雨で水が鍾乳洞に流れ込み、水位がすごく高くなったので、仕方なくみんなで外へ出たんです。外へ出たのは昼で、雨が降り続いていました。私は八歳だったから、お父さんに手を引かれながら歩きました。鍾乳洞の中から出てきた人たちの中には二人の日本兵が紛れていました。二人とも、木箱に入った爆雷を背負っていました……。

――鍾乳洞を出てからはどこに隠れたのですか？

松本さん　集落に戻ると、塀は吹き飛ばされていたけれど、瓦葺《かわらぶき》の民家があったので、そこに皆で隠れました。大人たちは「雨が止んだらまた鍾乳洞に戻ろう」と話していました。子供たちは民家の中や周囲で遊んでいましたね。すると、「米兵がだんだん近づいてくる」と、ある大人が言いました。「様子を窺いながら近づいてくる。もう自決しかない」と大人たちが話をしていたのは覚えています。

――そうして集団自決をしたのですか？

松本さん　はい。みんな集まって、爆雷を真ん中にして輪を作るように座りました。窓のそばに一人の日本兵が鉄砲を構え、米兵が近づいてくるのを見張っていました。米兵が近づいてきたら、発砲するためです。大人たちは、その発砲を合図に爆発させようと話していました。たくさん人がいたから、何重にも輪ができていました。親父と、弟、私、お母さん、姉という順番で並びました。私たち家族がいた場所は、爆雷から離れたちょっと外側の輪だったと思いま

証言者の略歴

松本　実▷1936年沖縄県浦添市宮城生まれ。両親、姉、弟との８人家族だったが、８歳の時に同じ宮城集落の人々とともに集団自決をし、松本さんは軽傷で済むも家族全員を失う。その後、米兵に発見され、保護された後にコザ孤児院に収容される。

す。そして、爆雷を爆発させたんです。

――爆発した時はどのような様子でしたか？

松本さん　爆発の瞬間のことはよく覚えていません。みんな怪我して、血だらけになって、一旦立ち上がって倒れる人も、座ったまま後ろに倒れる人もいました。でも、私は外側だったから、軽傷で済んだんです。爆発で家族がどうなったかはわかりません。なぜか、確かめませんでした。後ろの方でうめき声が聞こえたのでそちらを見たら、同じ集落の人が女の子をおぶって逃げるのが見えました。とっさに私もその人に付いて行きました。なぜ付いて行ったのか、その心境は今でも全然わかりません。私の隣に弟が一緒にいたのに、何で弟を置いたまま付いて行ったのか、本当にわからないですね。後でわかったことですが、十人ほどがその場から逃げていました。

――自決した場所から逃げる時の気持ちは覚えていますか？

松本さん　その時の気持ちも、全然わからないです。ちょっと経って気がついてみたら寂しさがこみ上げてきて、家族に会いたいと思いました。家族は仲良しでしたから。

――集団自決の場所から逃げた後、どうされたのですか？

松本さん　生き残った人々で、今の国道五十八号線の近くに防空壕を見つけて、そこに入りました。夜になり、みんな死んでいるのだから、私たちだけ生き残ってもしょうがない、川に落ちて死のうということになりました。でも、結局みんな死ぬことができず、また防空壕に戻りました。私は、集団自決をした場所に帰りたかった。しかし、誰も私を相手にはしてくれなかったのに、一人で生き残った人たちの集団にずっと付いて歩きました。一週間ぐらいした頃、武装した米兵が、六人ぐらいで防空壕にやって来るのが見えたので、防空壕の奥にみんな逃げました。米兵は「出てこい、出てこい」と日本語で言っていました。その言葉だけは覚えていたみたいです。若い米兵が、鉄砲で「殺していいね」というような仕草をするのが見えました。しかし、上司のような人が、それには反応せずに一番手前にいたおばさんを引っ張り出しました。みんなそれにぞろぞろ付いて行きました。どんなふうに殺されるかと、それしか考えていませんでした。すると、トラックに乗せられて、浦添の収容所に連れて行かれました。米兵が私たち子供を集めて、「誰か面倒を見る人はいるか」と大人に聞きましたが、誰も手を挙げませんでした。そうして私たちは、収容所から孤児院に連れて行かれたんです。

孤児院での思い出

――孤児院はどのような場所でしたか？

松本さん　二つぐらい家を使っていたと思います。米国人の世話係、お医者さんがいました。後から孤児院の周りに金網ができたけど、その前は何もありませんでした。

――孤児院の食事はどのようなものでしたか？

松本さん　食事はいつも、ミルクやお粥でした。食べる量が一杯と決まっていたので、いつもお腹を空かせていました。孤児院の周りに金網がなかった頃は、昼間はいつも食べ物を探して、友達と孤児院の外を歩き回りました。

――その友達とはどのような所へ行ったのですか？

沖縄戦での体験を語る松本実さん。

松本さん　米軍の倉庫に入って食べ物を盗んだり、夜は孤児院に戻ったりですね。寝る時も遊ぶ時もずっと一緒でしたけど、お互い名前は呼ばずに「おい、おい」とだけ呼んでいました。ある日、二人でいつものように歩き回っていると、米軍の敷地内で残飯を捨てる場所を見つけました。夢中で食べていたら背中を棒でつつかれた気がしました。見たら、米兵が鉄砲を押し当てていました。「出て行け」と言われましたが、「何だ、米兵か」とだけ思い、また戻って食べました。当時はもう怖いなんて思わなかったですね。

――孤児院で辛かった思い出はありますか？

松本さん　辛いとか、そんな思い出はないような気がします。楽しさ嬉しさなんかも、あんまりわからなかった気がします。

――どのような経緯で孤児院を出ましたか？

松本さん　ある日、孤児院の事務所の人が、「あなたの家族はだれも生きていそうにない」と言いました。そして、読谷《よみたん》村から来た二十歳ぐらいの男の人三人が「君を養子にもらいたい」と言ってきたんです。相手の目的もわからなかったのですが、事務所の人に行くかと聞かれて、すぐ「はい」と言いました。「家族はもうみんないない」と思っていましたから。読谷村の人の家には他にも私と同い年ぐらいの男の子がいて、共同生活をしました。楽しかった思い出ばかりです。そうして、どのくらい経ったかは忘れてしまいましたが、石川（現うるま市石川）にいる親戚のおじさんに引き取られました。おじさんも家族も、みんないい

コザ孤児院として使われていた民家。柱や礎石などは当時のまま残されており、今も住宅として使われている。

人でしたよ。

――それからどうされたのですか？

松本さん　米軍でハウスボーイ[1]をして、靴磨きをしました。その後に、冷凍機の運転の仕事をしました。冷凍関係の仕事は、楽しくて、いい仕事でしたね。六十歳になる一年半前に、この仕事がなくなり、一年半は電気関係の仕事をしました。

――二〇一〇年、初めて慰霊祭が行われると知った時はどのような気持ちでしたか？

松本さん　嬉しかったですね。死んだ人もみんな祀られているから、手を合わせたかったし、生きている人にも会いたいとも思っていましたから。慰霊祭で、当時の孤児院がそのまま残っていることも初めて知って、びっくりしました。当時のまま、今も普通の家として使われていて。また、その家の人がすごく親切でね。

――六十五年ぶりに家を見てどうでしたか？

松本さん「ああ、小さいな」と思いました。当時は大広間という言葉がすごく合っていたんですが、「ああ、ここがあの時の部屋なのか、小さいねぇ。大きいような気がしたけどねぇ」と思いましたね。あの大広間だけでも何十人もの子供が一緒に寝ていたなんて。今では狭く感じて信じられませんよ。私がいた当時、孤児院全体で二〇〇人ほどの子供がいたというのは、本当に信じられないですね。もっとも当時はぎゅうぎゅうで寝ていましたし、死んでしまったり引き取られていったりと、子供たちの出入りが激しかったですから、全部合わせたらそれくらいの数になるんでしょうけど。

――慰霊祭で手を合わせる時には何を思いましたか？

松本さん　心の中で弟に「ごめんね」と言いました。弟とは仲が良くて、いつも二人で留守番していたから。弟は一番かわいかった。集団自決の時に、弟を連れて一緒に逃げていたら、と思います。なぜ私は一人で逃げたのか、と。六十五年経った今でも、それだけは思います。私が逃げたあの瞬間は、絶対生きていたと思いますよ。隣にいた私が生きていましたから。でも、そこには手榴弾もたくさんありましたから、生き残った人同士で、また殺し合ったでしょうね。なぜ仲良しでもないおじさんについて行ったのか、わからないんです。あの時、私が弟を引っ張っていったら、一緒に逃げていたら、二人とも孤児院にいたかもしれない。だからいつも、弟に「ごめんね」と思うんです。孤児院にいた頃、新しく子供が連れられて来るたびに弟の姿を探しました。もし弟が孤児院に連れられて来たら、私は喜んで親の代わりに面倒を見たと思います。結局弟は来ませんでしたけど。今でもね、思うんです。

――戦争当時のことを振り返って、何を思いますか？

松本さん　あの時食べ物があったらというのと、一番思うのは、弟のことです。あの頃はみんな、生きるだけで必死でした。精一杯でした。もう戦争に負けた、みんな死ぬんだ、というのは、私みたいな子供から見てもわかりました。戦争に比べたら、苦しいことなんてないと思いますよ。

――孤児院にいた頃、何か夢はありましたか？

松本さん　自分が大人になったら、子供は三人欲しいと思っていました。私は独りになって寂しかったから、兄弟は多い方がいいと思っていたんです。でも、私の力では三人までしか育てられないと思っていたから、三人欲しいなって。妻と出会い、結局男の子三人と女の子一人が生まれました。三男一女、みんないい子に育ってくれました。私は妻に本当に感謝しているんです。妻は私の夢を全部叶えてくれました。だから感謝状を送ったんです。私は今が一番好きですね。今は平和だから。いろいろ問題はあると思うけど、戦争に比べたら怖いものなんてありません。戦争は、家族も、食べ物も、すべて奪っていく。それに比べたら、今は本当に幸せ。私は、今の日本、今の沖縄、今の浦添が一番好きです。

松本さんに話を伺った後、十二歳の時に米軍の攻撃で六人の家族を失い、唯一生き残った三番目の弟とともにコザ孤児院に収容された、長嶺将興《しょうこう》さんに話を伺った。

証言2▽長嶺将興

家族を奪った米軍の攻撃

――コザ孤児院に入るまでの経緯を教えてください。

長嶺さん　私が住んでいたのは首里でした。そこから、まず避難したのが東風平《こちんだ》という所です。そこからまた逃げなければならなくて、さらに南の伊原《いはら》に行きました。その伊原で、民家に逃げ込んだ時に米軍に攻撃されたんです。

弟二人とお父さんが即死でした。おばあさんが腕をやられて、お母さんは内臓が出てしまって。

――その時はどのような気持ちでしたか?

長嶺さん　お母さんの内臓を見た時は、目を覆いたいというより、助けたいという気持ちで一杯でした。とっさにお父さんの足に巻いてあったゲートルを取ってきて、内臓を押し戻しながらお腹に巻きました。おばあさんの腕は、肉が焼けて黒くなって切れ、皮一枚でつながった状態で、ぶらぶらしていました。傷が悪化するのを防ぐため、おばあさんに「切って」と言われたから、私が切りました。血は覚えていない。というか、血は見た覚えがないですね。肉が焼け、真黒だったのは覚えています。おばあさんにね、「天国に行く時は、僕の手を引いてよ」とお願いしたんです。でも、そのおばあさんも間もなく亡くなってしまいました。その後、私は三番目の弟と二人で家から逃げ、豚小屋に隠れました。ちょっと熱いと思って後ろを見たら、さっきの家が燃えていたんです。あの時は、何とも言えない気持ちでした。

――その後、どうなさったのですか?

長嶺さん　弟は随分弱っていたから、私が背負って、更に南へと避難しようとする人々に付いて行きました。そうしたら、糸満《いとまん》で米軍のトラックに乗せられ、高江洲《たかえす》の収容所に連れて行かれました。二日ほどで、今度はコザの収容所に連れて行かれ、すぐコザ孤児院に収容されました。

――孤児院ではどのような生活をされていましたか?

長嶺さん　私は年上の方だったので、母屋で寝泊りをしていました。母屋は比較的年上の子が集められていました。周囲は全部金網で囲われていたけど、外に出られることもありました。教会の傍に米軍の倉庫があって、夜、盗みに入ったこともありました。盗んだのは缶詰などです。盗みに入っても攻撃はされませんでした。でも今思うと、不思議ですよね。全然怖くなかった。怖い物知らずというか、子供だからですかね。孤児院でのご飯はみんな一緒でした。寝る時は、ベニヤ板で区切った二、三人用のスペースを作っていたんですが、狭かったですね。初めの頃は、弟と一緒に寝ていました。

――弟さんはどのような状態だったのですか?

証言者の略歴

長嶺将興　▷1933年沖縄県那覇市首里生まれ。両親、祖母、姉、３人の弟との８人家族だった。12歳の時、沖縄地上戦を体験。家を捨てて家族とともに逃げる途中で米軍の攻撃に遭い、３番目の弟以外を失う。その弟とともにコザ孤児院に収容されたが、３週間ほどで弟も失う。

長嶺さん　弟は栄養失調で、もう寝た切りの状態でした。弟は孤児院に着いた時から衰弱していて、孤児院で生活が始まってからは声すら聞いたことがありませんでした。でも、助けたい一心でタニシを採ってきては煎じて飲ませました。大人が、そうするといいって教えてくれたので。弟は何をあげても飲み込むだけでしたけどね。弟は一カ月も経たないうちに死んでしまいました。私が朝起きたら、横で冷たくなっていました。

――その時はどのような気持ちでしたか？

孤児院での思い出を語る長嶺将興さん。

長嶺さん　冷たくなった弟は、日中は孤児院のベニヤ板のスペースにいたけど、次の日には担架に乗せられて運ばれて行きました。詳しい説明もなく「付いてこい」と大人に言われて付いて行ったら、二メートルの穴があって、イヌか何かを捨てるみたいに、弟はポイっと放り投げられて。それを見た時には、何とも言えない気持ちでしたね。

昼間は何も思わなかったけど、夜になったら自然に涙が出てきました。弟は喋らなかったけど、存在自体は救いだったし、最後に残った家族だったから、寂しかったですね。

――それからは、どのように過ごされたのですか？

長嶺さん　弟が死んでまもなく、四人の先生が来たんです。六月の末頃だったと思います。先生が来たから学校もできて、友達がたくさんできたんです。私のクラスは十五人でした。年齢はばらばらというか、わからなかったですね。朝ご飯の後に朝礼があって、それから授業を受けました。授業は体操ぐらいでしたね。あとは地面に字を書いたり、先生のお話を聞いたり。私は朝起きたら、まず仲里先生のところに行きました。仲里先生は、四人の中で一番優しい先生でした。弟が死んでからは、仲里先生や友達が支えだったんです。

――先生との思い出はありますか？

長嶺さん　仲里先生は、四人の先生の中で一番笑顔が素敵でした。とっても優しかったですね。怒られたことなんか、全然ないと思います。みんな仲里先生が大好きでした。

先生が郷里に帰ることになった時は、一緒に付いて行きたかったぐらいです。別れの時、先生はみんなを笑顔で励ましてくれました。涙はなかったですね。先生は、自分の髪の毛を切って包んだお守りを、一人ひとりにくれたんです。いつもお守りに、先生に、励まされました。

家族の遺骨を探しに

――先生と別れてからはどうされたのですか？

長嶺さん　それからすぐ、親戚のおじいさんに引き取られました。孤児院を出たけど、おじいさんの家がすぐ近くということもあって、よく孤児院に遊びに行きました。孤児院にいる子供の数自体はどんどん減っていったし、ずっと居たいとは思わなかったけど、やっぱり友達はいるから、楽しかったんでしょうね。孤児院に行けば寂しさも忘れました。その後は別の親戚のおじさんに引き取られました。おじさんに預けられてから、ある日、亡くなった家族の遺骨を拾いに行ったんです。「場所はわかるか？」と聞かれて、「行ってみればわかる」と答えました。コザからひめゆりの塔の近くまで、お弁当を持って、一日がかりで行ったんです。

――攻撃にあった場所を見つけた時はどのような気持ちでしたか？

長嶺さん　悲しさを通り抜けて、穏やかな気持ちでしたね。手を合わせて、「お父さんお母さん迎えに来たよ、首里に帰ろうね」と心の中で言いました。遺骨の灰は、私の手で麻袋に入れました。麻袋を担いで帰る時には、不思議と重くなかったですね。ご先祖が一緒に担いでくれているような気がしました。

――大人になってからはどう過ごされましたか？

長嶺さん　米軍関係の仕事を数年してから、おじさんが経営するお菓子屋さんの手伝いをするようになりました。二十年ほど続けてから、おじさんの店を辞めて他の製菓店を転々とし、東京の製菓学校を出て、ついに自分の店を構えることができたんです。仕事は大変というより、もう嬉しかったですよ。疲れも全然なくて、本当に仕事が楽しかったです。

――慰霊祭で手を合わせる時には何を思いましたか？

長嶺さん　「安らかに」という気持ちでした。一番は家族のことを思いましたね。家族と一緒だったら死も怖くなかったし、死ぬのも何でも、どうでもよかったから。米軍に攻撃されて家族が死んでしまった時、自分も家族と一緒にいきたいと思ったし。弟は何も喋らなかったけど、存在自体は救いでした。だから手を合わせた時は、家族のことを思いました。

――戦争を知らない私たちに何を伝えたいですか？

長嶺さん　戦争というのは、これからも絶対やってはいけないですよ。惨めで、犬死ですよ、全部。でも、米軍に対しては何とも言えない気持ちです。家族を殺されたという気持ちもあるし、食べ物をくれて、服を着せてくれて、寝る所をくれたという気持ちもある。夢に出てくるのは戦争が始まる前のことですね。お正月とか、お彼岸とか、家族と一緒にいるような、楽しい思い出です。戦時中は、翌日のことを考える頭はありませんでした。一日一日、食べることしか考えられなかった。今の子供たちには、戦争のことをもっと知ってほしいと思います。

取材後記

松本さんと長嶺さんのお話を聞いた後、私たちは沖縄市役所の展望台に上った。日は暖かく、風は涼しく、海は穏やかだった。青い空、白い雲、輝く海が、そこにはあった。

私たちは取材前、「冷静に聞こう」「できるだけ感情移入せずに一歩引いた立場でいよう」と思っていた。その方が、沖縄戦という過酷な体験をした二人の話をしっかりと聞くことができると思っていたからだ。しかし、二人が語る話はどちらも想像以上に壮絶だった。一つひとつの言葉が、心に深く突き刺さった。思わず涙してしまう場面もあった。

「一緒に連れていけなくて、ごめんね」という弟に対する気持ちを、六十五年経った今も「思うことは、ただそれだけ」と、抱き続ける松本さん。仲の良かった家族を米軍の攻撃で失い、唯一ともに生き残った弟も三週間ほどで失い、大きな穴に放り投げられる様を呆然と見ていることしかできなかった長嶺さん。「兄弟って、それだけで支えになる。だから、兄弟は多く作った方がいいよ」と、長嶺さんは笑って言った。

時に涙を流しながら、鮮明に戦争の体験を語られる二人。そんな二人を見て、「こんなことを質問してしまっていいのだろうか」と何度も躊躇した。しかし、私たちがする「そこで何を思いましたか」という質問にも、

慰霊祭の様子（沖縄市役所総務課市史編集担当提供）。

沖縄市役所の展望台より沖縄市を望む。

丁寧に、そして私たちの瞳をじっと見て、答えていただいた。そして取材の後は、お二人とも私たちの手を握り、「ありがとう。また来てね」と微笑まれた。笑顔が、とても輝いて見えた。沖縄戦を乗り越え、「今」に幸せを見出されているのだろう、と思った。

　戦争に関する本や資料を読んだだけではわからないことがたくさんあった。今回の取材は、何も知らない私たちに、沖縄戦で起きた真実を教えてくれた。沖縄という小さな島々で繰り広げられた地上戦のこと、家族との別れ、孤児院での生活……。この証言を、私たちは決して忘れないだろう。文字や写真だけでは伝わらない、本当に壮絶な体験が、戦争体験者の数だけある。「美しい沖縄」というイメージは、戦争沖縄の一側面でしかないのだ。私たちは、この戦争体験者の声をいつまでも語り継いでいかなければならない。

　私たちは、展望台で沖縄の温かい秋の日差しを受けながら、強くそう思った。

注

（1）米国軍の軍人の家に泊まり込み、家事の手伝いや雑務をする仕事。

取材日▼二〇一〇年十月三十一－十一月三日

白梅学徒隊の証言

——戦争の悲惨さと平和の尊さ

証言

中山きく▼「白梅同窓会」会長・「青春を語る会」代表、七十九歳

聞き手

平野実季（中央大学総合政策学部二年）

はじめに

沖縄戦の女子学徒隊と聞いて皆さんは何を思い浮かべるだろうか。

そして、白梅学徒隊を知っているだろうか。

一度、修学旅行で従軍看護婦だったおばあちゃんの話を聞いた時、衝撃を受けた。それ以来、いつか沖縄で戦争についてちゃんと学びたいと思っていた。沖縄の戦跡について調べていると、「白梅之塔」(1)が出てきた。それは、沖縄県立第二高等女学校の生徒で結成された白梅学徒隊の碑だった。彼女らは、あの有名なひめゆり学徒と同じく傷病兵の看護に当たった。「女子学徒隊＝ひめゆり学徒隊」だと思われがちだが、ひめゆり学徒以外にも、白梅学徒、なごらん学徒、瑞泉学徒、積徳学徒、梯梧学徒、宮古高女、八重山高女、八重山農学校など、九学徒隊があった。

白梅学徒の本は何冊か出版されているが、ひめゆり学徒に比べると明らかに少ない。また、白梅同窓会と制作会社のクリエイティブ21が協力して近年に出版しているものが多かった。元白梅学徒の方々の手記、その手記に基づいた新里堅進さんの書いた漫画などがある。また、一九八〇年に「女性の視点からの戦争」というコンセプトで白梅学徒を取り上げたものがあった。

二〇〇四年にはクリエイティブ21と白梅同窓会で映画も制作している。そんな出版活動や映像で白梅学徒について伝える活動を率先して行っているのが、中山きくさんである。

中山きくさんは戦時中、白梅学徒隊の一員として、野戦病院で看護に当たった。戦後は教師として働き、家庭と職場で多忙な生活を送っていた。退職後は白梅同窓会の会長を務めている。また、「青春を語る会」という、すべての学徒隊有志の所属する会の代表として、戦争を伝える活動に邁進している。

そのエネルギーはどこからくるのか。私は、白梅学徒としての体験と戦争を伝える活動について、話を聞きたく

白梅学徒隊に関する資料

出版物

- 白梅同窓会『白梅　沖縄県立第二高等女学校看護隊の記録』クリエイティブ21、2000年。
- 新里堅進『白梅の碑　野戦病院編』クリエイティブ21、2002年。
- 新里堅進『白梅の碑　戦上彷徨編』クリエイティブ21、2003年。『戦争11　沖縄白梅の悲話』読売新聞社、1980年。

映　画

- 林雅行監督『友の碑　白梅学徒の沖縄戦』クリエイティブ21、2004年公開。

なった。

今回私は、クリエイティブ21の関係者の方と話したが、その時に「何で白梅を知ったのですか？　ひめゆりは有名だけどなかなか白梅を調べようという人はね……」と言われた。白梅学徒に目を向ける人はあまりいないみたいだ。白梅学徒について新聞記事で、こんな部分があった。（白梅学徒の方）『従軍看護婦だとわかると『ひめゆりですか？』と聞かれる』。

知名度の違いは歴然としている。同じ学徒であるのに、どうしてこのような違いが生じてしまったのだろう。

戦争を伝えるとはどんなことなのか。その意味や実状を知りたいという思いを胸に沖縄へ向かった。（平野）

十・十空襲

――一九四四年の十・十空襲(2)はどのようなものでしたか？

中山さん　十・十空襲は那覇市を中心とした沖縄大空襲で、初めて戦争の恐ろしさを知りました。日本は、中国に出兵したり、東南アジアに出兵したり、日中戦争も太平洋戦争も国内で戦争していなかったため、戦争の姿は私たちには見えませんでした。「戦争なんて何も怖くない、日本は世界一強い国だ」というぐらいの認識しかありませんでした。十・十空襲では前触れもなくいきなり「ドカーン」と軍事施設を叩かれ、初めて「本物だ」と慌てふためいて、粗末な竪穴式の庭の防空壕に隠れました。

――中山さん自身は、その時どちらにいましたか？

中山さん　朝の七時頃だから、まだ那覇市上の蔵にあった自宅にいました。ちょうどその日は、那覇空港の近くのガジャンビラという丘の砲台を作る作業に行く予定でした。とにかく、ものすごい爆音でした。家の二階に上がって空を見上げると、飛行場辺りに爆弾が落ちて黒煙が上がってひどい始末でしたよ。

時々、防空演習があって「警防団」の方が「訓練、空襲警報」とふれ回っていました。しかし、いざ十月十日の本当の時は、まったく何もなかったのです。日本は情報戦についても大負けでした。私は病院の隣に住んでいたから、

証言者の略歴

1928年11月10日…沖縄県南部の佐敷村（現南城市）に生まれる。
1945年３月６日…山部隊の看護教育隊に参加。
1945年３月23日…沖縄本島に艦砲射撃始まる。
1945年３月24日…野戦病院の勤務につく。
1946年より25年間…小学校で教鞭をとる。
取材時…「白梅同窓会」会長、「青春を語る会」代表を務める。

当時の様子を語る中山きくさん。

下宿のおばさんも一緒に病院の壕に避難しました。みんなブルブル震えて、あんなの初めてでした。

——爆撃の後の町並みは見ましたか？

中山さん　親戚の家が豊見城市にあって、豊見城の嘉数高台から、夕方空を焦がして焼ける街を見ました。その日のうちに学校も住む家もなくして、あとは皆バラバラになってしまいました。

看護教育隊員として野戦病院に

——ご実家ではどんな生活をしていましたか？

中山さん　実家のある佐敷は、空襲はなかったです。でも、学校も何もかもなくなって、村内で陣地構築作業をしていました。あの時は、軍のために働く、とにかく働く、という感じでした。そうしているうちに、二月初め頃、学校から「三月六日に看護教育隊に入隊する人は、家の人と話し合って許しを受けてから来るように」と通知が来ました。親は「行くな」と止めましたね。要請だから断ることもできました。でも私は、「必ずお国のために看護教育隊に入る」と言って、止められても聞きませんでした。連絡は七十人ぐらいに行ったようですが、最終的には五十六人が看護教育隊に入りました。

——みんな、反対意見があっても行くことにしたんですね。家族と離れるのは寂しくなかったですか？

中山さん　それが、寂しくなかったですね。「とにかくお国のために尽くしたい」と思って、その気持ちが勝っていました。私たちは十五年間、戦争の中で、戦争に歩んでいた時代に育ちましたから。だから、生まれた時から戦争に勝ち抜くための教育を受けていました。（実家の）佐敷から国場までは十キロぐらいありますよ。空襲で鉄道が破壊されたので、ずっと歩きました。あの頃は歩くことが普通でしたからね。国場を出発する時は校歌を歌って、次々軍歌を歌いながら東風平《こちんだ》国民学校まで行きました。

しかし、三月二十三日に敵機動部隊の艦砲射撃が始まり、看護教育は十八日間で打ち切られ、急遽、山第一野戦病院に配置されたのです。

——当時、言論統制はありましたか？　当時入ってきた情報はどのようなものでしたか？

中山さん　「無血上陸をさせて、どこかでまとめて戦うんだ」と言っていましたけど、あれは嘘だったと思います。その当時、報道も言論も出版も、規制されて検閲がありました。だから、戦争に不利なことを話したり、書いたりすると検挙されてしまいます。新聞は、日本軍が負けて我々が大変な苦しみの中にいる時に、嘘を書いたのです。そのようにして軍や政府は国民にはまったく真実を知らせませんでした。

白梅学徒それぞれの壕へ

白梅学徒隊が働いた場所

①山第一野戦病院[3]本部壕
②手術場壕（山第一野戦病院上の壕）[4]
③東風平分院
④新城分院（ヌヌマチガマ）

――どんな患者が運ばれてきたのですか？

中山さん　軍人と軍属の患者です。軍の病院には民間人は入れませんでした。まず、子供、女性、お年寄りが一人も運ばれてこない。「軍の病院には民間人は入れません」と入り口で断られているのです。だから、住民のほとんどの怪我人は、米軍が助けたと聞いています。

――山第一野戦病院があった場所は、現在は、見た目だけでは野戦病院跡とわからないのですが？

中山さん　今は誰が見ても野戦病院だったことはわからないでしょう。だから、説明板でも作ろうかな、とか考えたりしています。

――中山さんはここで活動していたのですか？

中山さん　ここまで、ご飯をとりに毎日来ていました。それを「飯上げ」と言います。こんな道ではなくて、小さい灌木、ソテツとかが生えている、人が通ったために自然にできる道で、通るのが大変でした。

五つ入り口があったそうですが、当時は五つすべてはわからなかったです。院長とか将校がおられた場所は兵隊の報告した資料で戦後わかりました。落盤して非常に危ないということで、戦後一度も入ったことはありません。当時の様子は大体わかりますけどね。

手術場壕での体験

――手術場壕での勤務内容はどのようなものでしたか？

中山さん　私のいた所は「手術場」という名前がついて

手術場壕の外観。今は落盤の危険性があるため、立ち入り禁止となっている。

いる通り、運ばれてきた負傷兵はすべて手術をしました。小さなガマで、約六十人収容していました。傷が悪化した手や足を切断する、それから体の中に弾丸《たま》がまだ留まっている場合は切り開いて取り出すといった、重傷患者たちの手術です。夕方運ばれてきた患者を、夜中頃までずっと手術し続けました。

手術場といってもガマですから、一人が寝られるだけの木の寝台と消毒器がある程度でした。ピンセット、ハサミ、メスなどを消毒して手術をしますが、壕内の明るさでは手術は絶対に不可能です。灯油ランプをぶら下げても無理です。そこで、学徒隊の出番です。大きな二本のろうそくを手に持って、寝台を挟んだ向こう側にも私の友達がいて、四本のろうそくが照明でした。今の手術は、天井からいくつもの電灯がカーッと照らしていますから、そんなこと考えられませんよね？　戦争って何もかも異常でした。軍の壕だからといって、電灯をひく力はなかったです。もうすでに武器、弾薬さえなかったと思います。

――手術場壕での勤務は辛くなかったのですか？

中山さん　最初は、それまで大怪我を負った人を見たことがなかったから、本当に恐ろしかった。顎《あご》がなくなっていたり、手がちぎれていたり、傷が小さくても血が噴き出していたり、そんな怪我を見て、何をしていいのかまったくわからなかった。手も足も出ない状態でいると、軍医に「貴様ら何をしておるか、何なんだ、このザマは」と叱られました。私、この言葉は一生忘れない。

それでも何もできなくて、やったことといえば、患部を拭き取ったガーゼや止血した後の脱脂綿を始末することぐらいでした。勉強していないから、それ以外はできなかったのです。

手術の時は、一応麻酔をしましたが、適量ではなかったと思います。だから、皆悲鳴をあげて大変でした。私も、最初のうちは兵隊と一緒に泣きました。あまりにも気の毒で、かわいそうで。

――特に印象に残っている出来事はありますか？

中山さん　私と同じ学徒だった若い男の方がいました。

元気があって、私たちが通るたびに「いつ手当てしてくれるのですか」、「早く軍医さん呼んでください」と言っていましたが私たちは勝手にできないから、逃げるように通り過ぎていました。でも、あまりにかわいそうで、ある日、軍医さん、衛生兵、看護婦さんの目を盗んで、その人の左の腕の付け根に消毒液をかけると、中まで入っていた蛆《うじ》が塊になってもこもこと出てきて、止まらないのです。びっくりして、途中で脱脂綿を強く当てて包帯をしました。それで喜んではくれたのですが、その人は私たちが解散になる日になっても病室には入れてもらえなかったので、おそらくここで亡くなったと思います。

しかし、戦後に遺族には、あるきっかけで会えることになりました。

――時が経つにつれ、心境の変化はありましたか？

中山さん 「逃げ出すわけにはいかない」「お国のために」という言葉が頭一杯詰まっていたので、恐ろしいことにも、だんだん慣れてしまうのです。

例えば、手術の時に骨は工作で使う鋸《のこぎり》のようなものでゴシゴシ切るのです。最初は自分の心に響くようで、兵隊さんの身になると、どんなに辛いか、痛いかと思って一緒に泣きました。でも、次第に気が強くなって、「しっかりして、兵隊でしょ」と、兵隊さんを勇気づけるようになりました。「お国のため」という考えが強いものだから涙一つ流さず、強い口調で「我慢してください」と励ましました。

――手術場壕の中はどのような様子でしたか？

中山さん 五月の中旬からは治療らしい治療はできませんでした。まず薬や包帯などがない、何もかもがないない尽くしでした。それで、せっかく野戦病院に収容しても傷の手当てができないから、また蛆が湧いて。ガマの中は、傷の膿み腐れた匂いがして。それに人手が足りないから、尿も便も垂れ流しする。病院で働く私たちも、運ばれてきた患者も、体は汚れっぱなし。二カ月間体をふいたことも なければ、着物を替えたこともなかった。だから、ガマの中は息もできないぐらいの大変な悪臭でした。とにかく、もう人間がいる所ではなかったです。今だったら、あのガマの中には入れないでしょう。戦争はすべてが異常だったから、あのガマの中でもいられたのだと思います。

ヌヌマチガマの悲劇

――新城分院があったヌヌマチガマ(5)の特徴は何ですか？

中山さん 学徒だけではなく、地元の女子青年、慰安婦と言われていた朝鮮半島から連れてこられた人たちがいました。ここにいた学徒は専ら包帯交換などの治療の手伝いをやっていたそうです。一方、朝鮮半島の女性や地元の女子青年が、食事や下の世話をやったそうです。つまり、働いている女性がたくさんいたということです。

それと、このガマには小川があって水が流れています。だから、水の心配はなかったらしいです。本部壕や手術場壕は、水が一滴もない。だから、飲み水さえ、外に毎日汲みに行かないといけませんでした。それが大変でした。

ところが、ヌヌマチガマでは増水した時に、歩けない患者さんが流されたこともあるそうです。水がある悲劇もあったそうです。

――ヌヌマチガマで解散を命令された時は、どのような状態だったのですか?

中山さん　本部壕と手術場壕解散の一日前の六月三日に新城分院を閉めたのですが、その時に、割に軽傷な患者には退院命令が出ました。命令は絶対的ですから、自分で動ける人は這ってでも外に出ました。ところが、重傷患者は動けないですから、そのまま残りました。五〇〇人とも言われています。

その人たちは軍がここを撤退する時に、毒殺されたのです。おそらく、残していっても誰もお世話する人がいないということ、もう一つ、この人たちが捕虜になることによって日本軍の機密が漏れることを防ぐため、と言われています。二日の晩にブドウ糖と青酸カリを混ぜた毒薬を一服ずつ、黙々と兵隊が包んでいたそうです。翌朝、傷病兵たちに「皆出る人は出なさい。出ない人には薬を飲んでもらう」と理由を話しました。残った人は皆諦め切ったように、騒ぎもせずに飲んだそうです。ところが、薬は飲んだもののなかなか死なない。死ぬ間際の人間の苦しさを断末魔という言葉で表しますが、その場面をヌヌマチガマにいた学徒たちは見せつけられて、いたたまれなくなって外に逃げ出した人もいます。

何分か経って行ってみたら大抵の兵隊さんは虚ろな目をして動けなくなっていて、でも、まだジタバタ苦しんでい

新城分院跡（ヌヌマチガマ）の中の様子。暗闇が奥へと続く。

る人もいたそうです。衛生兵は本当ならば、命を助ける仕事ですが、あまりに苦しんでいるから、銃で撃ち殺していたそうです。それを、学徒は見ていたわけです。

（注）本部壕や手術場壕でも毒殺はあったとされるが、中山さんはその様子を目撃していない。

――手術場壕での解散の様子はどのようなものでしたか？

中山さん　その翌日の六月四日に「今日からはこのガマを出て、自分で自分の身を守りなさい」と解散を告げられました。でも、空からも海からも雨のように弾が落ちてくるので「どこへ行けと言うんだ」と皆怒って、「最後まで軍と一緒に行動します」と鎮座して言いました。ところが「それは無理だ」と言われ解散するはめになり、鉄の暴風と言われる地上戦場を彷徨《さまよ》い二十二人の仲間を失いました。

自決を拒否した「第二の誕生日」

――中山さんご自身は、解散命令後はどうされたのですか？

中山さん　六月四日に解散命令を受け大勢の避難民とともに逃げ回って、どんどん南の方へ向かいました。

――中山さんは、自決を拒否したと手記に書かれていますが、軍国教育を受けた中、また周りが自決していく中で、そう思われたのはなぜですか？

中山さん　本当は、「死のう」と友達を誘ったのです。私にとっては自決しようと思った日でした。周りの人がたくさん死にました。逃げ回るのにも疲れて、これから先、頑張る気力なんてなくなったのです。手榴弾ももらっていましたから、「死のう」と一緒に逃げ回った友達を誘ったら「自決するのは絶対に嫌」と強い口調で拒絶されました。その時、ハッと我に返りました。その友達に取り残されたくなくて一緒について行って、気がついたら生きていたということでした。

――その方はどうされていますか？

中山さん　もちろん一緒に生き残りましたが、戦後はまったく証言活動をしていません。この人が拒絶しなかったら、私は死んでいました。だからこの日を第二の誕生日だと思っています。忘れられない日です。

――そのような経験は、その後の人生観にどのように影響しましたか？

中山さん　あの時は、本当に死んでもいいと思いました。しかし、毎日逃げ隠れしていましたよ。死ぬっていうのは大変怖いことです。一人では死ねないから友達を誘ったのですが、拒否されて。命は自分一人のものではないと思うようになりました。私の命は先祖からずっと受け継いだもので、私もこうして戦争から生き延びてきて、子供に命をつないで、今は孫もいます。戦後家族を持つようになって、一番の宝物は家族だと思えるようになりました。お金でも名誉でもなく、家族みんなが元気でいることが何よりです。家族一人ひとりが宝物です。

白梅之塔と慰霊祭

――国吉一帯は米軍の中将戦死の地で、戦闘が激しかったとお聞きしましたが、本当ですか？

中山さん　何説かあるそうですが、白梅学徒の二人が手榴弾を投げて殺したという説があって、米軍の中将の仇打ち、報復攻撃があったそうです。虱潰《しらみつぶ》しに国吉一帯に火炎放射をしたり、手榴弾を投げ込んだり、掃討作戦をやったそうです。それで、十六人のうち亡くなったのが十人。たくさんの白梅学徒が国吉の辺りで亡くなったので、戦後ここに白梅之塔を建てました。

――白梅学徒が国吉に集まったのは、なぜですか？

中山さん　命令や召集がかかったのではなく、逃げ回っている学徒たちが国吉地区にいる衛生兵にばったり出会って「危ないじゃないか」と匿ってくれたそうです。最終的には十六人が白梅之塔のガマに行きました。

――白梅之塔はどのように、誰が中心となって建設されたものですか？

中山さん　戦後食べるものも住む家もなく、着るものもない状態で、米軍の払い下げのだぼだぼの服を着たりしていた頃、何としても亡くなった教え子を慰めたいということで、担任だった金城宏吉先生(6)が主催して、昭和二十一年一月に小さな慰霊塔を建てて、そこで慰霊祭をしてくださいました。

それから、遺族や同窓生の浄財で二代目記念碑を建てたのが昭和二十六年。セメントで作ったので、大変脆くて、木なんかが倒れてきた場合、壊れてしまいます。

それで、平成四年に大理石で現在の白梅之塔に建て変えました。その時も皆でお金を出し合って、一銭も国や県からはないです。私たちが本当に少しずつ整備しているのが現実です。

でも、最初に建てられた小さい碑こそが「本当に亡くなった白梅学徒たちを供養している。とにかく自分たちの気持ちがこもっている」ということで、金城先生はとても大事にしておられました。

――どんな方が白梅之塔に来られますか？

中山さん　修学旅行で大勢の学生が来ます。先日、岩手県の方で、女子学徒のことをいろいろ勉強されて、どうしても慰めたいということで女の子の絵を供えてくれました。それから、群馬県のお寺さんらしいですけど、これまでに三回ぐらい人形を供えてくださいました。傷んだら取り替えてくださって、ガマの中にもあります。ランの花も供えてくださいました。千羽鶴を掛ける所とお名刺受けがあって、ちゃんとお礼状を出すようにしています。広島県の職員労働組合の女性の方が三十七人ほどは、毎年来られますよ。

白梅之塔にて。右端が中山さん、左端は聞き手の平野。

伝えたいと思うようになるまで

――戦後はどのように暮らしてこられたのですか？

中山さん　私が同窓会に関わってからまだ三十五年ほどしか経たないです。その前までは仕事と家庭で多忙な生活でした。五十歳頃に仕事を辞めて、その時に友達から誘われて役員会に入りました。同窓会で一番大切な仕事は白梅学徒のことを伝えることですから、やるべきだと思ったのです。体調が優れないからと辞めていく人も多かったですが、私は辞めませんでした。

　私たちは平和憲法の下で民主主義教育の中で生きています。軍国少女から、平和で命を大切にする人間に一八〇度変わったのです。亡くなった友達は私たちと同じように軍国少女でしたが、白梅之塔で私たちと交流しているから、彼女たちもきっと、今は私たちと同じ考えのはずです。今は、彼女たちのことを代弁する気持ちで、生かされて良かったと思います。

――中山さん自身はどういう気持ちで戦争のことを語り始め、

また出版まで至ったのですか?

中山さん　私は戦争のことは五十年間ぐらい、なかなか話せませんでした。学校に勤めていたので、生徒にはホームルームなどで少しずつ戦争の話をしました。でも、大勢の人に広く語ることはしませんでした。なぜなら、話したくないということが一つ。もう一つは、一人だけの記憶で戦争を語るのは危険、思い違いや記憶間違いがあるかもしれないと思ったからです。それで、五十年目にやっと白梅学徒隊の『平和への道しるべ』という手記を出しました。

女学校に入ってから、私たちを取り巻く状況がどのように変わっていったのか。そして看護教育、野戦病院の様子、それから逃げ回った所といったように、歩みがわかるように書きました。全員が初めから終わりまで書くのではなく、「この部分は絶対忘れられない、ここは伝えたいと思う部分だけを、短くてもいいから書いてください」と、海外にいる元白梅学徒まで、全員に呼びかけました。三十四人生き延びたはずなのに、手記は二十二人ぶんしか集まりませんでした。戦争について、「書けない」、「書きたくない」、「話したくない」という人もいました。

――皆さんで協力して手記作りをしたのですか?

中山さん　物書きではないし、普通のおばさんだから、皆で協力しました。場所や日時などを検証して仕上げたので、皆で確かめた安心感があります。それからは、平和学習の団体から依頼があれば講話に対応するようになりました。

――どんな気持ちから本の出版、ドキュメンタリーの制作に関わる活動をするようになったのですか?

中山さん　自分たちは平和な社会で家庭を持って幸せな生活を送っているのに、亡くなった友達は、この世に生まれてきた事実さえ忘れ去られようとしていると思ったのです。私も友達のこととなると声が震えます。「この人たちは戦争の犠牲になったということを書き遺さなくちゃ、あまりにも申し訳ない」と我慢できなくなりました。

私が慰霊祭に行き始めたのは、「沖縄慰霊の日」の公休日ができたからなのですが、その時に子供を連れて行ったら、亡くなった友達のお母さんがしげしげと私の子供を撫でました。悪いような気がしてたまらなかったです。自分たちだけ生き延びて、本当に言葉も出ない。「お母さんたちはどんな気持ちになるかしら」と気にしつつも、慰霊祭を見せようと思って四人の子供を交代で連れて行きました。そして、そのたびごとに他の遺族の方々に辛い思いをさせて、小さくなっていました。でも今はそう思いません。五十年目に本を出してからは、友達のことを伝えたい、そして今の日本の法改正とかの動きに、素晴らしい憲法なのに押しつけられた憲法だといって作り直そうとしている人に伝えたくて。「また戦争に歩むのではないか」と不安になり、戦争のむごたらしさや無意味さを後世に伝える使命があるのではないかと思いました。

——手記やドキュメンタリーを作る中で、どんな苦労があったのでしょうか？

中山さん　ヌヌマチガマではとても恐ろしいことが行われていました。精神的にものすごい傷を受けて、ずっとここに足が運べなかった仲地政子さんという方がいます。この人は戦後早々に手記を書きました。「五〇〇人もの日本兵は毒薬を飲まされて殺され、そしてその後（自分たちは）本部壕に引き上げた」ことが書いてありました。それで「平和学習の説明をしてください」と頼むと引き受けるけれども、彼女は、その日になると必ず体調が悪くなるのです。つまり、大変なトラウマを持っているわけでしょう。行くことになっていたのに、当日になったら行けなくなってしまったということが三回ぐらいありました。

クリエイティブ21の方から、映像に残したらどうかということでドキュメンタリーを作ることになりました。「今度が最後よ」、「あなたがこのガマのことを語らなければ、永久にこのガマであった惨劇はわからなくなるよ」と言ったら、来てくれたのです。ところが、ヌヌマチガマ以外の逃げ回った場所では順調に説明しているのだけど、ここへ来たら、少しだけ話した後は、語れなくなってしまったのです。入り口に座り込んで「すいません。もう話せません」と言っていました。それをカメラがジーと追っています。それほど、大変なことがあったのでしょう。

現在彼女は体調が思わしくなく、他の人も同じ状態で、語る人がいなくなってしまいました。とっても悲しいことです。

——映画を作って良かったと思うことは何ですか？

中山さん　先ほど手術場壕の男子学徒の話をしましたが、この人の名前も聞いていたし、学徒でもあるし、戦後、何とかして遺族が探せないかなと思いました。そこの学校の生徒に話しても、全然音沙汰もなかったのです。でも、映画の中でその話をしたら、遺族の方がたまたまその映画をご覧になったそうで、自分の家族だと名乗って来られました。白梅学徒にお世話になったからと、慰霊祭にも来られました。

それから、映画を作ってまだ五年というのに、あの中か

白梅之塔で、納骨堂を見つめながら語る中山きくさん。

ら三人も亡くなり、一人は再起不能になってしまいました。でも、映画の中ではそれぞれしっかり語ってくれましたので、映像に残しておいて良かったと、つくづく思っています。

――知名度などに関して大きな差があると思うのですが、白梅とひめゆりの違いについてどう思いますか?

中山さん　男子は十二、女子は九つ学徒隊がありました。女子の場合は主に看護隊で、野戦病院、ひめゆりの場合は陸軍病院ですが、そこで看護の仕事に当たりました。

違いについては、まず病院配置時に白梅学徒隊には教職員が一人もついていなかったということ、ひめゆりには十八人の先生がついておられたことがあげられます。先生は大人だから、軍との交渉もあったでしょうし、それから戦争の様子、戦況もわかっておられたでしょう。

私たちは入隊と同時に「あとは軍が預かります」ということで、引率した先生が帰されました。野戦病院内の様子もわかっていなかったし、ましてや沖縄戦という全体については何もわからなかったです。

ひめゆりについては戦後、仲宗根政善先生[7]が本を出版されました。今言ってもしょうがないのですが、「ひめゆりだけではなかった」と、他の学徒隊のことも書いてあればと思うところもあります。

――戦争について、どのような意見をお持ちですか?

中山さん　生かされている今は、戦前の教育は間違っていたということがよくわかるし、戦争は勝っても負けても被害は同じです。米軍や日本軍に対して恨みがあるというよりは、軍人も被害者だと思います。軍人の遺族も、慰霊祭にたくさんお見えになります。そういうことに反感を持つ人もいるようですが、私はそうは思いません。兵隊さんも国策の被害者だと思います。軍の命令は絶対だから、どんなに非人道的なことでもやらざるを得なかった。そうでないと自分が殺されてしまう。

今、私はいろんな活動をしていますが、決して特別な人ではない。ただ、理不尽なこと、納得がいかないことについては、はっきり言わなくては人間としての正しい生き方ではないと思うのです。自分の意志で、皆で話し合って納得してやっているのです。

――中山さんが現在行っている活動を引き継ぐ後継者はいますか？

中山さん　いないですね。でも芽は出ています。五年ぐらい前に沖縄尚学高校から、白梅学徒の本を読んでもっと勉強をしたいと連絡が入りました。学校へ行って、地域国際交流クラブの生徒たちと戦争体験の話をしました。白梅のことを調べてくださって、現場にも行ってその集大成として作った冊子を私たちに見せてくれました。そのクラブは日本だけではなくて、海外との交流もあります。そして、その冊子を必ず持って行くそうです。それを伝えてくださっているのです。そこの卒業生がやってくれるのが、一番の近道だと思います。

あと二、三年したら私たちもヨボヨボになって慰霊祭もできなくなるでしょうから、今年から計画を立てています。白梅の塔を守る人をどうするか、学徒隊のことを伝えてくれる人をどうするか。

でも、時どき迷います。私は九つの学徒隊有志で結成されている「青春を語る会」をまとめているので、他の学校はどうなるのかと考えます。白梅の遺族を集めて話し合いましたが、一度にはできないから、とりあえず白梅をやりましょうという結論になりました。でも自分たちだけのことをやっていいのかなと、胸が痛むのです。

最後に――学生へのメッセージ

――平和のために若い人たちがこれからできることは、何だと思いますか？

中山さん　基本的には皆さんは家族一緒に住んでいるでしょう。衣食住も足りて、私からすると贅沢だけど、それを当たり前と思うでしょう？　皆さんは、努力さえすれば、自分の望みは叶えられる。お家の人と相談して、努力すれば大学にも通えるし、就職もできる。そんな当たり前のことができなかったのが、戦争の時代に生まれた私たちです。個人でも家庭でもなく、国家でしたから。男の人は戦地へ行き、子供と女性と年寄りだけという家族がざらにありました。体に故障がある男性は残りましたが、あとは全部、戦地に送られていました。まるで消耗品のようでした。どんどん戦死していくから、どんどん送らなくてはいけなかったのです。

まず家族と一緒に住めないし、学業もできないし、職業にも就けない。皆が行った場所は軍事工場だったり、私のように野戦病院だったり。当時の人は戦争と関わりのある場所にしか行くことができませんでした。

つまり、政治と家庭生活と社会生活は深いつながりがあるのです。みんな政治にかかっていると思います。皆さんにはもっと政治について関心を持ってもらいたい。戦争できる国づくりに歩むことがあったら、絶対に止めてほしい。政治の場で決められていることがすべて、本当に国民のためになるのか。私は「もっと若かったら、国会議員になっている」と冗談を言っています。皆でいつもそんな話になるぐらい、今の政治に不満があります。とにかく、政治がどの方向に行くのか、国民の幸せとか平和国家を目指す政治を行っているかどうかはあなたたち次第ですから、関心を持ってください。

取材後記

今回中山きくさんと一緒にガマを回ってお話を聞いて、パワーをもらった気がした。いろんなことに対して積極的な姿を見習いたいと思った。

また、ひめゆり学徒の方に話を聞き、そのガマやひめゆり平和祈念資料館にも行ったが、白梅学徒との間に、ある違いを感じてしまった。ひめゆり平和祈念資料館は観光地化していて、周りには食事処や土産店が充実していた。駐車場の案内人もいたし、資料館には語り部のおばあさんが常勤している。

一方、白梅は資料館がなく、ガマを探すのも大変だった。農村のどの辺りにあるのかもわからないし、地元の人に聞いても曖昧だった。

後継者問題も同様である。ひめゆりに関しては第二世代育成プログラムが始まっているのに対し、白梅のほうはまだ定かではないという。

戦争体験者の高齢化が進み、戦争を伝えるという役割が、戦争を体験したことのない若い世代に託されようとしている。今回、戦争体験者の方はそれぞれの記憶を話すまでたくさんの心の葛藤があることを知ったが、それでもその体験を書物や映像という形で記録している。だから、月日が流れても、私たちが学ぼうとする時に必要な資料は揃っているはずだ。

私たちには戦争体験がないし、戦争体験者が語ることと同じことはできない。でも、それについて調べることはできるし、試行錯誤しながら伝えることもできる。

「戦争を伝えるということ」。それは、戦争を二度と起こさないために続けていかなくてはならないことだと思う。そして、政治についても、しっかり関心を持ちたいと思った。

注

（1）白梅学徒隊のために国吉に建てられた慰霊の塔。
（2）昭和十九年十月十日、米軍によって沖縄全域が空襲された。
（3）手術場壕のすぐ近くにある。現在、当時は五つあったと思われる入り口は埋まり、野原、林になっていて野戦病院だった面影はあまり感じられない。
（4）戦時中、中山きくさんが働いていた壕。
（5）戦時中は新城分院と呼ばれていた。新城分院跡。
（6）戦時中白梅学徒隊として勤務した沖縄県立第二高等女学校の先生。
（7）戦時中ひめゆり学徒隊として勤務した県立第一高等女学校の先生、ひめゆり学徒隊の引率教師。

取材日▼二〇〇八年八月二十六–二十九日
取材地（中山さん同行）▼手術場壕（落盤が激しいため侵入禁止、外から中の様子を観る）、新城分院跡（ヌヌマチガマ）、白梅之塔

ひめゆり学徒隊が見た戦争の本質

――今だからこそ記憶を残したい

証言 宮城喜久子▼ひめゆり平和祈念資料館証言員、八十歳
証言 上原当美子▼ひめゆり平和祈念資料館証言員、八十歳
証言 普天間朝佳▼ひめゆり平和祈念資料館学芸員

聞き手 澤井秀之（中央大学法学部二年）
井上優紀（中央大学総合政策学部一年）

はじめに

歴史の教科書を開くと、太平洋戦争末期の沖縄戦に関しては、必ずと言っていいほど目にする一つの女子学徒隊の名前がある。たとえ教科書でなくとも、沖縄戦と聞くとその名を想像する人も多いのではないだろうか？「ひめゆり学徒隊」。彼女たちの体験を基にした、ひめゆり平和祈念資料館は、現在でも、修学旅行生や観光客など訪れる人は絶えない。そして、数えきれないほどの千羽鶴が塔献納台に納められている。

ひめゆり学徒隊は、当時の沖縄師範学校女子部と県立第一高等女学校生徒、引率教員からなる二四〇人の学徒隊であり、その主な任務は看護活動であった。その名の由来は、それぞれの学校の校友会誌である「乙姫（県立第一高等女学校）」と「白百合（沖縄師範学校女子部）」の名前から「姫百合」としたことによる。沖縄県内で、他にも動員された女子学徒隊としては、白梅学徒隊・なごらん学徒隊・瑞泉学徒隊・梯梧学徒隊・積徳学徒隊などがある。

米軍の沖縄本島上陸を前に、一九四五（昭和二十）年三月二十三日よりひめゆり学徒隊は動員された。当初、彼女たちは司令部がある首里からほど近い南風原《はえばる》にある陸軍病院壕を中心に動員された。だが、米軍に押される日本軍とともに、五月二十五日にはガマ（自然の洞窟）の多くある南部へと撤退していく。そして、南部に移動した後の六月十八日には解散命令を受け、彼女たちの多くがその命令後に命を落とした。そして、そのわずか五日後の六月二十三日に、牛島満司令官の自決を以て、沖縄における組織的戦闘は終わりを告げたのだった。

戦後、ひめゆり学徒隊の存在が有名になったのは、ある一つの映画がきっかけだった。その映画は、一九五三年に公開された今井正監督の映画「ひめゆりの塔」。その後、

ひめゆり略史

1945年３月23日…動員開始、南風原陸軍病院での活動が始まる。

1945年４月１日…米軍沖縄本島上陸。

1945年５月25日…南部への撤退命令発令。

1945年６月18日…ひめゆり学徒隊に解散命令が出される。

1945年６月23日…牛島満軍司令官自決、沖縄戦の組織的戦闘終了。

1946年４月５日…ひめゆりの塔建立。

1949年…石野径一郎著「ひめゆりの塔」発刊。

1953年…今井正監督「ひめゆりの塔」公開、これをきっかけに「ひめゆり」の名が著名になる、以後４作品が商業映画として公開される。

1989年６月23日…ひめゆり平和祈念資料館設立。

2007年…柴田昌平監督長編ドキュメンタリー映画『ひめゆり』公開。

動員人数　沖縄師範学校女子部・県立第一高等女学校、生徒222人・引率教員18人、うち死者▷生徒123人・引率教員13人。

商業映画としては合計で四作品が制作された。

彼女たちは、どのような気持ちで沖縄戦を体験したのか、戦後どのような想いで証言活動を始めたのか、映画に対してどのようなことを感じたのか。私たちは、「ひめゆり」という言葉は知っていても、その体験やそこに込められた想いを知らない。そして、それはいずれ体験者の口から直接語られることはなくなってしまう。今回はその想いに迫りたいと思い、私たちはインタビューに臨んだのだった。（澤井）

ひめゆり学徒としての動員

――ひめゆり学徒隊として、沖縄戦を体験したということですが、その経験の中で、どのようなことを印象として持たれましたか？

宮城さん　あの時代は、すごい言論統制で、私の受けた教育の中では、平和のために戦争をすると。平和創造のための戦争だということを教えられました。そういう感覚で、戦場に行きました。

新聞では、いつも日本軍が勝っている。勝ち戦をして、中国の方で、どんどん平和のための戦争をしている。そんなふうに教えられていましたから、戦争が悲惨なことだということはわからなかったです。

そういう教育を受けた私たちは、戦場に行ってとてもショックを受けました。まるで違ったんです。国際法で、病院には爆弾を落とさないと聞いたのに、着いたその日、あるいは翌日から砲撃が始まる。艦砲弾が飛んでくる。そのような中で、国際法って結局自分が考えていたのと違うということを、着いた直後にわかったのですね。先生方もそうだったのだと思います。生徒だけではなく、先生方も戦争の実態をまったく知らないと。だから、先生方も生徒二二二人を引率して連れて行って、最初に攻撃を受けて、私たちと同じようなショックを感じたと思います。

――戦場の中で初めての看護をされたと思いますが、その際の、残酷な状況を目の当たりにした時の気持ち、そして病院壕の様子はどうでしたか？

宮城さん　私の想像をはるかに超えるほどたくさんの負傷兵が運ばれてきたのです。四月一日に米軍が上陸してきて、四月の終わりまでには、南風原陸軍病院(1)にはもう、（負傷兵が）三〇〇〇人を超したと聞いています。私が目にしたのは、皆重症患者で、私たちが包帯を巻けるような傷じゃないのですよ。手足がなかったり、顔が潰《つぶ》れていたり、むごい姿で運ばれてきたのですね。私たちは戦場に行って初めて戦争を知ったのです。これが一番のショックというか、戦争の時代にはやっぱり真実を伝えていないと。

そして、初めて手足のない人の世話をして、彼らの排泄物を片付けることもできないで、怒られるとか。傷口から蛆《うじ》が溢れるのを見て、倒れそうになって怒られたこともありました。私たちのグループは十五−十六歳のグループだったので力が弱くて、死体を寝台から下ろそうとして、ポロッと下に落としたりすることもありました。そういう時は衛生兵が手伝ってくれましたね。でも、上級生たちのグループは生徒たちだけでやったと聞いています。後でわかったことなのですけど、私たちのグループの先生は死体の埋葬もしたそうです。生徒ができない分を（埋葬）したそうです。後で聞いてびっくりしたのですけども。

――壕の中で、患者とともに生活をしながら看護活動を行っていたそうですが、壕の中での生活と看護というのは実際どんなものだったのでしょうか？

宮城さん　食事はただ一つのおにぎりです。私のグループは、わりかし他のグループよりは恵まれていたようですが、その大きさはピンポン球ぐらいにもならなかったです。普通のおにぎりでした。最初は粉味噌というのをつけて食べていました。そして、私たちの主な任務は水汲みでした。自分が配置になった場所の人たちが使う水を全部、私たち十六人が運ぶんです。そういうふうにノルマがありましてね。大きなドラム缶を一杯にしなければならないと。砲弾が飛び交う中を、直角に近い坂を上り下りして運ぶんです。もう毎日雨で、転がって滑って、降りて、そこでタルに水を入れて、帰りは坂を上っていくのです。

しかも、死体が浮いている井戸から水を汲んで、分け合って飲む。ここにきては、命の糧は水だったのかなと思います。これはどのグループも、そうだったと思うのです。サトウキビ畑も一杯あるのですけど、米軍は焼くのですよね。焼けたサトウキビもやっぱりかじられる。それをかじって、食事という形にね。

他の病院壕に比べれば厳しくなかったのですが、でも重症患者が五十−六十人いたと聞いています。その人たちの

証言者の略歴

宮城喜久子　▷1928年、沖縄本島中部・勝連村生まれ。学徒動員当時16歳（県立第一高等女学校４年）。
学徒隊では司令部経理部（津嘉山）に配置された。南部では第一外科壕に入った。荒崎海岸で米軍の捕虜となるが、引率教員やクラスメイトは手榴弾で自決していた。

世話をするのです。まったく想像もつかない数の（負傷兵の）包帯交換の手伝いをさせられたりして、私たちにとっては大変なことでしたね。

資料館に証言活動を聞きに来た人の中には、「トイレはどうしたのですか」と聞く方がいるのですが、本当にトイレに行った記憶がないのです。

――南風原陸軍病院から追われて第一外科に向かったそうですが、その当時の様子をお聞かせ願えますか？

宮城さん　私は第一外科壕にいたのですけどね。その壕のすぐ近くに爆弾が落ちて、三人即死、八人が重傷。そのような中で、解散命令を聞きました。怪我をした八人をそのまま残して、皆、外に出て行ったのです。

ガマの外観。奥は供養のための千羽鶴。

それから各自たどった道が、皆、違うのですよね。海岸に逃げた人もいれば、そのまま陸伝いにあちらこちらに逃げ回った人とか、いろんなケースがあるのです。私のグループは、最後は荒崎海岸（ここから見える海岸ですが）までたどり着いたものの、結局三人が銃で撃たれて死亡、そして十人が手榴弾で命を絶ちました。それが私たちのグループの最後です。

解散命令までは、私は絶対戦争に勝つのだと思っていたのです。（私たちに知らされていたのは）本土から援軍が来て、逆上陸してまた米軍をやっつけるのだとか、そういう情報なのですよ。日本軍の言う言葉はいつも、プラス思考なのですよね。だから私はそれを信じて、日本軍を友軍と呼んで信頼していたのだと思うのです。それが結局あの岩の上でね、最後に叫んだのは「お母さんに会いたい」、「空の下を、大手を振って歩きたい」とか。それが最後の姿。翌日みんな死んだのですよね。私は、あの中でね、本当に本音が（言えたのは）あの晩だけだったんです。それが今とても悔しいですし、本当に戦争は許せないなと思います。十五－十六歳の女の子が、追い詰められてやっと本音が言えた。そして、もう翌日はすべてを失ったわけですよね。

――当時を振り返って、今感じていることはありますか？

宮城さん　なぜ私が何の疑いもなく戦場に行ったのか。そして戦場でも、あんなに毎日毎日過酷な日々でありなが

実際に逃げ回った、荒崎海岸。裸足では歩けないほど、岩が切り立っている。

ら、それでも耐えて、耐えて、歯を食いしばって頑張ったのか。そういうことが皆さんには理解できないと思います。あの時の国家体制の中で、国民を思想的にしたたかに教育して、法律でも全部国民を呪縛していたのですよね。教師の中には、「戦争に行くな」と言いたい人もいたと思うのですが、言ってしまったら懲戒免職ですよね。だからもう、自分が教師をやめるか、国が言った通りに従うか、どちらかしかないですよね。

　だから今考えますと、あの時の教師は本音は言わずに建前で生きていたなあ、と。本音と建前を巧みに使って生きる社会は、大変な社会なのです。これが一番恐ろしいと思う。

――今の活動に使命感のようなものは感じていらっしゃいますか？

宮城さん　私たちのことを教訓にして、若い皆さんの力で日本が二度と愚かな道を歩まないように。そういうことを願いながら、資料館で証言活動をしたり、また遠くは北海道から、この間は石川県に（証言活動に）行きました。そういうことを話し合う大会を持てるということは、まだまだ救われているのかな、と思ったんですよね。いろいろな所に行くのは、やっぱり皆さんに知ってほしいからです。私は無知でした。無知の怖さを私は十分に引きずっていますから。皆さんには絶対無知であってほしくない。そういう意味で、皆さんとお会いして話をすることは、一つの大きな、大切なことなのではないかと思います。

――それでは上原さん、米軍の捕虜になった経験をお持ちとのことですが、当時は日本の戦争をどうお考えでしたか？

上原さん　結論から言いますと、まさか負けるようなことになるとは思っていませんでした。というのは、私が小学校に上がる前から日本は戦争一色ですよね。聞いたことは、みんな「勝った、勝った」なんです。どの教科でも戦争がつながっているのですよ。幼時から軍歌を歌えと。戦意を高揚させるために。小さい頃には、小さい頃なりの軍歌があるのですよ。要するに軍歌で育ったようなものなのですね。そういったふうに育てられていたので、戦争というのはそんなに怖くなかったのですよ。そういうことが頭の中にうんと刻み込まれていましたから、沖縄が戦争になるといったって、当然勝って当たり前だと思っていたのです。だから私たちも、「今こそお国のために役立つ時が来たのだ」と思って、大きな疑問は持たなかったのですよ。最後の最後まで、どんなに苦しくても、最後は必ず勝つと。その望みだけは絶対に捨てなかったのです。やっぱり長い教育の中で育っていますから。

――看護活動を始めたばかりの時のお話を伺えますか?

上原さん　病院はトンネルのように掘られた所です。重症患者がどんどん担ぎこまれて、溢れて、収容できなくなってあちこちに分室ができました。それでも満杯だったのです。一つの壕に五、六十人いたと思います。生徒が三、四人。看護婦さんが一人ついて、四、五人で食事の世話から死後の始末まで全部ですから、息つく暇もなかったのですよ。そして、五月二十五日、米軍が目の前に迫って、いられない状態になるまで看護していましたけど、一人だって元気な姿で、「おめでとうございます」と言ってあげた記憶がないのですよ。私たちは病院には砲弾が落ちてこないと思っていましたが、赤十字のマークを示しておかなければ、(米軍は)病院と見なさないのでしょうね。どんどん(砲弾が)落ちてきました。最初の二昼夜は、本当に一睡もしませんでした。三日目からはふらふらしましたね。後からは、壕が貫通していなかったので、作業もしながらの看護でした。防衛隊とか衛生兵が、土を運び出しながら、少しずつ掘っていって、やっと私たちが寝る所を作ってもらいました。

――一般の方々の治療はどうなっていたのでしょうか?

上原さん　医者は増えないし、負傷兵は増える一方だから、治療期間は長くなるし。私たちは三カ月間(水を)浴びてないですよ。みんな服には虱《しらみ》、傷には蛆なのです。一般の人は、目の前の家の人でも、見てもらえませんでした。沖縄の一般の医者まで、全部軍医として駆り出されていたのですから。一般の人は自分なりの手当てをして、本当にかわいそうでした。

――上原さんは日本軍をどう思っていましたか?

上原さん　撃たれる一方だから、軍もまたいろいろ言うのです。「反撃しないのは作戦だ。近い

証言者の略歴

上原当美子　▷1928年、沖縄本島南部・糸満出身。
学徒動員当時17歳(師範学校女子部予科3年)。
大阪で生まれ、6歳の時に小学校に入るため、糸満にいる祖父母のもとに預けられた。学徒隊では陸軍病院第一外科に配属された。

うちに大反撃があるから、あとしばらくの我慢だ」と。しかし、五月二十五日にはアメリカ軍が見える所まで迫ってきたので、「このままここにはいられない。撤退せよ。歩ける者を連れて南部に行け」と。歩ける患者なんて、たった四、五人しかいませんよ。「残りはどうするのですか」と聞くと、「後から車で運ぶから、お前たちは心配するな」と言われたのです。負傷兵を後から運ぶというのは本当だと、鵜呑みにしたのです。こうして何とか歩ける人は、大雨と砲弾の中を伏せたり歩いたり手を引っ張ったりしながら、十五キロの道のりを南部へ向かいました。

やっとたどり着いたのが翌日。着くと同時に解散。部隊を探して帰れと捨てられたのですよ。ましてや置いてきた人を連れてくるはずがないですよね。これが軍の計画だと知ったのは、ずっと後からです。戦争って残酷ですよ。私たちの目の前ではやらない。お医者さんも証言しています。薬を飲んだけれども、悲鳴を聞いて、手を入れて吐き出したという兵隊もいますので、これは見ていないのですが、事実だと思います。またひめゆり学徒隊以外の学徒にも、薬を包む作業を手伝わされたという人がいます。それでも、恨む気持ちはまったくなかったです。

――解散命令の後、上原さんは敵中突破をしたと聞きましたが、どのような状況だったのでしょうか？

上原さん　私は六月二十日から二十三日まで敵中突破をして、もちろん食べない、飲まないですよ。昼は岩穴や溝に隠れ、夜は伏せるようにして歩く。でも敵に見つかって何人かが死にました。二十二日、五、六メートル離れた所で学友二人、兵隊二人が射殺される場面もありました。日本刀と手榴弾を持っていたからです。二十三日、生き残った私と友達は、これ以上敵中を歩くことが不可能となり、敵に撃たれて死ぬことにしました。敵の前に出て「撃て」と叫びました。しかし武器を持たない者には銃を向けず、人間として丁寧に扱われました。何が何やらわけがわからなくなり、涙が流れました。重傷の学友を置いてきたことが悔やまれました。こうして糸満までトラックで運ばれたのですが、結局は生徒六人、兵隊二十一―二十三人の計三十人ぐらいから二人しか生き残らなかったのです。途中でみんな殺されてしまいました。

――その後米軍に収容されたと思いますが、当時はどんな様子でしたか？

上原さん　二十三日にやっと米軍に収容されて、収容所に行ったのです。収容所では、車が南部から来ると、「自分の子供はいないかねー？」と、先に来た人たちがトラックの周りに群がるのですよ。でも、いない。私たちは二人だけが生き残っていると思っているから、もう顔も上げられないで、恥ずかしいというのか、申し訳ないというのか、逃げ出して死にたいと思ったこともありましたね。

でも、たとえ制服は着ていなくても、「ひょっとしたら師範の生徒じゃないか?」って、ある方がいらしたのですよ。「はい、そうです」と答えたら、「うちは宮城ふじ子の父親なのだけど、うちのふじ子知らないか?」って。ふじ子さんがすでに亡くなっていることなんて知りませんでしたから、「一緒じゃなかったからわからないですけど……」と言うと、「あんたたち、まだ何も食べてないでしょ。さあ家に行こう、家に行こう」って。

――学友のご家族の方と知り合った後の、収容所での生活はどのようなものでしたか?

上原さん　この方たちは上陸地点の方たちだったので、すぐに戦後の生活でした。だから収容所でいろんな物の配給があったのですよ。おみそ汁もたくさん入れて、こうしてお膳に、ご飯も「ひもじいでしょう」と山盛りにして、「さぁ、まだでしょう。早く食べなさい」と言われるのです。真っ白いご飯を見た時にはもう胸が詰まってね、ひもじくて食べたいのだけど、胸が詰まって口にできなくて。ただ涙が出てきたのが、本当につい昨日のように思い出されます。一週間ぶりの食事でした。それで最後には、「あんたたち、浴びて（風呂に入って）もないでしょう。これ持って行って、帰ったら浴びなさいね」って、石鹸をくださったのです。LUXの石鹸って、とってもいい香り。石鹸っていうものをこの三カ月間見たことも触ったこともなかったですから。「これは（うちの）ふじ子が着ていたもんぺだけど、一つあげるから、着替えて」と言って、一着ずつくださったのですよ。もう夜中、みんなが寝静まった頃に二人で起きて、真夜中に水音を立てないように浴びた時のあの石鹸の匂いが、忘れられません。

捕虜としての生活と驚き

――それまで軍事教育を受けてきて、それが違ったと思った瞬間はありましたか?　そう思ったのはどの瞬間ですか?

宮城さん　収容所に行っても、まだ日本軍は勝つのだと、そこから抜けきれなかったのですよね。戦後の学校教育を受けて、デモクラシーって何だろうとか、個性を大事にしなさいとか、今まで自分の国のために命を捧げなさいと言っていた先生が、そういうことをおっしゃって、とても違和感がありましたし、不信感もありましたね。すごく戸惑いましたが、あの戦争がどういうものだったのかだんだんわかってきたのですね。戦争の本質を知るようになってから、やっと理解できたのです。時間はかかっています。瞬間じゃないのです。徐々にわかってきた。それほど教育は深いのです。

――収容された後でも、日本軍は勝つと思ってらっしゃいましたか？

宮城さん　しばらくは。

上原さん　沖縄というこんな狭い場所に五十五万という大軍を率いてきて、島中を取り囲んで、空から海から総攻撃でしょ。沖縄は小さいからこんなことになったと思ったけど、本土は大きいから勝つと思ったのですよ。収容所で。そして八月十五日に日系のアメリカ兵が来て、『日本が戦争をやめたー！』って飛び上がって喜んで、空に祝砲ですよ。こっちは涙がぽろぽろ。戦争をやめるのだったら、どうしてあの時にやめてくれなかったのか。「沖縄戦は何だったの」と泣いたことが、つい昨日のことのように思い出されます。まさか捨石作戦なんて、知りませんでした。

普天間さん　自分たちが受けた教育は間違っていたと思った瞬間はいつかという質問はすごく大事なことですが、戦争を語る人の中には、「じゃあ自分たちは騙されて戦争に行ったのか」とか、「あの時はお国のためにと思っていたのではないか」とかという意見もあるのですよね。鬼畜だと思われていた米兵が敵国の日本人を熱心に看病していたことに衝撃を受けたという話をよく聞きますが、体験者が自分の受けた教育を見つめ直すうえで、この体験はとても大事だと思います。

――それでは実際にお二人が体験した衝撃について、教えていただいてもよろしいですか？

宮城さん　岩の上で、重傷の先輩たち三人を必死になって看護して、助けようとして、その（米兵の）処置で二人の先輩が助かったのです。それをそばで見ていて、理解できないのですよ。悪魔とか言われていた米兵が、どうして私に水を飲ませようとして、私たちを助けるのか。何だろうと思ってね。「ノーポイズン、ノーポイズン」とか言って、私にもすごく親切にするのですよ。それがなかなか理解できなくて、恐ろしくて怖いと思っていました。どっかに連れて行かれるのじゃないかとか、すごい不信感を持ちながらね。

そういうことから本当にショックを受けて、収容所に行ったのですね。重傷の園子(2)さんにはリンゲル注射が打たれました。そしたら真っ青だった園子さんの顔がだんだん赤みを帯びてきて、周りの米兵が喜んで拍手をした。それを見て、ますます混乱しましたね。それが初めて見たアメリカ人の姿でした。

上原さん　私も目の前で米兵が治療するのを見てね、罠と思ったのですよ。騙して殺すための罠と思ったのですよ。でも、様子を見ていると罠とかじゃなくて、敵である前に人間として扱っているのだというのがだんだん伝わるような気がして、今度は涙が出たのですよ。友達を置いてきているから、友達はどんなに怖い思いをしたのだろうと思うと、本当にもう、泣けました。壕の中にも丘の上にも友達を置いてきている。皆さんは信じられないかもしれませんが、「置いていく」と言われたら、「行かないで」となるのが普通でしょ。ところが、「かまわないから早く行って」と言ってくれたのです。だけど本当は怖かっただろう、迎えを待っていただろうと思ったら、やりきれなかったですね。

普天間さん　米兵との最初の出会いとか、教師の即席の養成学校に皆さん行かれているのでその時にデモクラシーを知ったりして、ひめゆりの生存者はいわゆるアメリカの民主主義と出合うことになると思います。一方で米軍の圧政下による事件がたくさん起きて、アメリカの暴力というものを目撃する機会もたくさんあったと思うんですよ。そして体験者たちは資料館を作る時に、もう一度、沖縄戦を学び直すのですね。自分の体験を見つめ直したり、勉強したりと。その時に侵略とかの言葉に向き合ったりしたと思うんですよね。

――では、沖縄戦ともう一度向き合った時のことを教えてください。

宮城さん　そうですね。美化された戦争しか知らなかった私たちは、加害者側の立場でもあったことに、すごいショックを受けました。一番心を痛めたのはそれでした。日本軍によって迫害を受けたアジアの人々などのことも、知らなかったの。逆に私は平和のための戦争と思っていたから、あれが今悔しいですね。騙されていた。本当に騙されていて、日本国民全体が一つのレールにずっと乗っていた。やっとわかったのが、戦後十年ぐらい経ってから。だから、すぐにはわかってないのですよね。

映画に対する体験者の想い

――自分の体験が正確に伝わらない例として、映画があると思うのですが、ご覧になられましたか？

宮城さん　映画は興行的なものが、四回ですか。でも、二回までは、私は観ていません。観る気がしなかったのです。友達が死んでいく様子とか、耐えられないですよね。でも、三回目のものは観て、今井監督と討論しました。四回目のものはシナリオから参加しまして、ここから少し関わるようになったのです。でも私から見ると脚色された部分が多くて、これが映画なのかと。すごいショックを受けましたね。

――具体的には、どのようなシーンでショックを受けましたか？

宮城さん　あまりにも落差が大きいので、ちゃんと正しいものを作ってくださいとお願いしたのです。だけどまた神山さんの場面も下着一枚つけて水を浴びていて、そういうことが出てくると、本当にびっくりするのですよ。

――なぜ、そのような場面を演出されたのでしょうか？

宮城さん　私は（作品を）観て、「きれいですね」と神山監督に言いました。監督は、「若い人たちに観てもらうためには、どこかこう少しほっとする場面を作ってあげないと観てくれない」と言っていました。皆さんが見た通りのままを再現したら、絶対観てくれない、と。だからどうしても、ある部分、部分はそういう（ほっとする）場面を入れていかないといけないのです。そう説明していらしたのです。

――上原さんは、映画に関してどう思われますか？

上原さん　三作目の今井監督と話した時、私は、あれも違う、これも違うと言ったのですよ。すると監督は、「言おうとする気持ちは非常によくわかる。しかし、あなたたちの体験した事実そのままを描くと、これは記録映画じゃないのだから。自分は監督という立場で、お客さんにホッとするような場面を作らなきゃいけない」とおっしゃいました。だから、映画で再現するのは難しいと思うのですよ。映画会社が作るもので私たちの体験をそのまま再現するのは、無理だと思うのです。

普天間さん　今の一作目はそういう感想を持たれたわけですが、ひめゆりの話がかなり全国的な物語になったきっかけになった映画ですよね。

上原さん　だから、私たちは涙が出なかっただけであって、観ている人は相当ショックを受けたと思うのですよ。だけど、私たちとしては、こんなものじゃないと。

宮城さん　一連の映画のために「ひめゆり」という名前だけが独り歩きをするようになって、他の学徒隊の存在感がなくなりましたね。

――教員としてお仕事されていた時に、子供たちにはご自身

の体験を話しましたか？

上原さん　教員になって辞めるまで、私は子供たちに全然話さなかったです。そして、辞めた後から資料館で証言しているのです。

ある日、「先生、私たちに全然話さなかったね」と言われたので、「だって、面白い話でもないのにね」と言うと、「でも、あの時の話は良かった」と言われたのです。それで、下級生にちょっと話したら、男の生徒が皆、ひめゆりの塔に行ってきているのですよね。「先生、昨日ひめゆりの塔に行ってきたけど、先生の名前、なかったよ」と。「何で、先生は生きているじゃないの」、「じゃあ、あっち（に名前がある人）は皆死んじゃったの？」、「そうよ」。そう言ったら、また子供がびっくりしていました。（沖縄戦を）体験した人は皆名前があると思っていて、「いくら先生の名前を探してもなかったよ」と言ってきたのですよ。

普天間さん　いつ頃から話し始めたかという話ですが、整理しておくと、戦後クラスで話したひめゆりの体験者がたまにいても、全体として体験談を大勢の前で話すようになったのは、資料館をつくろうとした一九八五年頃なのですよね。だいぶ後になってから。

上原さん　でも、初めのうちは涙が先に出てね、もう途中で声が詰まって出なかったのですよ。

——戦後、自分たちがひめゆり学徒であったということをずっと隠してきたのですか？

上原さん　いや、隠すというか、言わなかったのですよ。話そうとは思わなかったのです。沖縄の場合は、皆、体験者だから。

宮城さん　皆、教師をしていますからね。

上原さん　ちょっと言えばね、皆、通ずるところがあるから。

——宮城さんが話され始めたのはいつ頃からなのですか？

宮城さん　私は六年生の担任がほとんどだったのですが、不思議なことに米軍って、軍政下にありながら、日本の文部省の教科書を使わせたのですよ。民主主義とかね、平和憲法とかあるし。ひめゆり学徒隊とか鉄血勤皇隊とか。ひめゆり学徒隊とか教科書に出てくるのですよ。それを読んでも、私は自分の体験をまったく説明もしなかったです。そのまま通り過ぎて。そして三十五年間、教師をしてきて、辞める前にやっと、資料館を作ろうという話が出た。その頃から少しずつ話し始めました。

普天間さん　語り始めるっていうのは、体験者側の問題もあるのだけれども、聞き手が出てくるということも必要なのです。社会が「体験者の話を聞こう」というふうになったのは一九八五年頃から。聞き手の存在も必要なのですよ。あえてひめゆりの話を聞こうとか、鉄血勤皇隊の話を聞こうということではなくて、戦争体験者は減少していくけれども、戦争体験を聞くことは大事なのだと、社会が認識し始めたのだと思うのですよね。

――「一フィートの会」[3]はご存知ですよね？

宮城さん　はい。でも初めて知った時はもうショックで、一晩寝られなかったですよ。あんな大変な戦争だったのだと、初めてわかった。あんな中で皆逃げ惑って死んでいったんだなぁって。もう辛くて泣いてね。それが大きなきっかけになったと思います。それから語りだす人がだんだん増えてきてね。一般の人も絶対に戦争は駄目だと。私たちだけでなく、一般の人も。だからやっぱり映像の力っていうのは大きいですよ。「一フィートの会」は今度二十周年を迎えますけど、あのショックは本当に今でも忘れないです。

――一フィートの映像を見て、どのようなことを感じましたか？

宮城さん　もうその頃からは、資料館を作る活動をしていますので、自分たちの活動とも関わりがある。というよりも、その映像を見てショックを受けて、もっと自分たちがやらなければいけない、このことは絶対に伝えたい、という気持ちになりましたね。ちょうど資料館を建てようと活動して、テープ起こしをしたりしている時期だったんです。

上原さん　それでも一部分しか映されていませんよね。全部は映されていませんよね。だからもう、あの時の様子が頭の中で駆け巡ってくるわけですよ。

宮城さん　でも、あの映画でさえ、私たちから見たらきれいですよ。

上原さん　そうなのよ、ごく一部なのですから。

――それほど違うのですか？

宮城さん　だって、撃たれている私たちのところなんて全然ないのだもの。米軍がどんどん撃ってくる、その場面

ひめゆり平和祈念資料館の外観。

だけですよ。撃たれている側の悲惨な場面は、出てこない。

普天間さん　体験者だからこそ、撃たれている場面を想像できるわけで。

宮城さん　そう、想像できる。だからあの映像を見て、あんな中で自分はよく生きたなぁということと、また、あの弾に当たって友達が死んだんだなと思うとね、もうたまらなくなりましたね。それぐらい、インパクトがありました。

それから死体の山（の映像）なんてね、テレビでは映していないと思う。その映像はあるけれども、公開しないそうです。

――記録としては残っているのですね。

宮城さん　アメリカの公文書館にあるけれども、そういう悲惨なのは、譲らないそうですね。

上原さん　壕の中から出てくるところは映されているけれど、腸が飛び出たりしているとか、壕の中の様子は誰も映せませんよ。

――それほど死体が多かったのですか？

上原さん　水も汲みに行かなきゃいけないし、夜行動することが多かったのですが、途中で死体につまずくのですよ。そういったことがよくありました。だけどあの時は怖いとも思わなかったのですよ。死体を跨《また》いでも。

――怖いという気持ちよりも、慣れてしまったという感覚ですか？

上原さん　毎日、死体を見ていると、怖くなくなりますよ。

宮城さん　極限状態の中でずっと耐えてきました。だから戦場では死体を見ても、泣くどころか何の感情もないですよ。かわいそうとか、こんなに怖いのかとか、そういった感情というのが、人間の感覚ですよね。人間が人間でなくなると。普通の言葉のようですけれども、まさにその通りです。すべてにおいて、そうなりました。

戦後語り継がれるひめゆり

――伝えていくという活動をしていく中で、辛いことを思い出すこともあるかと思うのですが、それでもなお伝えていこうと思うのはなぜですか？

宮城さん　さっき言われたように、あの戦争の体験というのは、十代の時の体験なんですよね。心の傷として、今でも残っているのです。それぐらい深い傷を負った体験だったんですよね。だから当時は話せなかった。逆に、今伝えていこうと思ったのです。

――戦争が終わった後には、どのような体験をされたのですか？

宮城さん　荒崎海岸で亡くなった友達のお母さんに、収容所で会ったのですが、そのお母さんが私に「あなたは本当に死体を見たの？　見たの？」って、すごく詰め寄ったのですよ。「はい見ました」と言うと、「間違いでしょ」と、なかなか私の言葉を受け止めてくれない。母親の気持ちはそれぐらい大変だったと思うのです。その気持ちはわかるのですが、そう詰問されて、二度と遺族の方とは会うまいと思いました。

収容所での生活から戦後の生活へと、いろんな意味で、自分の周りがだんだん人間らしい生活ができるようになりましたが、そうなるにも時間がかかりました。そんな中で、ひめゆりの塔が建ったとか、慰霊祭が行われたとかと耳にはしていました。ですが、私は実は三十年ぐらい経ってから、やっとひめゆりの塔に来たのですよね。その前までは、大変遠い存在でした。もう二度とあの戦場跡には行くまいと思っていました。それは、たくさんの人が持っている傷なのですけどね。

――戦跡に足を踏み入れることは、決してなかったんですね？

宮城さん　はい。そういう中で四十年が過ぎていき、私の周りの情勢を見たら、戦争なんてなくなっていない。五年過ぎたら朝鮮戦争。また、ベトナム戦争。十年間、沖縄の基地から、ベトナムの人たちを攻撃しているのです。「基地を貸している沖縄の人は憎い」と言われたのです。あんな体験をして、戦争ということを忌み嫌って、絶対、平和しかないと思っている私たちの目の前から、B52という核爆弾も搭載できる飛行機が、ベトナムまで行って攻撃をする。新聞には、「ベトナムの人たちは、沖縄の人たちが憎いと言っている」と。もう、私の想いと全然違うのですよ。

そういう中で、私たちはふっと四十年ぶりに戦場跡に入りました。遺骨収集もしました。その中から、友達の筆箱や下敷き、先生方の遺品が出てきたのです。それらを四十年ぶりに手にして、「仲里ミツコ」……、ああ、これはみっちゃんの筆箱だ、と。もう涙が止まらなかったですね。

遺品を見て、資料館を作ろうという声が出てきて、だんだんと気持ちも決まったのです。四十年ぶりに、同窓会として資料館を作ろうと。そのためには、全国に趣意書も送らなければならない。自分たちが閉ざしていた口も開かなければいけない。なぜ資料館を建てるのか。こういう体験を無駄にしたくない。教訓にしたいと。それから皆、だんだん話をするようになったんです。そういうふうにして、やっと録音したりテープ起こしをしたり、今展示してある証言集を作ったりしました。そういう活動をして、語るという大切さを感じるようになりました。

——今はどう思われていらっしゃるのですか？

宮城さん　私がもう七十九歳。先輩は八十歳。八十三歳の館長が、頑張っているのですよ。女性の館長です。「あの人たちの死を無駄にしたくない。絶対、教訓にしてほしい。二度と愚かな日本にしたくない」——という共通の思いがあって、だから今、皆で証言活動を頑張っています。

——体験を語り始めたばかりの頃はどうでしたか？

上原さん　初めは、話をしたら涙が先に出て、話せなかったんですよ。だけど、いくら泣いてもわめいても、命は一人のものも戻ってきませんから、私たちのような体験だけは二度と、若い皆さんには絶対してもらいたくない。話すのは辛いけど、辛くても話さないとこれをわかってもらえない。体験に勝るものはないけど、戦争だけは体験するわけにはいきませんからね。友達に申し訳ないという気がいつもあります。自分は生き残って、友達を助けることができなかったと。今でもやっぱり、話し始めると涙が出るのですよ。でもそれを乗り越えて、「これが戦争なのだよ」ということをわかってもらいたい。そういった願いを込めながら話をしているのです。

——現在は体験を語っていて、どう思われますか？

上原さん　「ひめゆりの塔は聞いたことがありますけど、こんなことがあったのですか」と言う方は、今でも多いですよ。ましてや子供にはわからない。だけど、ただ自分がわかるだけで、自分だけのものにしたら困るんですね。体験者がいなくなったから話ができなくなった、では困りますから、今度は皆さんが受け継いでほしいと思います。話す人がいなくなったら、またいつか来た道を歩むかもわかりませんからね。そういった意味でも私たちは力の限り、友達の分まで長生きして、ありのままのことをお話ししていきたいと。私もまだあと二十年は大丈夫だと自分で思っております。そして、どうぞ皆さんも語り継いでくださいという願いを込めてお話ししているわけなのです。

取材後記①——澤井秀之

取材を行った翌日、私たちは、米軍に投降した宮城さんがいた場所である荒崎海岸に来ていた。うっそうとした背の高い草むらを抜けると目の前には、六十三年前に、この海を米軍の艦船が埋め尽くしたとは思えないほど、穏やかな海が広がっていた。彼女と行動をともにした級友が自決した現場まで歩く途中で、私は違和感を感じて、ふと視線を下に向けると、歩いていた所がゴツゴツした岩場だということがわかった。とても、裸足では歩けない。だが彼女たちは裸足同然で、米兵から逃れるために必死で、この海岸を摩文仁《まぶに》の丘を目指して移動していったのだった。宮城さんの「本音が言えたのはあの晩だけだったのです」という言葉が、私の脳裏に甦ってきた。

自決した場所には今でもその目印となる石碑が作られている。そしてその近くには多くの千羽鶴が備えてあった。六十三年が経った今でも、そこを訪れる人は絶えない。その人々が平和について考える限り、ひめゆり学徒隊の人々の想いは受け継がれていくのではないのだろうか。

取材後記②――井上優紀

取材を終えて東京に帰ってきてから、私は頭の中の整理をつけるのに、しばらく時間がかかった。頭の整理というよりは、すべてを受け止めるのに時間がかかった、という言葉の方が合っているかもしれない。取材前に入念な下調べを行い、ドキュメンタリー映画も観た。にもかかわらず、ひめゆり学徒隊で証言員である上原さんと宮城さんから直接お話を伺った時の衝撃は、予想以上に大きかった。

お二人から発せられる言葉の一つひとつが重く、心にずしんと響くものばかりであったし、戦争の恐ろしさをリアルに感じた。お二人の心の傷は戦争が終わった今もなお、癒えてはいない。当時を振り返って話すことは、ひめゆり

取材後の記念撮影。中央左▷宮城喜久子さん、中央右▷上原当美子さん、右端▷普天間朝佳さん。

学徒隊生存者の方たちだけでなく、戦争体験者にとっても相当辛いことだと思う。それでも「二度と戦争というものを起こしてはいけない」、「同じ過ちを二度と繰り返さないように、私たちが体験したことを後世に残していかなければいけない」という強い信念を持って語ってくださったお二人の姿は、今でも脳裏に焼き付いている。そして、そのお二人の気持ちを真摯に受け止め、少しでもお二人のお役に立てればと思っている。

私にできること。きっとそれは、今回の取材を通して私が体験したこと、それをきちんと受け止めて自分の糧としていくこと。そして、それらを自分の言葉で伝えていくこと。何気ないことだけれど、一番大切なことだと思う。なぜなら、私たちは戦争体験者の方々と触れ合える、最後の世代になりつつあるからだ。同じ過ちを繰り返さないためにも、少しでも多くの人に戦争の恐ろしさを知ってもらいたい。こんな拙い文章でも、私が体験してきたことを表すことによって、そのきっかけになればと思っている。

最後に、ひめゆり学徒隊生存者で、ひめゆり平和祈念資料館・証言員である宮城喜久子さん、上原当美子さん、そして取材日時の調整などをしてくださったひめゆり平和祈念資料館・学芸員の普天間朝佳さんに、感謝の気持ちを伝えたい。見ず知らずの学生である私たちの無理なお願いを聞いてくださって、本当にありがとうございました。

注

（1）沖縄本島那覇市の近くにあった陸軍病院。首里の司令部壕からも近く、現在でも一部の壕は入ることが可能。
（2）荒崎海岸から生き残ったひめゆり学徒隊の一人。
（3）正式名称は「子どもたちにフィルムを通して沖縄戦を伝える会」。一九八三年十二月八日結成。一人一フィート（約一〇〇円分）のカンパで、アメリカの国立公文書館等に保存されている沖縄戦の記録フィルムをすべて買い取り、戦争を知らない世代に沖縄戦の実相を伝え、沖縄を、そして日本を世界平和の原点とする運動。

取材日▼二〇〇八年八月二十六―二十八日

鉄血勤皇隊——「手榴弾をくれ」と君は言った…

証言

山田義邦

▼元鉄血勤皇隊員、八十四歳

聞き手

本田世奈（中央大学総合政策学部三年）

はじめに

「山田義邦さん」は、沖縄地上戦を戦った鉄血勤皇隊の生き残りである。鉄血勤皇隊は、中学生で結成された日本軍唯一の少年部隊である。私よりも若い少年たちが、戦場で何を思い、戦ったのか。「山田さんに、ぜひお話を伺いたい」、そのように思った。

しかし、戦争について何もわかっていない私が取材を頼むことは迷惑かもしれないと悩んだ。戦争を経験して、つらい気持ちを味わっただろう山田さんの気持ちや思いを、平和な世の中で暮らしている私にわかるのだろうか。生半可な気持ちでは絶対に伺えないと思った。しかし、戦争を経験した人は年々少なくなっているのも現実である。

山田さんは、中央大学の先輩でもある。私は、「中央大学」のつながりを信じようと思い、思い切って山田さんに電話をかけた。

「もしもし」。最初に電話に出たのは、柔らかい口調の女性の声だった。戸惑いながらも、しっかりと話さなければ相手の方が不審がってしまうと思い、「山田義邦さん」にお話を伺いたい旨を話した。すると、「今、代わりますね」とその女性が言われ、保留音が流れた。どうやら奥様が電話に出られたようだ。

メロディが流れている間、緊張しながら待っていると、メロディがプツリと止まり、「山田です」と、男性の声が聞こえた。自分が山田さんに、戦時中の鉄血勤皇隊での生活についてのお話と、山田さんが経験した戦争についてのお話を伺いたい旨を、自分なりの言葉で一生懸命に伝えた。すると、「若いのに、しっかりと丁寧に話されるんですね。戦争の話に興味を持ってくれるのは嬉しいです。私は暇だからいつでもおいで」。山田さんは、優しい口調でそのように話された。

山田さんに自分の気持ちが伝わったことと、取材を受けていただけるという約束を結べたことが、本当に嬉しくて山田さんに何回も感謝の気持ちを述べた。二人で予定を合わせ、「(二〇一二年)三月十六日にしましょう」ということになった。

三月十五日。私は東京から三時間ほどかけて、沖縄の那覇空港に到着した。沖縄は東京と違って、とても暖かかった。日差しがすでに夏のように強く感じられた。家はもちろん、郵便局にも銀行にも、守り神であるシーサーがドンと構えている。そして、道路沿いには、ハイビスカスが鮮やかに咲いていた。沖縄に来たことを、私は実感した。

翌三月十六日。いよいよ山田さんにお会いする日になった。この日も、沖縄の日差しは厳しかった。山田さんとは、私が宿泊していた場所の近くにあるスーパーの前で待ち合わせた。期待と不安が入り混じり、緊張して待っていると、一台の車が私の前で停まった。車から降りてきた背が高くすらっとしたおじいさんが、「本田さんですか」と声をかけてくれた。眼鏡から覗く優しい目が印象的だった。

「車で、私が戦時中辿った戦跡を回りましょう」

山田さんは開口一番、そう言われた。

そして、沖縄地上戦の現場を回りながら、私の取材は始まった。（本田）

鉄血謹皇隊員として

――鉄血勤皇隊はどのような経緯で編成されたのですか？

山田さん　一九四四年（昭和十九年）十二月には、沖縄守備軍第三十二軍司令部は、間近に予想される米軍の沖縄上陸に備え、防衛力増強のために県下の中等学校の職員と生徒を学徒兵として動員する計画を立てていました。師範学校の生徒及び県下の中学校、工業、農林、水産、商業学校の生徒が集められ、「鉄血勤皇隊」(1)と名づけられました。その時に、私も動員されました。

最初の頃は、飛行場や地下壕陣地の建設作業などを手伝っていました。しかし、米軍の沖縄上陸が必至の状況になると、守備軍司令部の命令によって、鉄血勤皇隊も戦闘要員として戦闘方法を仕込まれて第一線で戦うことになったんです。私が在学していた沖縄県立第一中学校（一中）の五年生の同級生は、八十八人のうち、五十五人が死亡しました。私も一九四五年卒の沖縄一中最後の卒業生ですが、三年生、四年生、五年生で「鉄血勤皇隊第一中学校隊」に編成され、二年生でさえも通信隊として実戦に出されました。生徒およそ四〇〇人中二六九人が戦死しました。

――山田さんはどのような経緯で鉄血勤皇隊に入隊したのですか？

山田さん　学校があった首里には、日本軍の司令部である沖縄守備軍第三十二軍司令部(2)がありました。沖縄本

証言者の略歴

1927年10月８日…沖縄県那覇市に生まれる。
1940年…沖縄県立第一中学校（現、首里高校）入学。
1945年３月…卒業と同時に鉄血勤皇隊に入隊。
1945年６月30日…捕虜としてハワイに連行される。
1946年12月…米軍統治下の沖縄に帰国。
1949年…中央大学文学部（二部）入学。
1951年…喀血。大学を中退。
1952年…那覇空港ターミナルビルに勤務、61歳の時に引退。

山田義邦さん。

現在の首里城。

島に米軍が上陸したのは四月一日ですが、その直前の三月二七日に米軍の艦砲射撃があり、頭の上から火の玉やドラム缶みたいな大きな砲弾が首里城めがけて飛んできました。そんな状況の中で、一中の卒業式が行われました。「日本一立派な卒業式」だと県知事が祝辞で述べられていたのを覚えています。常にビューと音が響いていて、卒業式は、五分か十分で終わりました。昔は卒業式に県知事も来ていたんですよ。でも、政治、経済、教育、医療など、実権を握っていたのはすべて本土の人間でした。

　卒業式後、すぐに鉄血勤皇隊員となり、私は第五砲兵司令部に配属が決定されました(3)。僕の同級生の中には、鉄血勤皇隊本部や野戦重砲兵第一連隊などに配属された人もいました。

——戦時下の沖縄は、どのような状況だったのですか？

山田さん　米軍の攻撃は、日本軍のものと圧倒的な差がありました。海には米軍の軍艦がずらっと並んでいて、地平線が真っ黒でした。十五キロぐらい沖合にある神山島に米軍の砲台があって、重砲は首里まで届くほどの威力がありました。日本軍の重砲は貧弱だから、首里から撃っても半分の距離にも届かないのに……。攻撃をしのぐために特攻隊が毎日飛んでいたけれど、ほとんどが途中で落とされていました。沖縄守備軍第三十二軍司令部も、米軍からの砲撃で直接やられていました。米軍が上陸してから一週間ほどで、すでに壊滅的な状況に追い込まれました。

——首里はどのような状況だったのですか？

山田さん　首里に沖縄守備軍第三十二軍司令部があったから米軍に集中的に狙われ、ものすごい数の砲弾を受けました。そのため首里は焼き尽くされ、破壊しつくされて何もありませんでした。今の首里城の石垣は修復されているので、火炎放射器で焼かれた跡は残っていません。でも実際は、火炎放射器で焼かれると、岩が溶けているような黒い跡ができるんですよ。

首里城の中にあった、沖縄守備軍第三十二軍司令部の壕の出入り口はいくつかあって、すべてつながっていました。例えば第三十二軍合同無線所は、沖縄守備軍第三十二軍司令部の壕の入り口と地下トンネルでつながっていました。

今では首里城は世界遺産に登録されているから、首里城地下に日本軍の要塞があることは隠されているようです。壕に入れないように出入口がふさがれている。司令官がいた壕は明るくて広かったけど、今でも中はおそらくそのままだと思います。

――追い込まれていた沖縄守備軍第三十二軍司令部は、どのような動きを展開したのですか?

山田さん　日本軍は逃げる一方でした。それは日本軍が一発撃ったら、米軍は一〇〇発撃ち返してくるぐらいの圧倒的な武器の差があって、日本軍の攻撃じゃ、米軍はびくともしなかったからです。よくもあんな連中と戦ったと思いますよ。日本軍の三八式歩兵銃は、明治三十八年に作られたもので、改良もせずにずっと戦争で使い続けてきたんだから。九九式は軽いけど役に立たないんです。アメリカのカービン銃は何十発、M４は大きいのが五発連発できる

校舎正面玄関前での一中健児たち（養秀会館「一中学徒隊資料展示室」提供）。

し、他にもトンプソンという小さな機関銃を肩に乗っけてバリバリバリやっていました。アメリカの戦車も、日本のものと比べて鉄板一枚とってみても厚さがまったく違っていたんです。体格も違って、大人と子供が戦争しているようなものなのに、降伏するわけにはいかない。勝てないってわかっているのに……。

組織的に頑張ったのは沖縄本島南部の西海岸にある浦添《うらそえ》辺りまでかな。私が首里にいた時には、米軍戦車のカリカリカリっという走行音を間近で聞いていました。いよいよ首里も危ないっていうんで、自分たちは沖縄本島南端部にある糸満《いとまん》市摩文仁《まぶに》に逃げたんです。

――鉄血勤皇隊所属時、印象的な方はいらっしゃいましたか？

山田さん　一中の同級生だった宮城辰夫くんです。辰夫は、優等生でした。彼は沖縄本島南部のほぼ中央にある島《しま》尻郡《じりぐん》南風原町《はえばるちょう》喜屋武《きゃん》の鉄血勤皇隊本部に配属されていました。しかし、本部からの伝令で、僕が所属していた第五砲兵司令部に来る途中に、米軍の攻撃を受けて尻の肉をそがれ、尾てい骨がむき出しになるほどの大怪我をしてしまいました。それで、彼は、僕が配属された第五砲兵司令部がいる摩文仁の壕にいたんです。六月十八日に第五砲兵司令部の上官から「役に立たないから鉄血勤皇隊本部に返してこい」と命令を受けて、四年生の子と二人で、彼を五キロ離れた喜屋武の本部に送り届けることになりました。摩文仁から喜屋武に向かって西に進んでいく道のりでは、砲弾が炸裂して、ものすごい音で剃刀みたいなギザギザした鉄の塊が飛んでくるのが見えました。小さい破片が当たっても、のたうちまわって死ぬんです。血が飛んできて、そばで兵士がやられているのを片目に見ながら辰夫を担ぎました。「弾に当たって死にたい」、「どうなってもいい」と思ったのに、僕らには当たらなかった。

糸満市大度《おおど》にある大渡海岸まで来た時、迫撃砲の集中砲火を受けました。とっさに民家の豚小屋に駆け込み、石壁

宮城辰夫さん（養秀会館「一中学徒隊資料展示室」提供）。

に身を寄せて飛び散る破片を防ぎました。しかし、キャタピラの音とともに現れた米軍の戦車群を見て、とうてい喜屋武に行けないことを悟りました。気づいたら、一緒に辰

残骸と化した一中校舎、一九四五年六月（養秀会館「一中学徒隊資料展示室」提供）。

夫を担いでいた四年生の子は、どこに行ったのか見えなくなっていました。それで、僕と辰夫は来た道を引き返していたのだけれども、摩文仁の丘に着いた時に、僕はどうしたものかと思い悩みました。重傷者は注射で薬殺されるか、壕に戻れたとしても、自決させられるかもしれないと思ったからです。辰夫は、僕のお荷物になるまいと思ったのでしょうか、弱々しい声で「手榴弾をくれ」と言いました。僕は帯革《たいかく》に結んであった手榴弾をはずして、彼に渡しました。水筒にわずかに残っていた水も与えました。地面にへばりついたように座っている彼を残して、僕は一目散に石ころ道を駆け出しました。その後、手榴弾の爆裂音が聞こえました。

——辰夫さんと別れた後、山田さんはどうしたのですか？

山田さん　そのまま第五砲兵司令部に戻りました。米軍の戦車がやって来たので、それに対抗すべく、上官が僕らに迫撃砲の発射準備を命じました。迫撃砲に握り拳一つ分ぐらいの大きさの弾を詰めている時に、戦車の攻撃を受けた僕は吹き飛ばされました。その攻撃で礫が網膜に入ってしまったため、実は僕の右目は見えません。顔中腫れて、痛くて痛くて、「やられたんだぁ」と実感しました。その時に、戦争はけだものだと思いました。死んでもいいから

頭に弾が当たってくれないかなと思っていても、本能的に生きようとして、いざ危険が身に迫ると体がすくんだり、逃げようとするんです。

――鉄血勤皇隊時代、仲の良かった友達はいますか？

山田さん　戦争が始まってから、同じ一中の同級生、新川浩造くんと仲良くなりました。浩造とは、最初の第五砲兵司令部から一緒で、何をするのも一緒でした。平和祈念公園にある沖縄県知事の壕、関係者の壕、警察署長の壕、その隣に大きな壕があって、その奥に僕たちの壕がありました。

六月二十三日に牛島司令官が自決しました。その後「司令官が自決したから、生きているやつは切り込みに行くので壕から出ろ」という命令が出されました。その時期には、壕の中の負傷兵は始末することになっていて、破片と注射、青酸カリが散らかっていてすごいことになっていました。浩造は目だけやられて、目が見えない状態でしたが、体は元気だから残っていたんです。

切り込みに行く時、僕は浩造のことを忘れていました。自分はさっと外に飛び出してしまいました。後から壁伝いに浩造が「やまだ！　やまだ！」と叫んでいるのが聞こえました。火がぼうぼう燃えていて視界が悪かった。「浩造は、僕を探しているだろうに……」。結局、それで終わりです。浩造は、そこで死んだんです。

――切り込みとは、具体的にどのようなことですか？

山田さん　切り込みとは「死にに行きなさい」ということですよ。手榴弾を二個渡されて、一個はアメリカさん、もう一個は自分で自決しなさいってね。針金みたいな信管が付いていて、抜くと爆発します。小銃は錆びていて動かなかったから、使い物になりませんでした。負け戦はみじめなものでした。

――切り込み以外の隊務はあったのですか？

山田さん　僕たち下っ端の兵士は、よく水汲みや糞尿の処理、そして負傷兵の搬入をさせられていました。現在、「沖縄師範健児の塔」(4)がある一角に、何万もの人が水を汲んだ湧水の場所があってね。米軍の軍艦が「十五分だけ時間やるから水汲んでいいよ」とマイクを通して放送し、大砲を向けながら船から僕らの動きを監視しているんですよ。十五分経つと砲撃開始してしまうから、みんな急いで水を汲んでいました。水筒に水を入れると時間がかかるから、飯盒《はんごう》で水汲みをしました。

米軍に散々痛めつけられましたよ。こんなバカな戦争ってありますか？　米軍の攻撃がすごかったから、一木一草残っていなくて、全部はげ山でした。米軍の攻撃が地上に迫ってくると、地元の人々が牛や馬を洗っていた小さな溜池の水を汲みに行っていましたが、照明弾で真昼のように明るくて、池に兵隊が二、三人浮いているのが見えました。油で池の表面はギタギタしていて、大きな蛆《うじ》がいっぱいいましたよ。人間に付く蛆は胴体よりしっぽのほうが長いんです。そんな汚い水を皆で回し飲みしました。変だなと思ったら、口の中でもごもご、プって蛆だけ吐いて、水は飲みました。みんな慢性的な赤痢にかかっていたから、飲んだらすぐに下痢していました。

戦時中に水汲みをした場所で戦死者に祈りをささげる山田さん。「沖縄師範健児の塔」の近くにて。

そういえば僕と浩造で一緒に、負傷兵を担いで病院の壕まで来たことがありましたが、そこで僕と浩造とその負傷兵が目撃したのは、まだ生きているのに、医者が麻酔なしで兵士をのこぎりでギリギリ切って手術をしている光景でした。麻酔なしだから、すごいうめき声です。また、何で傍らに裸の木が積まれているんだろうと思ったら、全部死体だったんです。戦争では信じられない話がいっぱいですよ。

——戦時中は、飲み水も衛生状態が悪いとのことでしたが、食事はどのようにされていたのですか？

山田さん　本当に、食べ物がなくてね。僕が配属されていた第五砲兵司令部では、僕と浩造がいた指揮班に五人、炊事班に五人割り当てられていた。炊事班は飯を作っているから食べられるけど、僕らはピンポン玉ぐらいの大きさのおにぎり一つずつしか食べられなかったんです。食べ物が足りない分、初めはカタツムリ、山吹、フキを食べていましたが、それらの食べ物もすべてなくなって、真っ暗闇の壕の中でネズミみたいに、ただただじっとしていました。昼はボンボン砲弾を打ちこまれますからね。でも二十三日の最後の切り込みの時に、「食いたいだけ食え」って言うんで、玄米をおなかいっぱい食べました。

——切り込みに行った時のことを、詳しく教えていただけますか？

山田さん　六月二十三日の明け方、切り込みに行きました。切り込みに出た時、一番前に出すぎて、米兵とすごく近くまで接近しました。二十メートル先に、塹壕を作っている奴、顔を洗っている奴、ひげを剃っている奴らがいました。我々に気づいたアメリカの若い兄ちゃんが、トンプソンという機関銃で片っ端にバリバリと撃ち込んできたんです。しばらくしたら、四十メートルぐらい先に戦車が来て、火炎放射器でバァーと火を放ってね。その火が地面に当たってはね返ってくるんですよ。米兵と僕との距離は五歩ぐらいしかありませんでした。僕は戦車と近すぎたから炎を浴びずに済んだけど、火炎放射器の攻撃が終わってから火のしずくが、地面に伏している僕の上に垂れてきました。手で消そうと思ったら手についたので、あわてて背中を地面にこすりつけて消して、立ち上がった時に左胸を撃たれたんですよ。ふらふらの状態で必死に逃げたら、壕の割れ目に落ちたんです。鉄兜が吹っ飛んで、心臓が痛くて、意識が飛んでしまいました。食べていた飯が、不消化の状態でお尻からバッと出てきました。人間の身体っておかしいものですね。体の機能は残っているんですから。

六月二十四日の明け方になって、生き残った日本兵が僕の腹や胸、顔を踏んづけて外に出て行きました。その圧力で、胸が痛くて意識を取り戻して、自分は生きているんだって気づきました。僕は、暗い壕の割れ目の中から、壕の外の明るい所に向かって手探りで右手で這い上がっていきました。左手は左胸を撃たれたので、痛くて使えませんでした。

米兵は僕が生きているのに気づき、ちゃんと手当てしてくれましたよ。糞と血だらけなのに、服を切って開いて黄色い粉たくさんつけてカーゼ乗っけて……。捕虜になって初めて人間らしい扱いを受けたんです。もちろん容赦なく人を殺す奴もいるけど、その時の米兵は敵も手当てしてくれた。日本軍は、容赦なしに撃ち殺すんです。

僕が捕虜になった後、生き残っている者は皆、捕虜になりました。指揮していた日本軍の中尉は逃げたから、「敵に突っ込め」と指示を出す人はいなくなりました。

米軍捕虜となって

――米軍の捕虜になった後、どこへ行ったのですか？

山田さん　六月二十四日に、沖縄中部地区の金武町《きんちょう》の屋嘉《やか》にある捕虜収容所へ行きました。僕は軍人扱いされました。怪我をしているため、数日間収容されてから、六月三十日にハワイへ連行されました。一年と六カ月もハワイにいました。ＡＢＣＤのアルファベット順で、船で日本に返される順番が決まっていました。だから「山田」のＹが一番最後だったんです。収容所でね、「二十歳以下と六十歳以上のものは届け出ろ」って。しかし、「申告すると金玉切られちゃう」という噂が広まっていて、二十歳以下だけど名乗り出ませんでした。本当の年齢を言っていれば、もっと早く帰れたんですけどね。ハワイでは、ドイツ、イタリア、日本の兵士が、捕虜として収容されていました。

――ハワイでの捕虜生活は、どうでしたか？

山田さん　食事は最高でした。片言でも英語が話せたから、米兵と仲良くなりました。その米兵が米軍女性用シャワールームの覗きをやるからって、僕に鉄砲を持たせて見張りをさせたことがあります。日本では、捕虜に銃を持たせません。アメリカは日本とやることが違うんです。友達になったら捕虜とか関係なくて、米兵と一緒に楽しんでいました。

――いつ頃、日本に帰国されたのですか？　帰国後、ご家族とは会えましたか？

山田さん　昭和二十一年十二月に、復員船が迎えに来ました。日本に戻ってきた時、塩水にメリケン粉の塊が浮いている食べ物を出されて驚きました。ハワイにいた時の食事は、ご馳走だったのに……。

帰ってきてから、家族が生きているか死んでいるかわからないから、港のある中城村《なかぐすくそん》に消息を確かめに行きました。そこにある掲示板を見て、私の家族は生きていることがわかりました。家族が皆生きていたのは、沖縄北部のヤンバルに逃げたからです。僕らは学徒兵になったから日本軍と一緒に南部に行かされたけれど、北部に逃げた人は皆生きています。辰夫の家族もそうだけれど、那覇の人は半分以上北部に逃げていました。

――戦後は、何か活動はされていますか？

山田さん　戦争が終わってから、私は、辰夫と浩造のために、二人と別れた場所に何度も行っています。昔は一週間に一、二回だったのに、今は一カ月に一、二回。二人とも正確な死に場所がわからないから、あくまでも二人と自分が別れた場所にしか行けません。

辰夫と別れたのは、摩文仁の本当にたくさんの人間が死んだ所なんです。本当にたくさんです。見渡す限り、恐ろしいぐらいの数の日本兵が、行く場所がないと追い込まれ、うずくまっていました。

この場所の向こうは断崖絶壁で、海が見えます。米軍はアナウンスで「白い旗を掲げて投降しなさい」と言うんだけど、日本兵は逃げる奴を撃ち殺すんです。現在でも、そこの地主さんは、自分の土地に手をつけないんですよ。お骨とかどんどん出てくるから。その手前に「魂魄《こんぱく》の塔」というのがあって、誰のものかわからない万単位の数の骨を納めています。

――宮城辰夫さんのために、辰夫さんという親友を亡くした辛い経験をした場所に、頻繁に通っているのですね。

山田さん　僕が辰夫と別れた所に行くのは、辰夫の霊がそこにいるからです。おかしいと思う人もいるかもしれないけれど、僕は、霊は存在すると思います。不思議なことにね、以前訪ねた時に「辰夫っ！」って呼んだら、「はい」って聞こえたんです。「辰夫、たまには顔見せろ」って言ったら、白い蝶がヒューっとやって来て、僕の手に止まりました。お線香の火が危ないと思って手を伸ばすと、また蝶が手に止まるんです。

辰夫も明治生まれの人だから、辰夫のお姉さんの娘さんがいらっしゃるけれど、この人からは「もう六十年になりますから、気にしないでください」と言われますよ。お線香も断られたしね。でも誰もいないから、正月とかにはプラスチックの入れ物にお雑煮を作って持って行ってね。おかしいかな？　おかしくないよね。辰夫が亡くなった場所、手榴弾を渡した場所に来ると、あいつの顔を思い出してしまう……。

――新川浩造さんと別れた場所も、やはり戦闘が激しかった場所なのですか？

山田さん　浩造と別れた壕は、平和記念公園にある「神奈川の塔」(5)をちょっと過ぎた所にあります。逃げ場所がなくて、この地で三万もの人が死にました。土地の裂け目が壕の跡なんだけれど、今は塵がたまっているね。本当は五メートルぐらいの裂け目ですよ、もっと深いんです。残念だけど浩造の写真は残っていません。僕、浩造の顔を思い出せないんですよ。どんな顔をしていたのか……。

――鉄血勤皇隊の時代をふり返って、私たち若い世代に伝え

山田さん（左）と辰夫さんが別れた摩文仁にて。右は聞き手の本田。

たいことはありますか？

山田さん　不思議だね、昔は艦砲射撃ではげ山になった所も、今では木が生えていて、その山からとってもきれいな海が見えます。クジラが見えることもあります。地平線がきれいです。昔は、飛び降りて死んだ人がたくさんいたのにね。夏の海はまた違って、真っ青に見えるんですよ。今までは、戦争の話をしたって誰も理解できないから話すのは嫌だったけれど、残された人生を考えると、本当のことを話しておかないといけないなって……。

わかるわからんは別として、ただ一生懸命勉強している君たちみたいな若い子がいる。非常にいいことだから、嬉しいですよ。自分たちの研究課題にしていることが大事です。ありがたい。僕が生きているうちに、またおいで。友達を大切にしてください。ありがとう。

＊

山田さんは養秀同窓会記念誌『養秀百年』の中で、宮城辰夫さんに対して、次のような追悼文を寄せている。

僕達の影が長くのびて夕暮れの迫ってきたのが感じられた。君は突然「母のところに連れていってくれ」と僕に頼んだね。「手榴弾をくれ」と君は言った。

僕は頭上で炸裂する榴散弾のとび散る音をききながら君に最期の言葉をかけたように思える。「どうせ俺もあとからいくから」と。

僕は一つしかない手榴弾をはずしてイザリのように地面にへばりついて僕を見上げる君を残して一目散に石コロ道を駈け出した。

毎年六月二十日になると、僕は十字架を背負った殉教者のように重い足どりで、蟬がなき木の間から陽がもれる首里の石畳を悔恨と「戦争だったんだから仕方ないさ」と自分自身に言い聞かせて、いまだに君が帰ってくるのではないかと、心ひそかに願っている君のお母さんの住む家に線香をあげにいく。

庭に雑草がはびこり、君のお母さんはすっかり年をとられ、二、三年前から病床に伏し、もう僕が行っても誰が来たのかおわかりにならない御様子だ。

御仏壇の中で黄色く色褪せた昔のままの君の写真がやさしく僕を見下ろしている部屋の中で芭蕉の葉がゆらぎ首里は静かだ。

辰夫君

僕は悲しい

御冥福を祈る。

取材後記

山田さんとともに、二日間かけて、山田さんが地上戦を体験した戦跡を一つひとつ巡った。これは亡くなった鉄血勤皇隊の辰夫さんと浩造さんに会うための旅だった。沖縄の空は、透き通るぐらい青くて、かつて夜でも曳光弾によって空が真っ赤に染まっていたことなど、まったく想像できなかった。山田さんが辰夫さんと別れた場所で「辰夫さん」と呼んでみた。けれども聞こえるのは風にそよぐ草のざわめきだけだった。

目をじっとつむり、しわの入った手と手を合わせる山田さんの姿は、そこにいるであろう沖縄一中の同級生に語りかけているかのようだった。戦後も何度も足を運び、祈り続けることをやめなかった山田さん。山田さんは、今もなお辰夫さんと浩造さんの死を悼み、彼らの分まで人生を背負ってきた。私は山田さんが体験した事実を、歴史の中に埋もれさせてしまってはいけないと思った。

戦争は、人の心に大きな傷を残す。今まで、私は戦争の表面上の事実だけを知っているだけで、戦争が何をもたらすのかという深い部分まで理解しようとしなかった。しかし、沖縄地上戦の現場を歩きながら、山田さんの話を通して、戦争の残酷さと平和な毎日を過ごせる喜びを改めて知ることができた。

自分の故郷が戦場となり、家族と離れ離れになり、学友は次々に死んでいく。目をそむけたくなる残酷な現実の中で、一生懸命に生き、戦った鉄血勤皇隊は、大学二年生の私よりもずっと若かった。日本で唯一の地上戦があった沖縄で、志半ばで死んでいった前途ある若者たち。戦争体験者の言葉を紡ぎ、後世に語り継ぐことで、二度と戦争が起きない平和な世の中にしていきたい。

宮城辰夫さんの父親の墓。沖縄の製糖業界の神様として祀られている。辰夫さんの墓がないため、山田さんは辰夫さんの父親の墓に、お参りに行っている。

木漏れ日の中、辰夫さんと浩造さんが眠る地で、私は静かに手を合わせた。

注

（1）沖縄県下の十二校（師範学校、中学校、工業、農林、水産、商業学校）の生徒によって編成された。鉄血勤皇隊全体では、現在の学制に直すと、中学校二年生から、大学二年生である。つまり九十五％が未成年であった。五月中旬から下旬にかけて、米軍の激しい攻撃により守備軍司令部のある首里が陥落。従軍した男子学徒兵一七八〇人中、半数の八九〇人が戦死した。

一中の「鉄血勤皇隊第一中学校隊」は十六歳から十八歳の少年たちで編成された。学徒兵の対象は学年別にすると、五年生八十八人、四年生一五〇余人、三年生一六〇余人であった。

（2）沖縄本島に司令部を置き、奄美群島から先島諸島までを守備範囲とし、米軍の上陸に備えた。首里城地下に司令部があった。

（3）砲兵司令部配属の一中鉄血勤皇隊は、もともと五年生だけで編成された部隊。最終時の隊員九人のうち生存者は四人。また一中鉄血勤皇隊員が分散配属された部隊は以下の通り。

鉄血勤皇隊一中隊本部、第五砲兵司令部、野戦重砲兵第一連隊、独立工兵第六六大隊、独立重砲兵一〇〇大隊、独立測地第一中隊（計六）。

（4）沖縄師範学校の生徒によって編成された鉄血勤皇隊を祀った慰霊塔。糸満市摩文仁にある。鉄血勤皇隊が南部の断崖絶壁に追い詰められ最期を遂げた場所であり、生徒・職員三〇七人を合祀している。

（5）沖縄戦で亡くなった神奈川県関係の四万六八〇人を追悼し、摩文仁の丘の一部に建設された。平和祈念公園の中にある。

取材日▼二〇一二年三月十六―十七日

戦争マラリア

――もう一つの沖縄戦の記憶

証言1　仲底善光▼ぱなり海運代表、取材時七十七歳
証言2　玉城功一▼取材時七十五歳

聞き手　小玷美穂（中央大学文学部二年）
聞き手　野崎智也（中央大学総合政策学部二年）

はじめに

太平洋戦争末期の沖縄戦で、沖縄県最南端に位置する八《や》重《え》山《やま》諸島(1)では、三六四七人(2)もの人がマラリア罹患《りかん》により命を失った。

八重山諸島には、戦前から風土病としてマラリアが存在していた。そのため住民は、戦前、マラリア有病地を避けて暮らしていた。

しかし沖縄戦が始まると、住民は空襲を避けるため、マラリア有病地である山奥への避難を余儀なくされた。一九四五年四月八日には、空襲が少なかった波照間島《はてるまじま》の住民にさえも、マラリア有病地への疎開命令が下された。こうした八重山諸島において、戦争の影響を受けたマラリア被害を、平時のマラリアとは区別し、「八重山戦争マラリア」と呼ぶ。

マラリアとは

マラリアとは、熱帯から亜熱帯に分布する原虫感染症(3)のことである。マラリア原虫はハマダラカ(4)という蚊によって媒介され、人体に侵入する。

マラリア原虫が人体内に侵入すると、四十度近くまで発熱するが、比較的早く解熱する。しかし、しばらくすると再度高熱が出る。このように発熱と解熱を周期的に繰り返すのが、マラリアの特徴である。マラリアは発熱の周期を

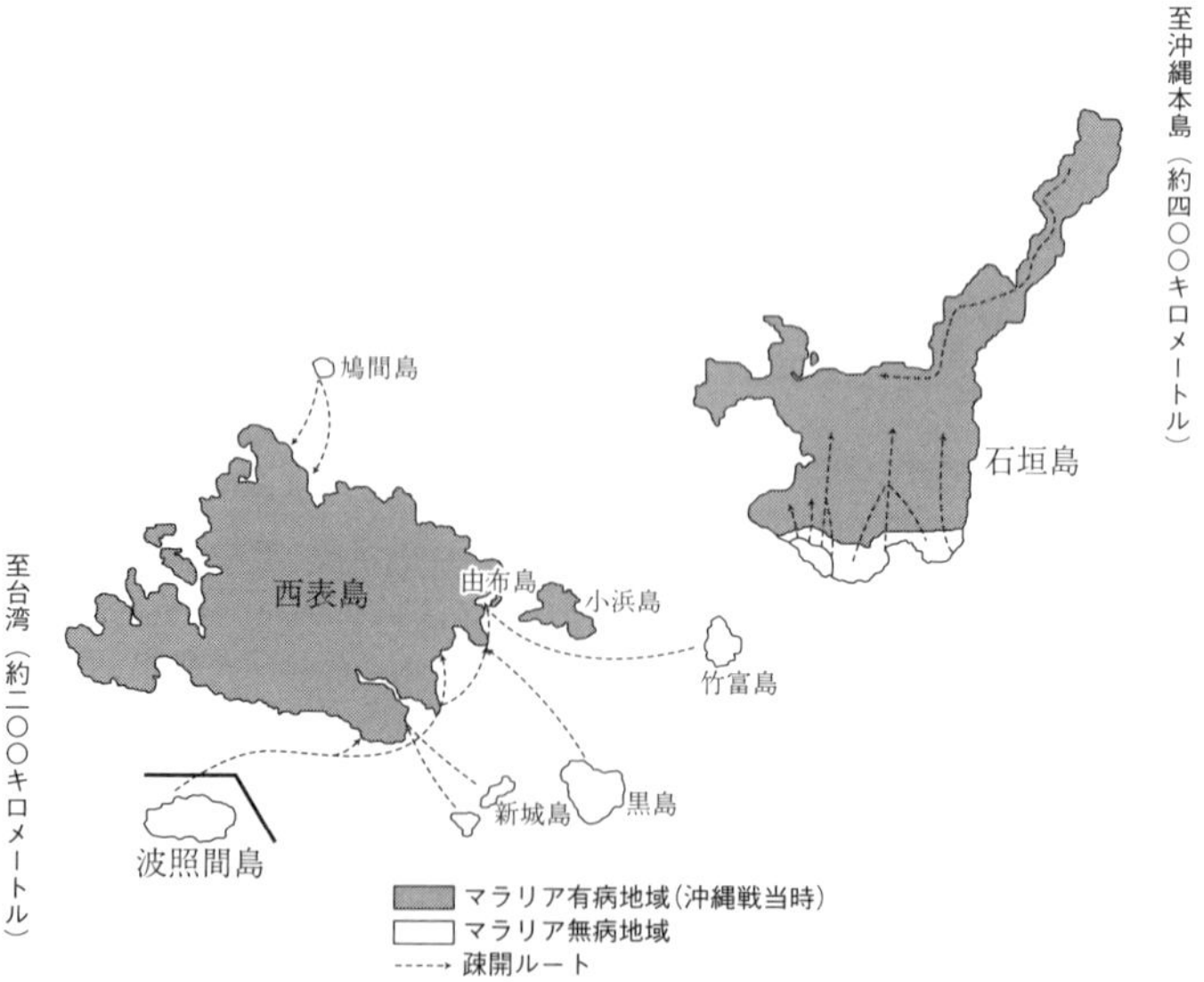

八重山諸島の地図。マラリア有病地と無病地で色分けしてある。八重山民政府刊『一九四五年戦争における八重山群島のマラリアに就いて』（1947年）により作成。

基に、「三日熱マラリア」、「四日熱マラリア」、「卵形マラリア」、「熱帯熱マラリア」という四つの種類に分けられる。「三日熱マラリア」は四十八時間置き、「四日熱マラリア」は七十二時間置きに発熱する。「卵形マラリア」は五十時間置きに発熱し、「熱帯熱マラリア」に周期性はない。周期性のない「熱帯熱マラリア」は高熱が長続きしやすく、重症化することが多い。

八重山諸島には、もともとマラリアは存在しなかった。しかし一五三〇年頃にオランダ船が西表島《いりおもてじま》に漂着したことにより、マラリア原虫が持ち込まれたと言い伝えられている（あくまでも言い伝えであり、定説はない）。

波照間島での戦争マラリア

一九四一年十二月八日、真珠湾攻撃を期に太平洋戦争が始まった。一九四四年十月、沖縄本島に米軍による大空襲（十・十空襲）が行われ、その二日後には台湾沖航空戦が勃発した。それ以降、台湾に近い波照間島では、米軍上陸に対する緊張感が高まっていた。

一九四五年二月、山下虎雄《やましたとらお》（偽名、当時二十四歳）という男が、軍の命令により波照間島に来島した。彼はスパイ養

略　年　表

1941年12月8日…真珠湾攻撃をきっかけに太平洋戦争が始まる。

1942年6月7日…日本軍はミッドウェー海戦で敗北し、戦局が大きく変わる。米軍が戦争の主導権を得る。

1944年6月15日…米軍がサイパン島に上陸。7月には日本軍が玉砕する（サイパンの戦い）。

8月11日…グアム島の日本軍が玉砕する（グアムの戦い）。

10月10日…米軍が沖縄本島を空爆（十・十空襲）。

12日…八重山諸島と台湾の間で、大規模な航空戦が行われる（台湾沖航空戦）。

1945年2月…山下虎雄が波照間青年学校に赴任する。

3月26日…米軍が慶良間《けらま》諸島に上陸し、沖縄地上戦が開始する。

4月8日…波照間島民は、西表島へ疎開を開始する。

6月23日…陸軍第三十二軍司令官牛島満《うしじまみつる》(5)が自決し、沖縄地上戦は終焉。

7月下旬…識名校長が宮崎旅団長に二度にわたり直訴し、波照間島への帰島許可を得る。

8月7日…波照間島民は帰島を開始する。

15日…太平洋戦争終結。八重山諸島は無政府状態に陥る。

12月15日…八重山自治会が設立。23日…米軍が八重山に、米軍軍政府を樹立。マラリア防遏に着手する。八重山にて、「アテブリン」約110万錠が給与される。

1957年6月…米軍406医学総合研究所のC・M・ウィラー博士によるマラリア防遏計画（「ウィラープラン」）が開始する。

1962年9月…八重山諸島にて、マラリア患者数ゼロを記録。マラリア撲滅が達成される。

成学校として知られる陸軍中野学校[6]出身の軍人であったが、初めは軍人であることを隠し、波照間青年学校[7]の指導員[8]として暮らしていた。

来島から約二カ月後の三月下旬、波照間島民に、軍からの疎開命令が伝えられた。疎開先は西表島。島民は、西表島がマラリア有病地であることを知っていた。当然、島民は疎開に反対した。すると山下は、突如軍人としての本性

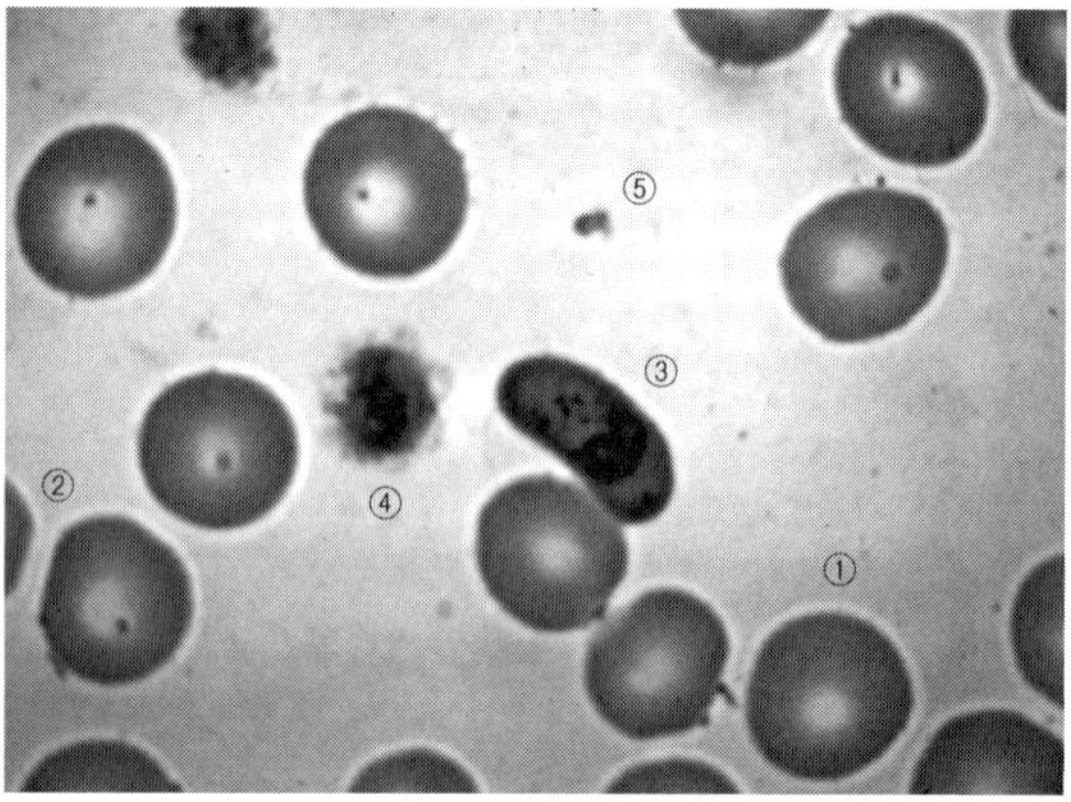

マラリア原虫と赤血球の顕微鏡写真、倍率1000倍。①正常な赤血球、②マラリア原虫が侵入した赤血球、③赤血球でマラリア原虫が繁殖している様子、④マラリアに食い潰されている赤血球、⑤食い潰された赤血球の残骸（沖縄県衛生環境研究所提供）。

八重山諸島におけるマラリア罹患者数の推移

八重山諸島におけるマラリア罹患者数の推移。戦争の影響で1945年に急激に罹患者数が増えているのがわかる。※1944年は調査が行われていない（データ提供：八重山福祉保健所）。

を現し、島民を抑えつけたという。結果四月八日に、波照間島民は西表島への疎開を開始したのである。

西表島への疎開で波照間島民を待ち受けていたものは、マラリア感染であった。集団生活を送る島民の間で、マラリアはすぐに蔓延し猛威を振るった。当時波照間国民学校(9)の校長であった識名信升《しきなしんしょう》氏は、島民の全滅を危惧し、八重山地区を統轄していた独立混成第四十五団(10)宮崎武之《みやざきたけゆき》旅団長に帰島許可を求めた。そして一九四五年八月七日、二度の直訴の末に波照間島民は帰島許可をもらい、無事帰島を果たした。西表島でのマラリア病死者は、八十五人。帰島を果たし、マラリア被害も収まるだろうと、島民の誰もが思っていた。

しかし波照間島への帰島後も、マラリア感染は続いた。感染者も一緒に帰島し、本来無病地であった波照間島が、マラリア有病地に変わってしまったからだ。帰島後、約一週間で太平洋戦争は終結した。それにもかかわらず、波照間島では犠牲者が増え続けた。結果、当時の波照間島の人口一五九〇人のうち、九九・八パーセントの一五八七人が罹患（八重山諸島で最悪の罹患率）。人口に対して三十パーセントに及ぶ四七七人がマラリア罹患により命を落とした。

終戦から約四カ月が経過した十二月末、沖縄を施政下に置いた米軍から、アテプリン(11)という薬が配布された。こうして、マラリア感染は終息に向かった。さらに一九五七年からは、米軍によるマラリア防遏《ぼうあつ》計画（「ウィラープラン」）(12)が開始され、一九六二年に、八重山諸島のマラリアは撲滅された。

（野崎）

証言1▽仲底善光

疎開するまでの生活

——西表島に疎開するまで波照間島ではどのような生活を送っていたのですか？

仲底さん　疎開する前までは、米、粟《あわ》、麦、芋や豆などを食べて生活していました。米が不作の年もあったので、床から高さが一メートルぐらいある蔵に米を備蓄して、二、三年前の米を食べることもあったんですよ。普段は、少量の米に芋や雑穀を混ぜて食べていました。白米だけのご飯というのは、お正月とお盆と、風邪をひいた時ぐらいでないと食べることができませんでした。だから風邪をひくと白米のお粥を食べることができて、本当に嬉しかったですね。

また当時、波照間島ではカツオ漁が盛んでした。波照間

仲底善光さん。

証言者の略歴

仲底善光 ▷1935年沖縄県八重山郡竹富町波照間島生まれ。ぱなり海運代表。
1945年の疎開当時は10歳で、波照間国民学校４年生だった。
家族15人全員がマラリアに感染し、自身もマラリアに感染した。曾祖母がマラリアで死亡。
波照間国民学校校長だった識名信升先生の教え子。

島は海に囲まれ、カツオが生息する優れた漁場となっていたからです。カツオ漁は沖縄本島や宮崎県、鹿児島県出身者たちによって始められ、それが次第に波照間島に定着していきました。鰹節製造工場は海辺の桟橋近くに十カ所もあったのですよ。

――当時、波照間国民学校ではどのように過ごしていたのですか？

仲底さん　西表島に疎開するまで私は波照間国民学校に通っていました。あの頃は毎朝朝礼があって、識名校長先生が私たちにお話をしてくれたんです。小柄な方で、いつも笑顔で私たちに話しかけてくれました。優しくて、人を怒るような先生ではありませんでした。生徒は皆、識名先生のことが大好きだったんです。

――山下虎雄さんはいつ、なぜ波照間国民学校にやって来たのですか？

仲底さん　私がちょうど四年生になった頃、山下虎雄さんが波照間島に突然やって来ました。最初、山下さんは波照間青年学校の教官としてやって来たんです。山下さんは女性なら誰でも惚れてしまうぐらいかっこいい男性だったことを覚えています。やって来た当初は優しくてかっこよかったため、彼は一気に島の有名人になりました。

山下虎雄さんの変化

――西表島への疎開命令はいつ伝えられたのですか？

仲底さん　一九四五年の二月頃から、だんだんと波照間島も空襲に遭うようになりました。ある鰹節製造工場が全焼してしまうということもあったんです。「私も空襲によって死んでしまうのかな」と思うと、とても怖かったです。それまでは米軍の飛行機がしょっちゅう上空を飛んでいたのですが、波照間島に被害はありませんでしたね。
山下さんから西表島への疎開命令が伝えられたのはちょうどその頃です。「米軍が波照間島に上陸するかもしれない。だから疎開をする」。彼は、私たちにそう伝えました。

――西表島がマラリアの有病地だということは知っていたのですか?

仲底さん　はい。私は幼い頃から、西表島がマラリアの有病地だということを島のお年寄りから聞いていたんです。「マラリアは八重山諸島の風土病で、感染するとお腹の中に赤ちゃんがいるんじゃないかと思うぐらい脾臓《ひぞう》が肥大するんだ」などと教えられていました。そしてマラリアが最悪の場合死に至る病気だということは、波照間島民みんなが知っていました。だから西表島に疎開するということはとても怖かったです。

――なぜ疎開命令に逆らえなかったのですか?

仲底さん　山下さんはその頃すでに、日本刀を持って島民を威嚇するなど、軍人としての本性を現していました。だから、私たち島民は彼に逆らうことはできなかったんです。逆らったら、その場で殺されてしまうかもしれなかったからね。「最初は優しかったのに、なぜ別人のように変わってしまったんだろう」と、山下さんに対し裏切られたような感情を抱きました。あの頃は、若い成年男性はみんな軍人として戦争に行ってしまって、島には子供やお年寄り、女性だけしか残っていなかったんです。だから、山下さんに逆らえるような力のある人は、誰もいませんでした。
西表島に行ったらマラリアに感染することは予想できたけれど、自分たちが置かれた状況を変えることはできなかったんです。私たちはただ、命令に従うしかなかったんですね。
また当時、家畜として豚や牛がたくさん波照間島にいました。しかし「家畜を生かしておくと、米軍が上陸した時にそれらは米軍の食料にされてしまうから、家畜は殺せ」と山下さんに言われたんです。だから命令に従い家畜を殺

今でも教え子から慕われ続けている
識名信升先生。

しました。子供やお年寄り、女性だけでは殺しきれなかった家畜は、島民の疎開中に日本軍が燻製にしてすべて持ち去ってしまったそうです。私たち島民が殺した家畜は島民自身が波照間島の海岸に持って行き、穴を掘って埋めたんです。

山下さんが怖くて、私たちはただ命令に従うしかありませんでした。

疎開してからの生活

——西表島にはいつ、どのように疎開したのですか？

仲底さん　疎開命令が伝えられてからすぐに私たちは波照間島から西表島へ船で疎開しました。たしか三月末頃に私は疎開したと思います。船は、全部で三隻か四隻でした。夕方、船に米などの食料を載せて疎開する準備をしました。そして米軍に見つからないように、夜になってから船に乗り込み、西表島に向かったんです。四月末までには波照間島民約一六〇〇人の西表島への疎開が完了しました。

——疎開先では、どのような生活を送っていたのですか？

仲底さん　西表島へ疎開した波照間島の島民は皆、西表島の南風見田浜《はいみだはま》に疎開しました。疎開してからまず、私たちは南風見田浜の森で地区ごとに木を切って木材を集め、小屋を作りました。でも大木を切ったら、そこに建てた小屋が米軍の飛行機から丸見えになってしまうかもしれないでしょう。だから小屋が見えないようにするために大きな木の枝は切らず、その大木の下に小屋を建てました。そしてそこに同じ地区の人たちと一緒に暮らしていたんです。ご飯を炊く時も、煙が見えないようにと気をつけていましたね。疎開中は、波照間島から持ってきた米、芋や味噌を

西表島の南風見田浜に作った小屋の様子を描いた絵。米軍に見つからないようにと、大木の下に建てられた（©1999潮平正道、八重山平和祈念館所蔵）。

食べていました。米のお粥に芋を混ぜたり、味噌汁を作ったりしていましたよ。また砂浜に足跡が残ると人が住んでいるということに米軍が気づいてしまうでしょう。だから浜辺で遊ぶことはできませんでした。疎開中は、面白いことや楽しいことは何もありませんでしたね。いつ米軍が上陸するのか、いつ死ぬのか……。それを考えながら、生活していたんです。だから当時の私には、生きがいなんてものはありませんでした。その日一日を生きるので精一杯だったんです。

南風見田浜の海岸。かつてここで青空学校が行われていた。

――疎開先でも波照間国民学校の授業は行われていたのですか？

仲底さん　はい。疎開した当初は国民学校の授業がありました。黒板を使った本格的な授業ではなかったけれどね。青空学校として、識名先生とその奥さんの清先生が砂浜で漢字の書き方を教えてくれました。児童たちは、上手に字が書けるようになるまで砂浜を紙代わりに人差し指で字を書いたんです。それをずっと繰り返していました。

国民学校の先生による暴力

――疎開先で印象に残っている出来事は何ですか？

仲底さん　当時、山下さんから理由は何も言われず、「ハエを殺せ」と言われていました。今考えてみると、山下さんは衛生面を危惧して「ハエを殺せ」と言ったのではないかと思います。ハエは食堂にも蔓延していましたからね。「ハエを殺せ」と山下さんに言われたのは、子供たちでした。竹の筒を渡されて、その筒がいっぱいになるまでハエを取ることができなかったら、その竹の筒が壊れるまで叩かれたんです。でも私たちを叩いたのは、山下さんではありませんでした。山下さんの命令で、ある波照間国民学校の先生が私たちを叩いたんです。最初は五、六回お尻を叩かれて、次に手を叩かれて……。本当に痛かったです。

私たちが叩かれているのをね、知り合いのおばあさんが見ているんですよ。そのおばあさんが「いくら何でも、幼い子供を叩いてくれるな」と、国民学校の先生に泣きながら言ったんです。でも、その先生は恐ろしい顔つきで「うるさい!」と言って私たちを叩き続けていました。その光景は、今も私の目に焼き付いています。

そしてこのように叩かれ続けたことが原因で、小さい頃から仲が良かった先輩が亡くなりました。その人は傷口にばい菌が入ったことで発熱したんです。仲が良かった彼の死は、私にとってあまりにも衝撃的で悲しい出来事でした。

先輩が亡くなってしまったことは、七十年近い年月が経った今でも忘れることができません。

マラリアの蔓延

――マラリアの感染者はいつ頃から増え始めたのですか?

仲底さん　西表島に疎開してから一カ月も経たないうちに、だんだんとマラリアの感染者が増え始めてきました。そして波照間国民学校の児童の中からも感染者が出て、青空学校もできなくなってしまいました。

――波照間島民はどのようにマラリアに感染したのですか?

仲底さん　人にマラリアを感染させる蚊は、ハマダラカという蚊です。けれど普通の蚊によっても、マラリアは人に感染してしまうんです。

まず、普通の蚊がマラリアにかかった人の血を吸い、次にその蚊がまだマラリアにかかっていない人を刺す。そうすると、もともとはマラリアにかかっていなかった人も、マラリアに感染してしまうんです。

そのようにして、普通の蚊によってもマラリアが蔓延していきました。

――マラリアに感染すると、どのような症状が出るのですか?

仲底さん　マラリアに感染するとまず、寒気がするんですよ。その震えも普通の風邪と違って、全身が大きく震えるんです。その症状が出始めると、何時間も経たないうちに熱が出ます。でも症状は人様々でした。一度症状が回復しても、一日置きに熱が出たり三日置きに熱が出たり、中には毎日熱が出る人もいました。発熱すると、食欲がなくなってしまいますよね。ご飯もなかなか口を通らない。水も、喉を少し潤すぐらいしか飲めない。だから感染した人はどんどん衰弱して、亡

芭蕉の葉。この植物を枕として利用していた。

くなってしまう人が多かったんですね。

――どのように看病をしていたのですか？

仲底さん　当時、疎開先には病院もないし、薬もないし、お医者さんもいなかったんです。だから芭蕉(13)という植物を切って叩いたものを枕にしたんです。そして頭の上からは水をかけて熱を冷ましていました。昔はそれが、唯一の熱冷ましの方法だったんです。

――マラリアが蔓延し始めた時はどのような気持ちでしたか？

仲底さん　周りの人がだんだんとマラリアに感染して亡くなりました。それによりこの頃から、マラリアに対する恐怖心が私の中でより強くなりました。「私もマラリアに感染して死ぬのかな、脾臓が腫れて死ぬのかな」と思うと、とても不安で怖かったです。

識名先生の帰島要請

――なぜ波照間島に帰島できることになったのですか？

仲底さん　疎開してから私たちは辛い日々を過ごしていましたが、一九四五年八月突如波照間島に帰島できることになったんです。波照間島に帰ることができると知った時は、そりゃあ本当に嬉しかったですよ。「もうマラリアに感染しない、私は死なないんだ」と思いました。西表島で亡くなった人に対して「かわいそうだな」という思いはありました。けれど当時は自分が生きていくのに精一杯だった。だから「マラリアに感染せずに再び故郷の地を踏むことができる」という幸せを噛み締めながら、帰島しました。

帰島してからしばらくして、私たちが帰島できたのは、識名先生が帰島要請をしてくれたからだということを知ったんです。識名先生は七月末に、石垣島に駐屯する独立混成第四十五旅団の宮崎旅団長にたった一人で帰島を直訴しに行ったそうです。そして疎開命令の解除を取り付けたんですね。帰島を直訴しに行ったことが山下さんにばれてしまったら識名先生は殺されてしまうのに、その危険を冒してまでも帰島要請をしてくれた。識名先生の勇気に、私は感動しました。先生に対しては、今でも感謝の気持ちでいっぱいです。

南風見田浜に建つ識名先生の銅像。その視線の先には波照間島がある。

帰島してからの生活

――疎開する前と帰島してからの波照間島はどのように変化していましたか?

仲底さん　久しぶりに波照間島に帰島すると、島の様子はすっかり変わってしまっていました。道路には、人の腰ぐらいの高さになる草がうっそうと生えていたんです。だから最初は、道路といっても人が歩けるようなものではありませんでした。波照間島の変わり果てた様子を見て、とてもショックを受けました。

――帰島後はどのような生活を送ったのですか?

仲底さん　帰島してからは食糧難に苦しみましたね。疎開先に食糧をすべて持って行ってしまったから、もう芋も米もないでしょう。疎開する前に軍命で家畜は殺してしまいましたしね。殺しきれなかった家畜は日本軍がすべて持ち去ってしまっていましたし。「何を食べて生きていけばいいのかな、これからちゃんと生活していけるのかな」と帰島してからだんだんと不安に感じるようになりました。

しかし波照間島にはソテツ(14)がたくさんありました。だから私たちはソテツの毒を取り除いて、それを食糧にしていたんです。私たちは、ソテツの皮を剝ぎ、時間をかけて充分に水に晒《さら》し、発酵させ、乾燥するという処理をし、お粥にして食べていました。また処理を施したソテツが冷えると、寒天のように固まるのでそれも食べていました。ソテツの木がなかったら、食糧不足でもっと多くの波照間島の島民が亡くなっていたと思いますね。

――帰島してから、マラリアの感染状況はどうなったのですか?

仲底さん　帰島後、マラリアの感染状況は最悪になりました。多くの島民がマラリアに感染し発熱した状態で波照間島に帰島をしたからです。だから波照間島に帰島した時には元気だった人や、戦場から復員してきた人も、蚊を媒介にして次々とマラリアに伝染しました。こうして波照間島はマラリア有病地帯になってしまったんです。

自身と家族のマラリア感染

――家族の中で誰が最初にマラリアに感染したのですか?

仲底さん　家族の中では、私の母親が最初にマラリアに感染してしまいました。母も亡くなってしまうんじゃないかと思うと、私は夜も眠れないぐらいとても不安でした。自分がマラリアに感染することより、大切な人がマラリアに感染してしまうことの方が辛かったです。私は「一日も早く元気になってほしい」と心の底から願いました。高熱は出ましたが、幸い、私の母はすぐに元気になったので本当に良かったです。

――善光さんはいつ頃マラリアに感染したのですか？

仲底さん　私がマラリアに感染してしまったのは一九四五年の冬です。とにかく寒気がして、体がガタガタ震えました。布団の上から二、三人が覆い被さって保温しても震え続けるほどの恐ろしい寒気でした。寒気がなくなったと思ったら、すぐに熱が出ました。

――マラリアに感染した時、どう思いましたか？

仲底さん　私は、マラリアにかかった時も「死ぬ」とは思いませんでした。なぜなら親戚の叔父が元気で、看病をしてくれたからです。

叔父は太平洋戦争終戦後すぐに波照間島に帰ってきました。その叔父は日本軍の衛生兵(15)だったため、マラリアに関してはある程度の知識があったんです。だから一生懸命私を看病してくれました。そのうえ、海から魚も獲ってきて私に食べさせてくれました。

叔父の懸命な看病があったから、私はマラリアで死ぬことはなかったんだと思います。叔父がいなかったら、私はもうとっくにマラリアで亡くなっていたかもしれないですね。だから今でも叔父には感謝しています。

――家族の中でマラリアによって亡くなった方はいますか？

仲底さん　はい。私はマラリアによって大切な家族の一人を亡くしました。私の曾祖母です。帰島した翌年の、一九四六年の春に亡くなりました。

叔父が一生懸命看病してくれたので、曾祖母がマラリアにかかった時、私は、治ると思いました。「マラリアの知識がある叔父が看病してくれるから、マラリアなんかに負けない」と思っていたんですね。

しかし曾祖母は発熱が続き、だんだんと衰弱していきました。ご飯も食べることができなくなっていったんです。私の場合は三日置きに熱が出たので、熱が出ていない間はご飯を食べることができました。しかし曾祖母は熱がまったく下がらなかったので、水も少ししか飲めませんでした。だからどん

曾祖母が亡くなった時の状況を話す仲底さん。「大切な人を失う悲しみは、一生忘れられない」。

現在の竹富町立波照間小学校の様子。28名の児童が通っている。

どん衰弱していったのです。それで亡くなってしまったのだと思います。

――大切な家族の一人がマラリアによって亡くなった時、どう思いましたか？

仲底さん　十五人という大家族の中で、亡くなったのは曾祖母一人だけでした。他の家に比べたら、一人の犠牲というのはまだましな方だったのかもしれません。マラリアによって、一家全滅してしまったところもありましたからね。けれど、大切な人を失ってしまったことには変わりありません。私のことをずっと可愛がってくれていた曾祖母が亡くなってしまい、とても悲しく、寂しかったです。その思いは、七十年近い月日が経った今でも消えることはありません。

――帰島してからも波照間島の多くの島民がマラリアによって亡くなったことについてどう思いましたか？

仲底さん　波照間島に帰ってからは、さらに多くの人がマラリアに感染して亡くなりました。それを実感したのは、一九四五年十二月に学校が再開した時のことです。教室の中を見渡してみると、人数がかなり減っていました。この時、マラリアによって多くの友人が亡くなってしまったということを知りました。西表島に疎開していた頃や自分がマラリアに感染していた時は、友人の死に気づくことができなかった。そして友人が死んでも悲しいと思えなかった。それくらい自分が生きていくのに精一杯で、追い詰められていました。

戦争マラリアの一連の出来事を振り返って

――今、当時を振り返って何を思いますか？

仲底さん　あの時の教育が、戦争に特化した教育だったから良くなかったんじゃないかな、と思いますね。

そして、山下さんも戦争の被害者なのかもしれないと最近は思うんです。もちろん、山下さんに対して憎しみは持っています。なぜならば山下さんは軍命だと言ってたくさんの人を傷つけ、それによって多くの命が奪われたでしょう。だけど、陸軍中野学校の教育が戦争に特化した教育だったから仕方がなかった面もあると、今は思います。陸軍中野学校の学生は、日本が戦争に勝つための手助けとなるように、秘密戦教育を受けていました。もし山下さんが戦争に特化した教育を受けていなかったら、波照間島の多くの人々を傷つけるようなことはしなかったんじゃないかと、私は思いますよ。戦時中は、様々な出来事によって、人の心が邪悪なものに変えられてしまっていたんだと思います。

山下さんはね、戦争が終わってからも何回か西表島にやって来たみたいです。山下さんが、戦後なぜ西表島にやって来たのか、本当の理由は私にはわからないんだけれどね。疎開先の西表島でも、たくさんの波照間島の人々が亡くなったでしょう。だから山下さんは「すまない」と思って来たんじゃないかなって。彼がやったことは許されることではない。でも、戦争が終わってしばらく経って、彼自身、自分が行ったことに対して反省をしたからこそ西表島に来たのではないかな、とね。私はそう信じています。

忘勿石が語っていること

――識名先生が帰島要請してくれたことについては、どう思いますか？

仲底さん　識名先生は生涯、多くの教え子を犠牲にしてしまったことを悔やんでいたそうです。けれど私たちの命を救ってくれた識名先生に、私は本当に感謝しています。識名先生は波照間島民のために海を渡って帰島要請をしてくれました。識名先生がいなかったら、みんな西表島で死んでしまっていたと思います。

また、識名先生は『忘勿石　ハテルマ　シキナ』という

南風見田浜に建つ忘勿石之碑。忘勿石が風化して文字が読み取れなくなっているため、忘勿石のレプリカが作られた。

文字を刻んだ石を私たちに残してくれました。この十文字は、識名先生が自らの直訴によって疎開を解除し、波照間島に帰る際に、ひっそりと石に刻んだものです。この石は「忘勿《わすれな》石《いし》」と呼ばれています。

――「忘勿石」は私たちに何を語りかけていると思いますか？

仲底さん　私は、『忘勿石　ハテルマ　シキナ』の文字にも感謝しているんです。なぜなら、日本だけではなくて世界に「戦争はやってはいけない」と伝えるものだと思うからです。たった十文字ですが、この文字には「波照間島の多くの人が戦争によって亡くなってしまって悲しい。二度とこのような悲劇が起こらないように、この悲しみを忘れるな」という識名先生の思いが込められていると、私は思っています。だから忘勿石をもっとたくさんの人に見てほしい。そして平和について考えてほしいと感じます。

――仲底さんにとって平和とは何ですか？

仲底さん　私にとって平和とは、お互いのことを思いやり、すべての人が安心して幸せに生きていけるということです。戦争は人間に悪い影響しか与えません。人が戦い、殺し合う。そして何より戦争は、純粋な人の心をも変え、邪悪な心にすら変えてしまう。戦争をやっても、いいことなんて何一つないと思います。だから戦争だけは絶対にやってはいけない。戦争マラリアの経験を通して感じたこの思いを、私は死ぬまでずっと人に伝えていきたいです。

取材後記

取材を終えて、私はかつて波照間国民学校の青空学校が行われていた西表島の南風見田浜を訪れた。案内してくださったのは、忘勿石保存会会長の平田一雄さん（七十九）だ。南風見田浜には、一九九二年に忘勿石之碑《わすれないしのひ》建立事業期成会によって忘勿石之碑が建てられた。そこには西表島で亡くなった方々の名前が刻まれている。マラリア犠牲者を慰霊するとともに、戦争マラリアの悲劇が歴史に埋もれることがないように、この碑は建てられたそうだ。そしてその側に、仲底さんが話してくださった忘勿石があった。

海岸線にひっそりとたたずむ忘勿石を前に、私は悄然としてしまった。忘勿石はすでに風化が進んでいて、そこに書かれている文字を簡単には読み取ることができなくなっていたからだ。文字の上に砂をかけて、ようやく浮き出てきた『忘勿石　ハテルマ　シキナ』という文字。識名先生は、どのような思いでこの十文字を刻んだのだろうか。軍命によるものだったとはいえ、識名先生は多くの教え子を犠牲にしてしまったことを生涯悔やみ、悲しんでいたという。その悲しみを忘れないために、識名先生は忘勿石を残したのだろうと私は思った。

　いずれ、この刻まれた文字は消えてしまう。七十年近い月日が経っても、今なお鮮明に当時のことを覚えている仲底さんのような人がいる一方で、石に刻まれた文字はその思いとは関係なく、時の流れとともに風化していく。そしてその文字が消えた時、人々の記憶からも、かつてこの地で多くの尊い命が奪われたことや、多くの生徒を亡くしてしまった識名先生の悲しみが忘れ去られてしまうのかもしれない。そう思うと私は怖くなった。それと同時に「絶対にこの事実は忘れられてはいけない」と強く感じたのだ。

　石の側で呆然としている私に、平田さんは山下さんの話もしてくれた。「終戦後、山下さんは波照間島を離れ、宮崎県の炭鉱会社社長の養子になり、滋賀県内で機械メーカーを創業しました」。しかし山下さんは、彼なりの方法で自分の犯した過ちを償い続けていたという。「山下さんは、戦後波照間島を訪れた際に疎開集落のカマドの石を持ち帰ったそうです。そしてその石を仏壇に供え、毎日読経を上げながら、死んだ人の御霊《みたま》に祈っていたみたいですよ」。

　私は「なぜ山下さんはカマドの石を持ち帰ったのか」ということを考えた。山下さんは、マラリアで亡くなってしまった人の御霊に祈ると同時に、多くの島民を死なせてしまった自分の罪を一生忘れないために、石を持ち帰ったのではないかと、

戦争マラリアの悲劇を後世に伝えるために様々な活動を行っている平田一雄さん。

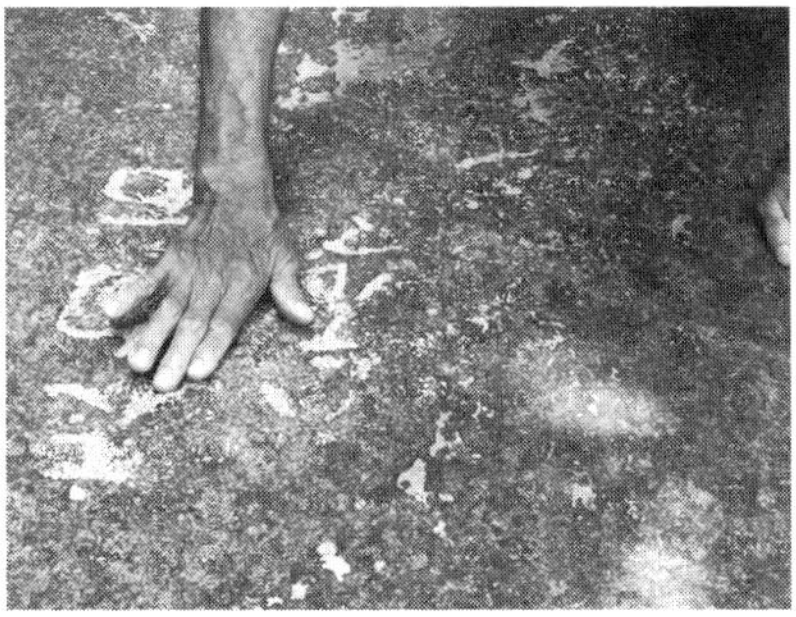

忘勿石に砂をかけている様子。砂をかけてようやく文字が浮き上がった。

現在の南風見田浜。晴れていると、この場所から波照間島が見えるという。

私は思った。

　山下さんが波照間島民に対してしたことは、もちろん決して許されるべきことではない。しかし彼も、戦争や戦争下の教育によって心を変えられた、そして心を傷つけられた戦争の一犠牲者と言えるかもしれない。

　この時、「当時は自分が生きることに精一杯で、友人が死んでも悲しいと思えなかった」という仲底さんの言葉を思い出した。戦争は、人から他人を思いやる気持ちを奪ってしまう。戦争によって犠牲になったものは、命だけではない。戦争は、人の心をも殺してしまうのだ。心が殺されてしまうことはもしかしたら、命が犠牲になることよりも悲しく、そして残酷なことなのかもしれない。

　平田さんの話を聞いた後、南風見田浜の地に立ち、海を見つめた。そこには、どこまでも青く輝く海が広がっていた。この海の向こうには、ちょうど波照間島がある。波照間島の人々も、何十年も前にこんなふうに海を眺めていたのかもしれない。海の向こうの故郷に帰ることを願いながら。

取材　梶　彩夏（中央大学文学部三年）
取材　小室いずみ（中央大学商学部三年）

取材日▼二〇一二年八月七日

証言2 ▽ 玉城功一

「戦争マラリア」とは

――「戦争マラリア」とは何ですか？

玉城さん　「戦争マラリア」とは、戦争の影響を受け、マラリア罹患者が急増することを言います。太平洋戦争時の八重山諸島でも、この「戦争マラリア」という事件が起こりました。「戦争マラリア」の中でも、八重山諸島で起きたものを特に、「八重山戦争マラリア」と言います。

玉城功一さん。

戦時中八重山諸島では、戦争の影響を受け、マラリア罹患者が急増しました。「戦争の影響により被害者が多く出た」といっても、本土での空襲や沖縄本島での地上戦とは、構造が違います。八重山諸島では、空襲や艦砲射撃のような戦闘での犠牲者は、多くありませんでした。しかし、マラリアという病気で多くの人命が失われました。

戦前、八重山諸島の住民は、マラリア有病地を避けて暮らしていました。そのため、マラリア病死者は多くありませんでした。しかし戦争により、マラリア有病地への強制疎開が行われ、マラリア犠牲者が大勢出たのです。つまり「八重山戦争マラリア」は、地上戦や空襲などとは構造こそ異なりますが、同じ〝戦争〟の被害なのです。そのため「八重山戦争マラリア」は、沖縄本島での地上戦とは区別して、「もう一つの沖縄戦」とも言われています。

波照間島における「戦争マラリア」

――「八重山戦争マラリア」はどのようなものでしたか？

玉城さん　八重山諸島における「戦争マラリア」被害は、島ごとで違います。その中でも、波照間島の「戦争マラリア」は、マラリア蔓延に至るまでの経緯が非常に特異でした。

例えば、石垣島や鳩《はと》間島《まじま》には軍事施設がありました。そのため、米軍による空襲や艦砲射撃を多く受けました。島民たちはそれらを避けるために、有病地に避難することを余儀なくされたのです。

しかしながら、波照間島の場合、空襲は多くありませんでした。それにもかかわらず、波照間島民にも、マラリア有病地である西表島への疎開が命じられたのです。この理由について、公的な文書は見つかっていません。しかし、「八重山戦争マラリア」の体験者の証言などから推測できる、一つの説があります。それは、日本軍の食糧確保のために、島民に疎開命令が下された、というものです。

――食糧確保のために疎開命令が出された、というのはどういった意味ですか？

玉城さん　戦時中、日本軍八重山支部は、食糧不足に陥っていました。そこで軍が目を付けたのが、波照間島の家畜だったのではないかと言われています。波照間島は水田耕作が盛んだったため、牛馬など、多くの家畜がいたのですね。タンパク質を欲していた軍にとって、波照間島の家畜はまさに求めていたものでした。しかし島民がいたのでは、家畜を奪うことはできません。

そこで軍は、山下虎雄という特務兵を波照間島に派遣しました。そして彼が、「米軍の上陸に備えて疎開せよ！」と、島民に疎開命令を伝え、島民を波照間島から追い出したのです。その後、日本軍は、波照間島の家畜を食糧にしてしまいました。そのため、強制疎開命令の真の目的は、波照間島の家畜を食糧として徴発することだったのではないか、と考えられます。多くの「八重山戦争マラリア」体験者の方が、このような証言を残しています。

そもそも、「米軍の上陸に備えて」という疎開の理由もおかしなものなのです。疎開命令が出されたのが、一九四五年三月下旬です。沖縄本島に向けて北上していた米軍が、八重山以北の慶良間諸島《けらましょとう》に上陸したのが、同年三月二十六日でした。ですから、再び米軍が南下して波照間島に上陸してくることは、考えにくかったはずですね。このような点からも、軍は波照間島の家畜を狙っていたのではないか、と考えられるのです。

特務兵の存在

――軍から派遣された山下虎雄という人物は、波照間島で何をしたのですか？

証言者の略歴

玉城功一《たましろこういち》　▷1937年波照間島生まれ。「八重山戦争マラリアを語り継ぐ会」会長。
８歳の時に由布島《ゆぶじま》へ疎開していたが、波照間島に帰島後マラリアに感染した。
戦後、琉球大学教育学部を卒業し、38年間八重山諸島で小中高の教員を務めた。
1972年から1974年には沖縄県史編纂に携わり、「八重山戦争マラリア」に関する波照間島民約50人の証言を集めた。
2010年には、「八重山戦争マラリアを語り継ぐ会」を結成。現在も会長を務めている。

玉城さん　彼の存在を知ることは、波照間島の「戦争マラリア」を知る際にとても大事になります。彼は、陸軍中野学校出身の特務兵でした。一九四五年二月に来島した時は、軍人である本性を隠し、指導員として波照間青年学校に赴任しました。軍からの疎開命令が出されるまで、彼は「感じの良い青年」と、島民からも好かれていたそうです。

しかし西表島への疎開命令が出ると、山下はこれまでの態度を一変させ、軍人としての姿を現した、と言われています。疎開命令を聞いて、島民の中には、「マラリア有病地へ疎開なんかさせて、私たちを殺す気か！」と反抗する者もいました。しかし山下は、軍刀を片手に、「これは日本軍、天皇陛下の命令だ！　従わない者は、叩き切ってやる！」と島民を抑えつけたそうです。このことは、多くの体験者が語っています。また、一九九三年に行われた毎日新聞特別報道部取材班の取材で、山下自身も「軍刀を使用して疎開をさせた」と証言しています[16]。

疎開命令を出した後、山下は家畜の殺処分を開始します。「米兵は肉食だ！　この島に上陸したら、家畜が食糧になってしまう。殺せるものは殺して燻製にして、疎開先での食糧にしろ！」と山下は島民に命令しました。牛馬を殺すには大の大人三、四人の強い力が必要です。しかし島の壮年たちは出兵してしまい、島には老人か婦人か子供しか残っていません。山下はすぐに、徴兵年齢に満たない島の青少年たちを集め、挺身隊を組織し、彼らに大量に残った島の家畜を殺させました。山下は予め、殺処分の手際を良くするため、綿密な計画を立てていたかのようだった、と多くの方が証言しています。

そして約八〇〇頭もいた牛馬を、挺身隊は一週間ほどの短い期間で次々と殺し、燻製にしていきました。殺した家畜を燻製にできる鰹節製造工場が島にあるということも、彼は把握していたのですね。この手際の良さから、疎開命令の真の目的が軍の食糧確保にあったのではないかと考えられるのです。

南風見への疎開

——疎開先はどのように選ばれたのですか？

玉城さん　一九四五年四月八日、島民の多くは、西表島南部のマラリア有病地である南風見《はいみ》に疎開しました。しかし、島民の中には無病地である由布島に疎開した人もいました。当時五つあった集落の指導者による協議で、疎開先を決めたためです。

それだと、島民全員が由布島に疎開すればよかったので

資料を用いて、当時の状況を解説する玉城さん。

は、と思うかもしれません。しかし、由布島のすぐ隣にある小浜島に軍事施設があったため、由布島は空襲が危ないと言われていました。戦時中、空襲を恐れていた島民に、由布島への疎開は大変危険なものと思われていました。

一方、南風見はマラリア有病地でした。戦前、南風見には南風見村という村があったのですが、一九二〇年にその村は、マラリアによって廃村になっていました(17)。この事実から、「南風見への疎開は危ない」と主張する指導者も、数名いました。しかし廃村は二十年以上前の出来事であったため、島民に忘れ去られつつありました。マラリアの本当の恐ろしさを、島民たちはわかっていなかったのです。また、南風見は波照間島から一番近く、晴れの日には海岸から波照間島を見ることもできます。さらに南風見には、空襲が来た時に逃げられる洞窟もたくさんありました。そのため多くの島民は、南風見への疎開を決めたのです。

結局、マラリア無病地の由布島に疎開したのは、当時竹富村会議員であった仲本信幸さんの班(18)と、彼の親戚だけでした。

疎開先での生活

――どのような手段で、疎開されたのですか？

玉城さん　疎開先へは、船で向かいました。もともと波照間島には十隻ほどのカツオ漁船がありました。しかし漁船は軍に徴発されたので、使えたのは三、四隻でしたね。その船で島民一五九〇人全員が順番に疎開しました。昼間に船を出すと米軍に見つかってしまうので、移動はすべて夜間に行われましたね。全員が疎開し終わるまでに、大体二、三日かかりました。

――疎開先では、どのような生活を送っていたのですか？

玉城さん　疎開してからの生活は大変だったと、多くの方が証言しています。昼間は空襲の危険があったので、自由に行動することはできませんでした。食事は、朝夕の米軍がいない時間に限られていました。夜間も、米軍に見つかってはいけないのでライトを点けることは禁止されていました。とにかくすべてが闇夜の手さぐり状態で、自由のない生活だったそうです。

――マラリア予防等はしていなかったのですか？

玉城さん　いいえ。疎開後島民たちは、マラリアを警戒し、予防を行っていました。ハマダラカを避けるために「ヤマピパージ」(19)という植物の葉を、小屋の中で燃やしていたのです。しかし食糧や水を調達するためには、小屋の外に出ざるを得ません。おそらくその際に、ハマダラカに刺されてしまったのでしょう。疎開してから約一カ月が経ち、南風見に疎開した島民の中からマラリア患者が出始めてしまいました。そして、マラリアは一気に蔓延しました。また、「ヤマピパージ」の臭いは、とてもきついものでした。疎開した島民は、その臭いのせいでなかなか熟睡できず、体力が落ちていました。睡眠不足、栄養失調、過労という悪条件が揃っていたのですね。島民たちも「ついに来たか」という感じだったそうです。

――マラリアを罹患した方へは、どのような対処をしたのですか？

玉城さん　罹患者への対応は、本当に大変でした。当時は「キニーネ(20)」という特効薬がありました。しかしそれは、軍の一部の人しか持っていません。民間人は、手に入れることができなかったのです。ですから島民は、疎開前から用意していた、ヨモギを煎じた汁を罹患者に飲ませていましたね。また罹患者は、四十度以上の高熱が出るので、糸芭蕉《いとばしょう》という冷たい木の幹を枕にしていました。さらに頭には水をかけました。これが、当時民間人にできる精一杯の処置だったのです。これらの処置は、マラリアを根本的に治すのではなく、高熱を抑えるためだけに行われ

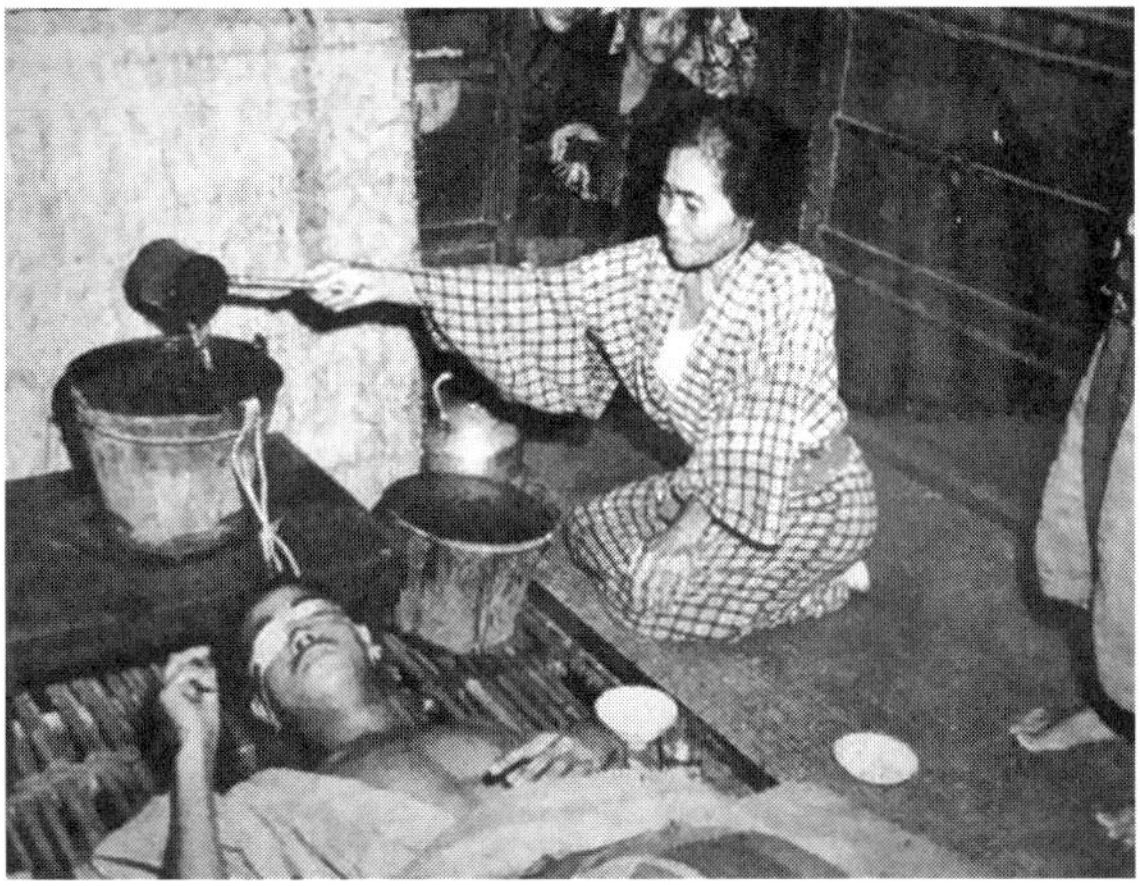

マラリア患者を看病している写真。頭の上から水をかけて、熱を冷ましている。出典：『ゼロからの時代――戦後沖縄写真集』那覇出版社、1990年（八重山平和祈念館提供）。

ました。薬のない状況では、これくらいしかなす術がなかったのです。

――そこまでの被害が出ても、波照間島へ帰ろうとはならなかったのですか？

玉城さん　いいえ。「このままでは島民が全滅してしまう」、と立ち上がった方がいました。当時波照間国民学校の校長であった識名信升さんです。マラリア感染に危機感を感じた先生は、八重山地区を統括していた独立混成第四十五団宮崎武之旅団長のいる石垣島へ、二度も直訴をしに行きました。これはすべて山下に気づかれないように行われ、島民でも一部の人しか知りませんでした。山下に見つからないように船を出し、石垣島まで行くのは本当に大変なことだったと思いますよ。

――直訴により、何か変わりましたか？

玉城さん　一九四五年七月下旬に行われた一度目の直訴では、宮崎旅団長から少量の薬の配布と、軍医の派遣をしてもらいました。しかし罹患者が多すぎて、それだけではどうすることもできませんでした。そのため七月三十日、今度は「必ず帰島許可をもらおう」と、再び宮崎旅団長のもとへ向かい、直訴しました。結果、宮崎旅団長は直訴を受け入れ、識名校長は無事に帰島許可を得ました。

識名校長は疎開地に帰って疎開解除を島民に伝えたのですが、今度は山下が「駄目だ！」と言ったのです。「波照間島民を指揮するのは私だ。私は旅団長の指揮系統にはない。牛島か天皇陛下の命令でないと動かないぞ！」と、帰島を許さなかったそうです。それでも識名校長は、「旅団長の命令であるのに、お前に拒否する権限があるのか！」と食い下がり、一対一の論争になりました。しかしこの後、識名校長に続いて、他の島民も立ち上がったのです。「斬りたいなら斬れ。お前が何と言おうと私たちは波照間へ帰る」と言って、島民全員で山下に立ち向かったのだといいます。山下一人対波照間島民の対決になったわけです。このような島民の激しい訴えには、山下の軍刀も、効力がありませんでした。

帰島後も続くマラリア被害

――帰島後の生活はどのようなものでしたか？

玉城さん　一九四五年八月七日、島民は帰島を開始しました。しかし帰島後も、マラリア感染は続きました。罹患者がマラリア原虫を持ち帰ったため、無病地だった波照間島が、マラリア有病地になってしまったのです。

帰島後波照間島民に、食糧の貯えはほとんどありませんでした。疎開前に準備していた食糧も、疎開中にほぼなくなっていました。西表島にいた四カ月の間に、波照間島の田畑は荒れ果てていました。牛馬も軍に徴発されてしまったため、田畑を耕すこともできませんでした。

そのような状況で、当時島民が食べていたものは、ソテツでした。普段はソテツなんて食べません。ですが、藁にもすがる思いでソテツを食べました。ソテツは生のままでは、毒があります。そのため、幹を刻んで発酵させ、水で毒素を流し、最後に残ったデンプンだけを食べました。しかしそれだけでは、栄養を十分に取ることができません。結局、栄養失調になって、島民の免疫力は下がり、マラリア感染は増々広がっていったのです。帰島後のマラリア被害は、疎開先での被害よりも悲惨でした。マラリアは八月十五日に太平洋戦争が終結した後も、被害を広げていきました。

――最終的な被害はどれほどのものでしたか？

玉城さん　波照間島では、当時の人口一五九〇人のうち、九九・八パーセントの一五八七人が罹患（八重山諸島で最悪の罹患率）しました。人口に対して三十パーセントに及ぶ四七七人もの人がマラリア罹患により命を落としたのです。多くの方が当時の状況を「地獄のようだった」と語っています。

――マラリア感染は、どのように終息したのですか？

玉城さん　終戦後の一九四五年十二月、米軍から「アテブリン」というマラリアの薬が配られるようになりました。それから少しずつではありますが、罹患者数が減り、マラリア感染は終息していったのです。

終戦から十二年後の一九五七年には、米軍四〇六医学総合研究所のC・M・ウィラー博士による、「ウィラープラン」が行われました。これは、八重山地区のマラリアを本格的に撲滅するための計画でした。マラリアを蔓延させる原因であるハマダラカを全滅させるために、DDT(21)が島中に散布されました。DDTは毒性が強いので、今考えると、とんでもないことです。ですが当時は、これを普通にやっていました。この計画のおかげで、一九六二年には、八重山諸

「ウィラープラン」の様子。小屋の隅々にまで、DDTを散布している（八重山福祉保健所提供）。

島におけるマラリア罹患者数ゼロを記録し、マラリアは撲滅されました。ここで八重山のマラリアの歴史に、終止符が打たれたのです。

沖縄県史編纂

――「戦争マラリア」は、どのように語り継がれていきましたか？

玉城さん　終戦後「戦争マラリア」体験者の方々は、当時のことを話したがりませんでした。「あんな辛いことは思い出したくもない。早く忘れたい」という風潮が、島全体にあったのです。しかし、一九七二年の沖縄本土復帰の年頃から、その風潮が変わり始めました。

本土復帰をした年、沖縄復帰記念事業として、沖縄県は沖縄戦の記録を作ることにしました。私は、その沖縄県史編纂に携わりました。当時八重山で社会科の教員をやっていた私は、波照間島出身ということもあったので、波照間島を担当しました。それから波照間島に入り、「戦争マラリア」の証言を集めたんです。

――沖縄県史編纂で、大変だったことは何ですか？

玉城さん　「戦争マラリア」体験者は、なかなか証言を残そうとしてくれませんでした。特に印象に残っているのが、「大泊《おおどまり》ミツフさん」という方です。

大泊さんは家族十七人のうち自分一人だけが生き残って、あとの十六人はマラリアにより亡くなってしまった、という体験をしている方です。ぜひお話を伺いたいということで自宅へ向かったのですが、叱られてしまいました。

「三十年間、辛かった記憶を忘れよう忘れようとしてきたのに、今さら思い出せと言うのですか。そんなに残酷なことがありますか」と断られたのです。私はハッとしました。『戦争マラリア』体験者は皆、こういう想いを持っているんだな」と。

私も一応「戦争マラリア」の体験者ではありますが、何しろ当時八歳でしたから、詳しいことは覚えていません。私は、何とか大泊さんの証言を後世に残したいと、必死に大泊さんを説得しました。そして、証言を書いてもらうこ

「沖縄県史10　沖縄戦記録２　各論編９」。玉城さんはこの県史の編纂に携わった（沖縄県教育委員会提供）。

とができました。その後、約五十人の証言を集め、それらを県史に載せました。そしたら、波照間島の雰囲気が、次第に変わっていったのです。約五十人の方が証言したことで、他の方も「戦争マラリア」体験を話すようになったのですね。

　しかし、体験者の方が証言を残すようになった時は、すでに終戦から二十七年経っていました。この期間が長かったため、八重山の人であっても、戦後に生まれた方は「戦争マラリア」のことをよく知らないのです。大変なことがあった、ということは知っていても、それ以上のことは知りません。つまり、体験者が話したがらない期間が長かったために、この事実は、多くの人に知られていないのですね。

　県史編纂をきっかけに体験を話す方が増えたと考えると、歴史のためにも、後世のためにも、沖縄県史編纂は本当に良い試みであったと思います。

「軍命」と戦後補償

——証言が残り始めて、変わったことはありますか？

玉城さん　「戦争マラリア」の証言者が出てくると、事件の事実が明らかになり始めました。すると遺族らは、一九八九年に「沖縄県強制疎開マラリア犠牲者援護会」を組織し、援護法(22)による国家補償要求運動を始めました。「軍命によって疎開させられたのだから、援護法が認められるだろう」というのが遺族側の言い分です。しかし国側は、「軍命があったかどうかは不明だ」ということで、援護法の適用を認めませんでした。

　現在でも、「軍命」を証拠付ける公的な文書は見つかっていません。しかし、山下は、一九九三年の毎日新聞社の取材で当時軍命があったことを証言しています。さらに、終戦後の八重山を統轄していた旧八重山民政府知事の吉野高善さんは、一九四六年に「軍命」を示唆する日誌を書いていました。それが「知事日誌」として残っているのです。

　一九九四年、当時の与党三党（自民党、社会党、新党さきがけ）により、「戦後五十年問題プロジェクトチーム」が設けられました。当チームは、戦後処理問題の一環として、「戦争マラリア」問題

1946年に書かれた吉野高善さんの知事日誌（南嶋民俗資料館提供）。

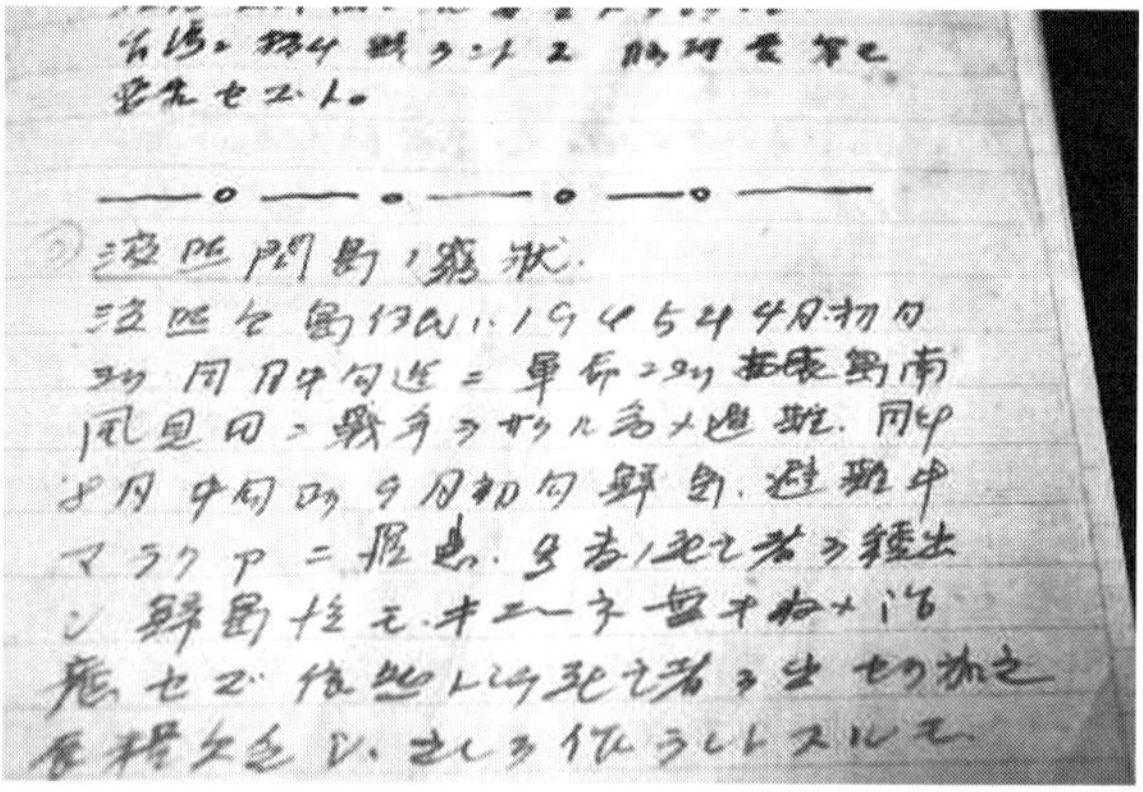

知事日誌には「波照間島民ハ一九四五年四月初旬ヨリ同月中旬迄ニ軍命ニヨリ西表島南風見田ニ戦斗ヲサクル為メ避難」と明記されている（南嶋民俗資料館提供）。

を取り上げ、調査を行ったのです。この際当チームは、知事日誌や証言などにより、石垣島、波照間島、黒島、新城島、鳩間島の、軍命による強制疎開を認めました。

そして一九九五年十二月、国は「八重山戦争マラリア」の慰藉事業として、総額三億円を支払うことを決めました。あくまでも「慰藉事業」であり、援護法による個人補償までには至りませんでした。しかし結果として、一九九七年に「八重山戦争マラリア犠牲者慰霊之碑」が除幕、一九九九年には「八重山平和祈念館」が開館しました。

―「八重山戦争マラリアを語り継ぐ会」―

――玉城さんが結成した、「八重山戦争マラリアを語り継ぐ会」について教えてください。

玉城さん　私が「八重山戦争マラリアを語り継ぐ会」を結成したのは、二〇一〇年です。この会では、「戦争マラリア」を語り継ぐために、朗読劇や紙芝居などを、八重山各地で行っています。

――どうして「語り継ぐ会」を結成したのですか？

玉城さん　会の結成は、和歌山県で行われている取り組みを知ったことがきっかけでした。和歌山県で栗原《くりはら》省《しょう》さん[23]という方が、波照間島の「戦争マラリア」を「ハテルマ・ハテルマ」という朗読劇にして公演されていたのです。そのＤＶＤを見て、私は衝撃を受けました。

それまで私は、県史などで体験者の証言を残してはいました。しかし、それをどうしたらより多くの人に伝えることができるのか、悩んでいました。ですから、栗原さんの朗読劇を見た時に「これだ！」と思いましたね。これなら、

「戦争マラリア」の事実を今よりも多くの人に伝えることができると、確信したのです。それに、波照間島から遠く離れた和歌山で、波照間島の悲劇を語り継ぐために一生懸命に取り組んでいる方がいたのです。これは八重山でも何かしなくてはいけない、と思いましたよ。こうして、私は「八重山戦争マラリアを語り継ぐ会」を立ち上げることを決めたのです。

――「語り継ぐ会」では、具体的にどのような活動を行っているのですか？

沖縄県石垣市の県営バンナ公園内に建てられた「八重山戦争マラリア犠牲者慰霊之碑」。

玉城さん　会の結成後、まずは栗原さんにお願いして、朗読劇の指導を受けました。そして二〇一〇年、会として初めて、証言による朗読劇「ハテルマ・ハテルマ」の公演を行いました。二〇一一年の平和月間[24]の時には、八重山の十二の小中学校で紙芝居を行いましたね。小さい子供たちにも「戦争マラリア」を理解してもらいたいと思ったからです。

「戦争マラリアを語り継ぐ会」による舞台「証言による朗読劇『ハテルマ・ハテルマ』」のリハーサル風景＝2010年10月。

私は、ぜひ若い世代の方々に、今後「語り継ぐ会」の活動に携わってもらいたいと思っています。以前、八重山商工高校の定時制の生徒たちから、ぜひ自分たちで「戦争マラリア」の朗読劇をやりたいという申し出があり、協力したことがありました。現在は、私たちから、「朗読劇を一緒にやろう」と高校生に呼びかけたりしています。若い世代が、私たちの活動に反応してくれるのは、本当に心強いことです。

「戦争マラリア」を振り返って

――「戦争マラリア」を振り返って思うことを教えてください。

玉城さん　今でも熱帯地域の国に行けば、マラリアで苦しんでいる人たちがたくさんいます。ですから地球の平和を考えるうえで、マラリアについて学ぶことは、非常に重要なことだと思います。マラリアがある限りは、「戦争マラリア」のような事件が、また起こらないとは言えないですからね。つまり「戦争マラリア」の歴史を振り返ることは、今の問題やさらには未来の平和を考えることでもあるわけです。ですから八重山の「戦争マラリア」体験が、世界各地の教訓となってほしいと思っています。会としても、ただ語り継ぐだけではなく、世界中の人たちに未来のことを考えてもらうような活動をしていきたいですね。

それに戦後六十七年が経った今日、戦争の話を体験者として話せる人がどんどん少なくなっています。戦争を知らない世代だけになった時、また恐ろしい歴史を繰り返してしまうのではないかと、危機感を覚えているのも、正直なところです。

若い世代の方には、各地の戦争の話を意欲的に勉強してもらいたいですね。各地域の戦争の原因や実態というものを、科学や歴史など、様々な角度から学んでもらいたいです。過去を学べば、今や未来のことを考えることができます。若い世代の皆さんにはぜひ、「戦争を起こさない」という人類最大の課題に立ち向かっていってほしいです。

取材後記

取材日から二カ月ほどさかのぼった二〇一二年六月の初旬。私たちは沖縄に関する書籍を通して、初めて「八重山戦争マラリア」の存在を知った。今まで一度も耳にしたことのない事件だ。気になった私たちは、本などを利用し、この事件について調べ始めた。すると「八重山戦争マラリア」は八重山諸島で、軍命により民間人がマラリア有病地に疎開させられたこと。そして三六四七人もの人が亡くなっている事件だということがわかった。しかし、詳しい情報はなかなか見つからなかった。沖縄出身の友人に尋ねてみても、「聞いたことはあるけど、詳しいことはわからない」と返された。多くの人々が亡くなっているのに、なぜ資料が少ないのだろう。この事件は、歴史の中に埋もれつつあるのではないか……。

私たちは、さらに「八重山戦争マラリア」について詳しく調べ始めた。そして、玉城功一さんの存在を知った。玉城さんは、沖縄県史編纂を通して、「八重山戦争マラリア」体験者や、その遺族約五十人から、証言を集めてきた方だ。彼なら、事件について詳しく知っているかもしれない……。そう思い、早速玉城さんに連絡を取った。『八重山戦争マラリア』について知りたい」と伝えると、玉城さんは「私でよければ」と取材を快諾してくださった。そうして私たちは、八重山諸島へ向かった。

石垣島に到着し、玉城さんのもとを訪れた。玉城さんは「八重山戦争マラリア」の歴史について、とても丁寧に話してくださった。玉城さんのお話は、書籍やインターネットでは知ることのできない情報ばかりであった。

話を聞けば聞くほど、「八重山戦争マラリア」は、一言では言い表せないほど複雑で残酷な事件であったことがわかった。当時波照間島民は、戦争によって翻弄され、苦しみながら命を落としていったのだ。彼らの気持ちを考えると、やりきれない想いで胸が締め付けられた。

玉城さんは、多くの資料を用いながら、わかりやすく事実を説明してくださった。取材中盤、「その資料はどうされたのですか？」と尋ねてみた。すると玉城さんは、「体験者の方々の証言を基に、作ったんですよ」と微笑まれた。それらの資料や言葉の節々から、玉城さんは、彼が取材をした約五十人の方々の思いを背負っているように感じた。

玉城さんへの取材を終えた後、「八重山戦争マラリアを語り継ぐ会」の活動場所へ足を運んだ。そこでは玉城さんを含む七人の方がおり、朗読劇の練習を行っていた。その日私たちが見た劇は、鳩間島での「戦争マラリア」の物語であった。空襲から逃れるため、西表島に避難した八人家族。そこで家族は、次々とマラリアに感染し、命を落としていった。最後には、主人公である「私」とその父親だけが生き残るという話だ。実際の証言を基に作られた話だそうだ。

朗読劇を見ている最中、私は何度も全身に鳥肌が立った。語り部の方は、セリフ一つひとつを丁寧に、心を込めて語る。演者の方々も、汗を流しながら声を張り上げ、役の感情を表現していた。彼らは、戦争を体験している世代ではない。もちろん、「戦争マラリア」も体験していない。しかし彼らの劇は、まるで自身の体験を訴えているかのようだった。その姿から、彼らの『八重山戦争マラリア』という事実を、後世に残したい」という熱い思いが、ひしひしと伝わってきた。

劇の練習見学を終えて、半日お世話になった玉城さんと、別れの時がきた。

「若い人がこうして興味を持ってくれて、本当に嬉しい。お互い形は違うかもしれないけど、『戦争の記憶を残す』という目標は同じだからね。一緒に頑張ろう」

玉城さんは、私たちに向かってそう言葉をかけてくれた。

取材前、私たちは「『八重山戦争マラリア』は歴史に埋もれつつあるのではないか」と思っていた。「数十年後には『八重山戦争マラリア』の事実を語り告げる人はいなくなるのではないか……」と、本気で思っていた。しかし、取材を終え、その考えが間違っていたことに気づいた。玉城さんを始め、「語り継ぐ会」の方々は、その事実を後世に伝えるため、懸命に活動していた。そして会の方以外にも、和歌山県で朗読劇をしている方や、実際に朗読劇を行った八重山商工高校の生徒、八重山平和祈念館の職員の方など、「八重山戦争マラリア」の事実を後世につなごうとしている人は、たくさんいた。そんな彼らの思いを知りもせず、「歴史の中に埋もれているのでは」と思っていた自分が、恥ずかしかった。足りなかったのは、自分自身の関心だったのではないだろうか。今回の取材を通して、歴史にもっと関心を持たなければならない、そして、戦争を知らない世代の私たちが、戦争体験者の方々から記憶のバトンを引き継いでいかなければいけないと思った。

取材の翌日、石垣空港から羽田空港行の飛行機に乗った。機内で、玉城さんの言葉を思い出していた。「過去を学ぶことは、今のことや未来のことを考えることなんだよ」。私たちは今回の取材をするまで、観光名所としての沖縄しか知らなかった。沖縄戦のことも、表面的な事実しか学んでこなかった。しかし今回「八重山戦争マラリア」について調べ、沖縄の歴史の深さとその重みを知った。私たちはこれからも、沖縄の歴史を学び、沖縄と日本の未来について、しっかりと考えていきたい。

取材　**末包絵万**（中央大学法学部三年）
取材　**新家裕樹**（中央大学法学部三年）
取材日▼二〇一二年八月八日

注

(1) 南西諸島西部の島嶼群で、先島諸島の一部を成す。石垣島、竹富島、小浜島、黒島、新城島（上地島、下地島）、西表島、由布島、鳩間島、波照間島、与那国島の合計十の有人島、及び、周辺の無人島からなる。

(2) 一九四七年に旧八重山民政府が行った調査による。竹富町では、一九九五年に調査が行われており、その数値を考慮すると、八重山地区での総死者数は三八二五人となる。

(3) 原虫とは、微生物であって動物的なものを言う。寄生性を持ち、特に病原性のあるものについて言うことが多い。

(4) カ科ハマダラカ亜科ハマダラカ属に属する昆虫の総称。世界におよそ四六〇種類が知られている。そのうちおよそ一〇〇種が人にマラリアを媒介できる。

(5) 奄美《あまみ》から八重山までを指揮下においた。一九四五年六月二十三日に彼が自決したことにより、事実上沖縄戦は終結した。

(6) 大日本帝国陸軍の秘密戦教育のための学校。一九三八年設立。情報の収集、解析業務、防諜業務、スパイ活動、謀略活動のための専門要員の養成を目的とした。

(7) 国民学校卒業後、中等教育機関に進まずに職業に従事する勤労青少年男女に対する教育機関。

(8) 米軍上陸に備えた、竹槍訓練等の指導をした。

(9) 現在の小・中学校のこと。

(10) 軍直轄で常設化された部隊のこと。

(11) 坑マラリア予防薬・治療薬で、「キニーネ」よりも有効で副作用が少ない。

(12) 防遏とは、侵入や拡大を防ぎとめることを言う。「ウィラープラン」は、米軍四〇六医学総合研究所のC・M・ウィラー博士により行われた。住民にはアテプリンを配布し、島中にDDTを散布した。

(13) バショウ科の多年草。琉球諸島では、昔からこの葉の繊維で芭蕉布を織り、衣料などに利用していた。

(14) ソテツ科の植物。日本では、八丈島や九州南部以南に自生している。

(15) 軍隊において医療に関する業務を行う戦闘支援兵科の一種。

(16) 『沖縄戦争マラリア事件』毎日新聞特別報道部取材班、東方出版、一九九四年。

(17) 一七三四年、首里王府による強制移住（「寄百姓」）政策により、波照間島から四〇〇人が南風見に移住し、南風見村ができた。

(18) 当時波照間島には、北部落、南部落、名石《ないし》部落、前部落、富《ふ》嘉《か》部落、の五つの部落が存在した。富嘉一班とは、その富嘉部落の中にある一つのまとまりのことである。

(19) 胡椒科の植物。その実は、山に自生するので「ヤマピパージ」と呼ばれていた。石垣島の平地などで自生する「ピパージ」は香辛料として現在でも地元の人によく食べられている。

(20) キナの木（アカネ科キナノキ属。アンデス山地原産の植物）から作れる、マラリアの特効薬。副作用が強く、現在日本では劇薬として指定されている。

(21) マラリア撲滅のために活躍した薬として知られており、現在でも一部発展途上国では対マラリア殺虫剤として使用されている。しかし、現在日本では人体への影響を防ぐために、製造・使用を禁止している。

(22) 正式名は「戦傷病者戦没者遺族等援護法」。旧軍人・軍属の傷病者や遺族への障害年金や遺族年金等を定めた法律。
(23) 一九二八年、群馬生まれ。東京高等師範学校卒業後は、和歌山県内で高校教師を務めた。勤務先の高校では、演劇部の顧問を長年務め、教職に就きながら劇団を結成した。たまたま目についた本で「八重山戦争マラリア」の記述を発見。それを機に、証言による朗読劇「ハテルマ・ハテルマ」の初演に至った。
(24) 沖縄県では、沖縄戦が終結した六月二十三日を「慰霊の日」としている。「慰霊の日」がある六月は「平和・人権について考える月間」とされ、県内の小中高で平和・人権教育が行われている。

参考文献

・毎日新聞特別報道部取材班『沖縄戦争マラリア事件』東方出版、一九九四年。
・忘勿石之碑保存会『忘勿石』一九九二年。
・沖縄県教育委員会『沖縄県史10　沖縄戦記録2　各論編9』一九七四年。

尖閣列島戦時遭難事件

解説

大田静男 ▼六十四歳

聞き手

三橋真紀子（中央大学商学部二年）

はじめに

一九四五年六月三十日、老人・婦女子一八〇人余を乗せた最後の台湾疎開船、第一千早丸と第五千早丸が石垣島から台湾へ向けて出航した。その三日後の七月三日、第一千早丸と第五千早丸は尖閣列島近海を航行中に米機に発見され機銃掃射を浴びた。この機銃掃射により第五千早丸は炎上沈没し、第一千早丸は機関故障で航行不能となった。この機銃掃射により、多くの方が犠牲となった。この犠牲者の中には、炎上した第五千早丸の船体から逃れるために海に落ち、溺死した人もいた。生き残った機関長等は、第一千早丸を修理した。生き残った人々はエンジンが再稼動した第一千早丸に乗船し、魚釣島に漂着した。約五十日に及ぶ遭難者たちの集団生活が始まった。三十日目を過ぎる頃には餓死者が出始めた。人々は石垣島へ救助要請をするため小船を作り、決死隊を編成。八月十二日、九人が石垣島へ向けて出発した。

出発から二日後の夜、九人は石垣島川平《かびら》の底地《すくじ》湾に到着した。この救助要請によって魚釣島で生活していた生存者が救助され、遭難者は八月十九日石垣島へ帰還した。帰還した人々は皆飢餓状態だったため、一気に多量の食事を取ることは危険とされていた。しかし、あまりの空腹に耐えきれず多量に食事を取り、消化器障害により亡くなった人もいた。この一連の事件を、尖閣列島戦時遭難事件という。

（三橋）

台湾へ疎開する前

――なぜ疎開することになったのですか？

大田さん　フィリピンが米軍の支配下に置かれ、次は沖縄本島を米軍が占領するという作戦が想定されました。戦況がどんどん悪化し、その過程で石垣島の人々は台湾に疎開することになりました。それが一九四四年の九月から本格的に始まります。一気に全員は無理なので、三十回ぐらいに分けて疎開が実施されました。

――なぜ疎開先に台湾が選ばれたのですか？

大田さん　台湾へ行くほうが九州に疎開するよりも距離的に近いからです。石垣島から台湾は二二七キロ、石垣島から鹿児島までは一〇一九キロです。また、距離的に近いということはそれだけ攻撃される危険性は減るということです。対馬丸を始め、本土に行くまでに撃沈された船が多くあるので、八重山諸島から本土へ行くのは控えようということになりました。それに八重山諸島の人たちは台湾にいっぱい親戚がいるので、その親戚を頼って疎開をする人もいました。当時は沖縄の人々を本土に八万人、台湾に二万人疎開させるという計画でしたが、十万人も疎開させるなんて、とてもそんなことはできないのです。またこの時石垣島では三カ所、飛行機の滑走路を作る計画が進められていました。この滑走路を作るために子供や老人も含めて、多くの人員が必要でした。そのこともあり、何万人単位で疎開させるのは難しかったのです。

大田静男さん。

――いつ、だれが疎開を決定したのですか？

大田さん　八重山諸島の人たちは、一九四四年七月七日、日本政府が緊急閣議で奄美大島、沖縄本島、宮古島、石垣島から幼老婦女子を直ちに台湾へ疎開させるよう、鹿児島県知事と沖縄県知事に命じました。

いざ石垣島に台湾への疎開が知らされると各町村は大騒ぎになったそうです。すぐに石垣町役場に石垣町、大浜村、竹富村の関係者が集まりました。協議の結果大浜村、竹富村は疎開対象から除外され、石垣町は台湾へ強制疎開と決まりました。おそらく当時、石垣島には飛行場があったため、空襲等の危険度が高いと判断されたからでしょう。その時、石垣町役場の職員は、「いくら日本政府の命令とはいえ、家族と別れ別れに島を捨てさせ、見知らぬ他国へ町民を疎開させることは、町役場としても耐え難いことである」と言っていたそうです。しかし、実際に疎開が決定しても、石垣町の人々の中には率先して疎開したいという人はいませんでした。台湾へ行くまでの航路は危険だというふうに感じている島民が多かったからです。

――では、どのように疎開させたのですか？

大田さん　石垣町役場は公務員の家族や、婦人会から率先して疎開させようということを決めました。そういう公務員の家族から台湾へ送って「台湾は安全だ」ということを証明していきました。実際に疎開をさせて安全だったので、町民たちが「安全だ」ということを認識し疎開が進みました。そしてこの疎開を手助けする形になったのが、十・十空襲でした。十月十二日に初めて八重山諸島にも空襲があり、ヘーギナー飛行場[1]が攻撃されました。八重山の人たちが安全地帯だとして疎開した台湾でも、十二日から三日間、飛行場や港湾など、軍事施設を中心に米軍から攻撃され、大きな被害を受けました。この空襲は、本格的な戦闘が近いことを住民に認識させ、疎開者も急速に増加することになったわけです。

一九四五年六月一日、石垣に駐屯していた日本軍は「甲戦備」という命令を下しました。この「甲戦備」というのは軍隊用語で「一番攻撃が激しい」という意味です。つまり、敵の上陸のおそれがあるから全軍戦闘態勢に付けという命令なのです。「甲戦備」という命令を出すから八重山の住民は全員避難しなさい、という命令です。これによってより多くの石垣島民が疎開することになりました。

疎　開

――台湾への疎開者は、どのように決められたのですか？

大田さん　尖閣列島戦時遭難事件が起きた時の疎開船は、第三十回ぐらいでした。その時すでに甲戦備が出されていたので、八重山の人たちは山岳地帯の避難小屋でマラリアに怯えながら暮らしていました。当時八重山諸島はマラリアが流行していましたから。一九四五年六月の下旬に、住民の避難先であった白水、外山田、ウガドウ等に台湾への疎開が伝えられます。多くの方の証言から、疎開する人たちはあらかじめ町役場等に申し込んで順番待ちをしていたと証言している人もいますが、中には「出航直前に希望して乗り込んだ」と証言している人もいます。石垣島から台湾へ行く航路はアメリカの潜水艦などが多く存在し、危険な海域だということはもちろんみんな知っていました。けれども、マラリアの巣窟山岳地帯でただ黙って死を待つよりも、危険を冒してでも新しい生活が望める台湾へ行くほうがましだと考えた人がいたのかもしれません。

――どのような船で疎開したのですか？

大田さん　この時は、軍の船ではなくて、民間船で行きました。この時すでに軍の船は足りなくなっていましたし、台湾への疎開は基本的に民間船の空船を利用して行くということになっていました。この時は独立混成第四十五旅団

解説者の略歴

1948年９月18日、沖縄県石垣市生まれ。元石垣市教育委員会文化課長。
執筆活動を中心としており、本も多数出版している。現在『月刊やいま』にて連載中。著書に『八重山の戦争』（南山舎）や、『八重山戦後史』（ひるぎ社）などがある。沖縄タイムス出版文化賞などを受賞。
尖閣列島戦時遭難事件についても、『沈黙の叫び』（南山舎）に寄稿している。

の水軍隊が民間船を徴用《ちょうよう》しました。それに機関銃を乗せて、兵隊を乗せて、水先案内みたいにしたというわけですね。この民間船の名前は「一心丸《いっしんまる》」と「友福丸《ともふくまる》」といいました。これを軍が徴用すると、第一千早丸と第五千早丸という名前になります。すこし前までは、一心丸と第五千早丸、友福丸と第一千早丸はそれぞれ違う船ではないかと思われていた時代もありました。ところがそれは違って、軍が徴用して勝手に名前を軍用の名前に変えただけでした。このような経緯で、一隻の船に二つの名前がつくことになったのです。

――いつ疎開したのですか?

大田さん　尖閣列島戦時遭難事件が起きた時の疎開船が、台湾へ出発したのは一九四五年六月三十日でした。第一千早丸(友福丸)と第五千早丸(一心丸)、そしてもう一隻の三隻で船団を組み、午後九時頃、台湾へ向け出発しました。第一千早丸、第五千早丸の二隻は疎開者を乗せました。疎開者はほとんどが老人、婦女子、子供でした。男子は少なく、台湾人や朝鮮人も乗船しました。疎開者は約一八〇人ぐらいであったと言われていますが、具体的な人数はわかりません。男子が少なかったのは、すでに戦争に駆り出されていたからです。また、残りの一隻は戦闘によって怪我をした患者専用船で、十人余りではなかったかと言われていますが、この船の詳細はわかっていません。

――石垣島から台湾までは、どのような経路で疎開したのですか?

大田さん　第一千早丸と第五千早丸は西表島を経由して、台湾へ入っていく経路をたどり、患者を乗せた船は与那国島経由で台湾へ向かいました。与那国島経由のほうがすぐ行けるのですが、与那国島と台湾の間には米軍の潜水艦がたくさんおり、またフィリピンからも米軍の飛行機がやってきて、台湾や石垣を攻撃していました。このため、与那国島経由は危険とされていました。第一千早丸と第五千早丸はこの危険な経路を避けるため、西表島を経由して尖閣列島近海を通り、台湾へ行く経路を選択しました。しかし実際に無事台湾へたどり着いたのは、与那国島経由で航行した疎開船でした。つまり、危険だとされていた経路のほうが、実は安全だったわけです。皮肉なことに、この経路選択がこの三隻の船の運命を分けてしまったのです。

第一千早丸、第五千早丸が燃料補給のため西表島へ入ったのは、六月三十一日でした。西表島を出航したのが七月二日でしたので、当初石垣島から出航して二日ほどで台湾へ行く予定だったことを考えると随分と長い間西表島に停

事件について解説する大田さん。

泊していたことになります。これは、この近海では米軍の空襲が激しかったためだろうと考えられます。石垣島出航から三日後の七月二日午後七時頃、第一千早丸、第五千早丸の二隻は西表島を出航しました。

――西表島を出港してからは、順調だったのですか？

大田さん　ええ、しばらくは。二隻の船は波もなく風も静かな中、台湾へ向かっていました。疎開者の中からは楽しそうな歌声も聞こえていたといいます。西表島を出発して、この時はすでにお昼頃でした。普通は夜航行するのですが、当初の予定よりも随分時間がかかっていたので先を急ぐことにしました。台湾の島影も、見えていたでしょうからね。しかし午後二時頃、一機の米軍機が第一千早丸と第五千早丸を発見し、機銃掃射を始めました。そのうえ何度も旋回して、二隻の民間船を攻撃したのです。この機銃掃射により、多くの人々が犠牲になりました。残念ながら、具体的な犠牲者数はわかっていません。

――船はどのような被害を受けたのですか？

大田さん　この機銃掃射により第五千早丸は炎上し、沈没します。一回目の攻撃で第五千早丸は沈んだと証言している人もいるし、何回目かで沈んだと証言する人もいます。しかし後に米軍が持っていた写真を見ますと、第五千早丸は一回目の攻撃ではまだ沈んでないように見えます。その写真をルーペ等で良く見ると、海に油が流れこみ、第五千早丸の船体が燃えてるのですが、その周りにたくさんの人が見えます。炎上する船から海に逃れた人たちだと思われます。しかし海へ飛び込んだ人の中でも怪我をしていたり、体力のない人は溺死してしまいました。第一千早丸と第五千早丸は櫓を組んで機関銃を置いていたため、軍の船と間違えられたのではないかと言われています。実際、二隻には水軍兵も乗船していたのでこの機関銃で応戦しています。

第五千早丸は沈没し、第一千早丸は、沈没は免れたもののエンジンが故障し航行不可能となりました。しかし機関長たちの夜を徹しての修復作業により、攻撃を受けてから二日後の七月四日にエンジンが再稼動します。そして、さてこれからどこへ行くか島民たちと水軍兵とで議論になりました。選択肢としては、このまま台湾へ行くか、近くにある魚釣島で休養を取るか、という二択でした。大半の人が遭難した所から近い魚釣島を選択しました。そのため一度魚釣島へ行き休養を取ってから、石垣島へ連絡を取ろうということに決まりました。しかし、九死に一生を得てたどり着いた魚釣島で待ち受けていたのは、厳しい環境と食糧難による飢餓だったのです。

魚釣島での生活

――魚釣島にたどり着いた人々は、最初どうしたのですか？

大田さん　魚釣島にたどり着いた人々は、まずは石垣島へ連絡を取らねばということで、七月七日第一千早丸で石垣島へ出発しました。しかし途中で再びエンジンが故障し、船員たちは船を放棄して小船で命からがら魚釣島に引き返しました。尖閣近海は潮流が激しいため、彼らは船を放棄せざるを得なかったのです。以後連絡手段を失い、遭難者たちは孤島に閉じ込められることになりました。

――魚釣島での生活はどのようなものだったのですか？

大田さん　人々は、岩陰を利用してクバの葉っぱを上に乗せた簡単な小屋で生活していました。これは家族ごとに作ったようです。最初は各自が持ってきた食糧を提供し合って共同自炊をしていましたが、次第に食糧は尽きていきました。二週間後には共同自炊は中止され、食事は各自家族で自炊することになりました。この頃から、人々は食糧を巡って仲違いを始めました。それからは野生の長命草、ニガナ、アダンの芯、クバの若芽が食糧の中心となりました。尖閣近海は潮流が激しいため、漁もできません。漂着してから三十日ぐらい経つと、島にあった食糧もいよいよ底を突き、人々は栄養失調で次第に衰弱し、餓死者が出始めました。遺体はクバの葉をかぶせ石を積み、埋葬するだけのものでした。また、次第に遺体を運ぶ側の人々の体力も衰え、最後は遺体を岩陰に置くだけの風葬となりました。このままでは全員餓死してしまうということで、遭難者たちは他の島に連絡を取るための船を作ることにしました。

――どのように船を作ったのですか？

大田さん　この遭難した人たちの中に船大工がいて、大工道具も持っていました。その人や動ける人たちは力を合わせ、打ち上げられていた難破船から板や釘等を集めて船を作りました。帆は、女性たちが疎開する時に持ってきていた着物や織物を提供し合い、作りました。この必死の作業により十五日ほどで全長五メートルの船が完成しました。

それから遭難者と水軍隊代表の話し合いでどの島に連絡

を取るかを決めました。遭難者は魚釣島からは台湾が近いため台湾に向かうべきだと主張し、水軍隊は潮流の関係で台湾に向かうのは難しく、石垣島へ向かえばコースがずれても宮古島に連絡が取れるはずだと主張しました。この話はしばらく平行線をたどったそうです。しかし結局は水軍隊の人たちに一任しようということになりました。水軍隊九人が「決死隊」を編成し船に乗り、魚釣島から石垣島までその船を漕ぐということになったのです。

――決死隊はどのように石垣島までたどり着いたのですか？

大田さん　八月十二日夕方、魚釣島から石垣島へ出発しました。決死隊を乗せた船は魚釣島を出てから順風を受けて走っていきました。しかし翌日は風が凪ぎ、進むのが困難となり必死で漕いだそうです。途中米軍機が低空飛行でやってきた時は、船を転覆させ遭難を偽装し米軍機が去るのを待ちました。このような偽装転覆を三回も繰り返し疲労で体力も衰え始め、石垣島にたどり着けるのかという不安と恐怖に苛まれながらも、彼らは航行を続けたそうです。そうして魚釣島を出発して二日後の八月十四日午後七時頃、船は一七〇キロの荒波を越えて石垣島の川平湾にたどり着きます。

帰島

――石垣島にたどり着いた決死隊は、最初に何をしたのですか？

大田さん　決死隊が川平湾に到着し、群生御嶽《ゆぶしいおん》に駐屯していた陸軍旅団に、魚釣島で起きている惨状を報告しました。その頃すでに日本は終戦を迎えていましたから、すぐに救助船を出すことができました。旅団は魚釣島で起きている惨状を聞くとすぐに、水軍隊に魚釣島に遭難者たちを救助に行くよう命令を下しました。それから遭難者たちの家族にも連絡をしました。家族たちは、彼らはもう死んでいるものとして葬式を済ませていました。水軍隊も、兵士全員の告別式を済ませ白位碑をたてていました。この遭難者たちの生存の報せは瞬く間に島中を駆け巡り、島民に喜びをもたらしたそうです。

――決死隊が石垣島にたどり着いた頃、魚釣島の人々はどうしていたのですか？

大田さん　その頃魚釣島では決死隊を送り出し、その安否を気遣う人々がまだ待っていました。ある日、突然飛行機の爆音が聞こえたので、人々は米軍機の空襲かと岩陰に身を潜めていると日の丸マークがついた日本軍の戦闘機でした。飛行機からはビスケットや金平糖などが投下されました。救助船が向かう間に新たな餓死者が出ないよう、陸軍旅団が食糧を投下するよう命じたものと思われます。この飛行機は第八飛行師団のものではないかと言われていますが、記録が見つかっていないので詳細はわかりません。

――遭難者たちはいつ帰島できたのですか？

大田さん　八月十八日、魚釣島には水軍隊隊員らを乗せた救助船三隻が到着し遭難者たちを保護しました。しかし、救助船には必要最低限のものしか持ち込めず、海岸に埋めた遺骨などは持って帰ることはできませんでした。救助に来た水軍隊からは、重症患者は魚釣島に残していけとも言われたそうです。

尖閣諸島付近は天候や潮流の変化が著しいため救助船は遭難者を乗せると直ちに石垣島へ向けて出航しました。しかしこの時、まだ魚釣島に取り残されている人たちが三人いました。彼らは他の島へ食糧を取りに行っていたのです。彼らのうち一人は魚釣島で死亡し、二人は台湾漁船に救助されました。石垣島へ帰島した人々は救助船に乗り込む際、「皆乗っているだろう」ぐらいにしか思わなかったのでしょう。皆極限状態だったがゆえに起きた悲劇ともいえます。

八月十九日午後、遭難者たちを乗せた船が石垣島の桟橋に着きました。遭難者たちのあまりに変わり果てた姿に、誰が誰だか親兄弟さえ見分けがつかないぐらいだったそうです。遭難者の中には、帰島してこれまでの空腹を満たすかのように衰弱した体で食べ物を詰め込み、消化器障害を起こして死亡する者や、衰弱した体が回復せずそのまま死亡する者も出ました。遭難者たちの体力が完全に戻るまでには、多くの時間を要しました。

未だわかっていない被害の全貌

――なぜ未だに正確な犠牲者数がわからないのですか？

大田さん　第一千早丸や第五千早丸に乗船した人々の正式な人数は未だわかっていません。乗船者名簿がないからです。石垣市新川に、尖閣列島戦時遭難事件の犠牲者の名前が刻まれた慰霊碑がありますが、あの中には台湾人や朝鮮人の名前は見当たりません。たくさんの台湾人や朝鮮人が乗っていたという証言もありますし、一人も亡くなっていないということはないと思うのです。

また、何を食べていたのかも本当のところはわからないのです。生後十カ月の赤ちゃんや女性なども、約五十日間の苛酷な生活の中でちゃんと生き残っています。クバの若芽やニガナ等の草だけを食べていただけでは、とてもそんな日数生きていることはできないはずです。この事件についての明確な資料はありません。遭難者たちは長い間証言を残すことを拒んできました。それもそのはずです、辛い記憶を思い起こすことはしたくないですから。おそらくこの事件の認知度は、この石垣島でも低いと思います。だからこそ、未だにこの事件は被害の全貌が明らかになっていないのです。

――尖閣列島戦時遭難事件を通して、今の若者に伝えたいことはありますか？

大田さん　事件が起きた当時は石垣島が安全じゃないから、政府はよその安全な所に行きなさいということで、住民を疎開させたわけです。それぐらい、当時の戦況を考えると日本は危険だったのです。しかし疎開に出るといっても、海には米軍の潜水艦がたくさんいて、危険だったのです。空だって同じです。戦闘機が飛んでいて危険でした。逃げる所は、どこにもなかったのです。戦争が始まったら、もう終わりなのです。だから戦争をしてはいけないのです。争いになりそうだったら、奪い合うのではなく、どちらも歩み寄って話し合えばいいのです。今の若い人たちには、戦争の危険性を知ってほしいのです。

また戦争を起こし、悲劇が繰り返されるようなことは、何よりこの事件の犠牲者が望んではいないはずです。

取材後記

「尖閣列島戦時遭難事件」という事件を知っている方はどれくらいいるだろうか。私がこの事件を知ったのは、二〇一二年九月頃である。テレビでは連日、「尖閣諸島近海で日本の船と中国の船が警戒し合っている」というニュースが流れていた。「なぜ領有権を巡って台湾や中国と争っているのだろう」。そう思った私は図書館で尖閣列島の歴史について調べ始めた。調べていくうちに、領有権問題が浮上したのが一九七〇年頃だということがわかった。そしてそれよりも二十六年も前の太平洋戦争中、「尖閣列島戦時遭難事件」という事件が、尖閣列島で起きていたことを知った。石垣島から台湾へ疎開する船が米軍機の攻撃によって破損、魚釣島に漂着し、五十日間の遭難生活を送った、という事件だ。この事件についての証言はわずかにしか残されておらず、いまだに詳細がわかっていないという。「いったいどういう事件なのだろう」。それが、私が尖閣列島戦時遭難事件に興味を持ったきっかけだった。

それから尖閣列島戦時遭難事件をインターネットや過去

の新聞記事などで調べ始めた。しかし、過去の新聞記事を手繰っても全国紙では取り上げられた形跡はほぼない。この事件についての書籍も、私が調べた限りは全国にたった一冊のみだった。その本は『沈黙の叫び』（南山舎）。私はその本を購入した。そこには遭難体験者の悲惨な証言が集められていた。「台湾へ疎開中米機から攻撃され、たった今目の前で話していた人が次々といなくなって、その人の血や肉が自分に降りかかってくる」。「やっとの思いでたどり着いた魚釣島では、食糧がなく飢餓に苦しんだ」。そんな証言の数々を読んでいると、胸が苦しくなった。「もっと詳しくこの事件のことを知りたい」。その一心で石垣島に行くことを決めた。

私は石垣島で、どうしても会いたい人がいた。それが大田静男さんだった。ほぼゼロと言われている尖閣列島戦時遭難事件の資料の中には、何枚か米軍側が撮影した写真がある。それらは米国公文書館に残されている。その写真を発見したのが、大田静男さんだった。二〇一二年十一月四日、石垣市内で大田さん主催の催しが開かれると聞き、そこへ伺うことにした。

私は大田さんとの話を終えてから、気になっている言葉があった。「この事件は石垣島民でさえ知る人は少ない」という言葉だ。私は福岡県出身だが、この事件についてはまったく知らなかった。東京都出身の友人に聞いても、私の周りには誰一人いなかった。そこで、石垣島の人々にこの事件の認知度調査を行った。対象は石垣島内にいる人とし、年齢や職業、出身地を問わず、尖閣列島戦時遭難事件を知っているかということを聞いていった。島内を歩きながら、すれ違う人、すれ違う人に尋ねた。北は北海道、南は沖縄県黒島まで、一四三人にインタビューした。その中で、この事件を聞いたことがあると答えたのは三十三人。しかし事件の内容を詳しく知っていたのはわずか十四人だった。また、出身地別に見ていくと石垣島で生まれ育った人々が特別にこの事件を知っているわけではなかった。「この事実はいつか風化してしまうのだろうか」。私はそう思った。

その後、私は石垣市新川舟蔵にあるという慰霊碑を目指して歩いた。慰霊碑といえば公園等の中にあり、目立つ場所に立っているものだと、私は思っていた。舟蔵は一本道の両脇に、さとうきび畑が広がっている見通しのよい地区だった。しかしいくら歩いても、一向に慰霊碑は見えてこない。ついには舟蔵地域の端にまできてしまった。サトウキビ畑にぽつりと建っている黄色い建物の中に入り、「尖

尖閣列島戦時遭難事件死没者の慰霊碑。菊の花が供えられていた。

閣列島戦時遭難事件の慰霊碑はどこにあるのでしょうか」と尋ねた。すると、「この建物の裏にある、細い道を進んで行った所で慰霊祭をやっていましたよ」と言われた。そこで建物の裏手に回ってみると、海が広がっていた。私が歩いていた一本道から見るとそこは駐車場のようにしか見えなかったのだが、確かに細く道がつながっていた。その道をまた奥へ行くと、林のようになっている。そこに本当にひっそりと、慰霊碑が建っていた。

慰霊碑に刻まれていた名前の数は、八十。その中には同じ苗字の名前が目立った。大田さんは、家族ごとに疎開していたと言っていた。家族もろとも亡くなってしまったのだろう。筆舌に尽くし難いほど辛く苦しい状況の中で、遭難者たちは生き抜くために何を思ったのだろうか。そっと慰霊碑に触れてみる。壁面に、鮮やかな黄色い菊の花が写っていることに気づいた。慰霊碑の両脇に誰かが菊の花を供えていたのだ。見るととても新しいものだった。犠牲になった人々の遺骨は、ここにはない。しかしその人々の平和への思いは静かに、強く受け継がれているのだと、菊の花は教えてくれた。

大田さんの、「悲劇を繰り返すようなことは、誰よりもこの事件の犠牲者が望んではいないはずです」という言葉を思い出した。菊の花の鮮やかな黄色を目に焼き付け、手を合わせてから、私は慰霊碑を後にした。

注

（1）一九四三年に石垣市内で建設が始められた飛行場。

参考文献

・尖閣列島戦時遭難死没者慰霊之碑建立事業期成会『沈黙の叫び』南山舎、二〇〇六年七月三日。

取材日▼二〇一二年十一月五日

第二部

戦後の沖縄

「沖縄福祉の母」島マス

――受け継がれるチムグリサンの心

証言1 **南條喜久子** ▼南條喜久子バレエ研究所代表・七十五歳

証言2 **知花徳盛** ▼沖縄県老人クラブ連合会常務理事・七十三歳

証言3 **名嘉隆一** ▼島マス記念塾塾長・七十四歳

聞き手 **末包絵万**（中央大学法学部二年）

はじめに

　第二次世界大戦において、日本国内最大の地上戦が行われた沖縄。この戦争によって、民間人を含む約二十万人が犠牲になった。沖縄戦における組織的な戦闘は、一九四五年六月に終結したものの、沖縄に大きな爪痕を残した。沖縄戦によって、推定一万人以上の戦争未亡人、三〇〇〇人の戦争孤児が生み出された。彼らは、戦争のしわ寄せを一身に受けた。

　戦争未亡人の中には、老人や子供を養うため、米兵相手に身を売って生計を立てた人もいたとされる。戦争孤児や、基地周辺に住む子供たちの中には、食料を求めて米軍基地に入り、盗みを働く者や、基地周辺のバーに出入りし、売春を行う者もいたという。戦後の沖縄において、女性の売春と子供の非行問題は極めて深刻な問題だった。

　このような女性や子供を救おうと、立ち上がった一人の女性がいた。それが後に「沖縄福祉の母」と呼ばれることになる島マスさんである。

　私が島マスさんを知ったのは、二〇一一年の三月。東日本大震災が発生したばかりの時だった。この震災で大きな揺れ、余震、計画停電を経験し、被災地の惨状をテレビで目の当たりにした。私は、「これから日本はどうなってしまうのだろう」と、今までの人生で経験したことのないような、大きな不安を感じていた。

　そんな時に、私は島マスさんを紹介した書籍に出合った。そこには、島マスさんが戦後の時代に翻弄された女性や子供たちを救い、沖縄の人々の生活を一から立て直した、ということが書いてあった。戦争と災害はまったく別物だとは思うが、人々がこれまでの生活を奪われてしまったという点で、私は戦後と震災後の状況に何か重なるものを感じずにはいられなかった。「島マスさんは、どうやって戦後の沖縄を立て直したのだろう……」。私は島マスさんのことがとても気になった。島マスさんから、今に通じる何かを学べないだろうか。そう思った私は、沖縄で彼女の生涯を追いかけることにした。

福祉の道へ進むまで

　島マスさんは、一九〇〇年に、現在の沖縄県うるま市に生まれた。生家は、小作と日雇い労働で生計を立てていて、とても貧しかった。十五歳の時、沖縄県女子師範学校へ進学。島マスさんの両親は、寮費の高い学校へ通うことを大反対したが、それを押し切っての進学だった。島マスさんは、苦学しながらも無事学校を卒業し、小学校教師になった。そして、二年後に結婚。教師を続ける傍ら、八人の子供を育てた。貧しい生活ではあったが、円満な家庭を築いていた。しかし、一九四五年三月、沖縄戦が始まる。島マスさん一家は、疎開中に爆撃を受け、戦場を逃げ惑った。一家は、命からがら山の中に避難し、そこで大規模な戦闘が終わるまでを過ごしたという。しかし、長男は兵隊に駆り出されて戦死し、次女は空襲に巻き込まれて、死んでしまった。

終戦後、島マスさんは、戦前と同じように小学校教師を続けた。町中には、戦争未亡人が多くいた。家族を養うため、売春を行っている女性たちがいる現実を見て、島マスさんは心を痛めていた。そんな折、越来村《ごえくそん》（現在の沖縄市）の村長から「売春防止の事業を行う婦人会の会長になってくれないか」と依頼を受ける。島マスさんは、三十一年勤めていた教職を辞め、福祉に生きることを決心。そして、一九四八年、婦人会会長となった。ここで島マスさんは、寄付を募って編み機を購入し、売春を行う女性たちに編み物の技術を教えた。島マスさんはそうやって、売春を行っていた彼女たちを正業に就かせたのだ。その後、軍政府か

「沖縄福祉の母」と呼ばれる島マスさん。
出典：島マス先生回顧録編集委員会編『島マスのがんばり人生　基地の街の福祉に生きて』島マス先生回顧録編集委員会出版、1987年。

島マスさんの略歴

1900年…現在の沖縄県うるま市に生まれる。

1919年…沖縄県女子師範学校(1)本科第一部を卒業し、小学校教諭となる。

1948年…教職を離れ、越来村《ごえくそん》（現在の沖縄市）の婦人会会長となる。その後、越来村駐在の厚生員となる。

1952年…民間の一時保護所として胡差《こざ》児童保護所を設立。公務員のまま、教母(2)を兼任する。

1953年…民間の女子教護施設(3)としてコザ女子ホームを設立、こちらも教母を兼任。

1957年…児童保護所の仕事を退職後、中部地区社会福祉協議会(4)の専任職員となる。

1958年…中部地区社会福祉協議会の事務局長となる。

1966年…中部地区社会福祉協議会が沖縄県社会福祉協議会に統合され、沖縄県社会福祉協議会中部地区事務所所長となる。その後、沖縄県社会福祉協議会中部地区事務所所長を退職。

1970年…中部地区婦人福祉友の会(5)を結成するなど、その後も福祉の活動を継続する。

1979年…琉球新報賞(6)など数多くの賞を受賞する。

1988年…88年の生涯を閉じる。

ら越来村駐在の厚生員に任命され、救援物資分配のための生活実態調査などを行った。

島マスさんは、厚生員を務めながら、非行に走って逮捕された子供たちにも目を向けた。当時、米軍基地に侵入し窃盗容疑で捕まった子供たちは、軍裁判にかけられ、成人と区別されることなく裁かれていた。児童福祉法や少年法は存在していなかったためだ。

島マスさんはそんな子供たちを救おうと、子供たちの特別弁護人として軍裁判に立ち会った。子供たちの成育歴、悲惨な生活実態を調書にまとめ、それを元に、子供たちを保護するよう、米軍に訴えた。島マスさんは、子供の人権と将来を守ろうと努めたのだ。

しかし、それらのやり方では、子供たちを本当の意味で救うことはできなかった。確かに、島マスさんの手によって、多くの子供たちが罪に問われずに済んだ。だが、その後彼らを待ち受けていたのは、依然として自力で食べ物を手に入れなければ生きていけない状況だった。そのため、仕方なく犯罪を繰り返す子供も多く、島マスさんは、軍裁判で、何度も同じ子供に会った。

彼女は、こういった現実にひどく心を痛め、彼らを救うために、自宅で子供たちの面倒を見ることにした。とはいえ、自宅で面倒を見ることができる人数には、限界があった。そこで彼女は、行く当てのない児童を保護収容するための一時保護所を作ることにした。こうして一九五二年、胡差《こざ》児童保護所を設立させた。

コザ女子ホームとは

ところが、胡差児童保護所には大きな問題があった。一時的な保護だけでは、女子には不十分だったのだ。男子には、職業学校など、一時的に保護した後に送る先があったものの、女子の場合は一時保護所の後に受け入れる施設がなかったからである。そこで、長期にわたって少女たちが生活できる女子救護施設を作る必要に迫られ、一九五三年七月、コザ女子ホームが開所された。島マスさんは、子供たちが将来自立して生きていけるように、コザ女子ホームを家と学校の両面を持った施設にしようと考えた。しかし、設立当初、琉球政府からの支援は一切なく、子供たちを指導する人を雇うことができなかった。そのため、子供たちの指導を行ったのは皆、自ら名乗り出たボランティアの人々だった。一九五三年から一九五六年まで(7)に、四十九人の児童が収容された(8)。

（末包）

コザ女子ホームでボランティアをしていた人の中に南條喜久子さんという方がいる。南條さんは一九五五年の一年間、コザ女子ホームに収容されていた子供たちに児童舞踊を教えていた。彼女に当時のお話を伺った。

証言1 ▽ 南條喜久子

コザ女子ホームとの出合い

――南條さんはコザ女子ホームで子供たちに舞踊を教えられていたそうですが、そのきっかけは何だったのですか？

南條さん 私が二十歳ぐらいの時に、私から島マスさんに「コザ女子ホームの子供たちのために、何かお手伝いをさせてほしい」とお願いしたことがきっかけでした。

コザ女子ホームの存在を知ったのは、私がよく歩いていた通りに、コザ女子ホームがあったからです。ただ、見た目がごく一般的な民家だったので、最初は普通の家だと思っていました。しかしよく見てみると、一つ屋根の下に、年代の違う女の子たちがたくさんいたんです。私はいったいどのような家なのか気になって、その家の近所に住んでいる人に聞いてみました。そこで、あの家が、コザ女子ホームという、戦災孤児や売春などの非行を行った少女たちを預かっている施設だということを知りました。

ますます興味を持った私は、島マスさんのところに直接伺い、何かお手伝いできないかとお願いしました。私は舞踊をやっていたので、「それなら舞踊を教えてください」と島マスさんに言われました。こうして、私はコザ女子ホームで舞踊を教えることになりました。

――なぜコザ女子ホームに興味を持ったのでしょうか？

南條さん 私が興味を持った背景には、沖縄戦があると思います。幸い、私は戦争で命からがら生き残り、孤児にもなりませんでした。しかし、戦争の間はいつ孤児になってもおかしくない状況でした。だから、家族と生活ができ

コザ女子ホームでボランティアを行っていた、南條喜久子さん。

証言者の略歴

南條喜久子 ▷1935年生まれ。南條喜久子バレエ研究所代表。
1955年から１年間、コザ女子ホームで、ボランティアで子供たちに舞踊を教えていた。

ない子供たちのことを、他人事とは思えなかったんです。

——島マスさんに初めてお会いした時の印象は、どうでしたか？

南條さん　最初の印象は、普通のおばちゃんという感じでした。とても親しみやすい印象でした。

コザ女子ホームでのボランティア

——コザ女子ホームで、子供たちはどのように過ごしていましたか？

南條さん　コザ女子ホームでは、七、八人ほどの子供たちが、集団生活をしていました。食事以外の家事は子供たちが自分でやっていて、寝る時は、一つの部屋で雑魚寝していました。時間割がしっかりと組まれていて、日中は子供たちはいろいろな授業を受けていました。

——南條さんが教えられていた舞踊の他には、どのような授業がありましたか？

南條さん　舞踊の他には、英語、国語、作文、算数、社会科、図画、音楽、家庭科、作法、園芸、生花、華道、手芸、和裁、洋裁などがありました。

——子供たちは、どのような様子でしたか？

南條さん　子供たちは生き生きと、楽しそうに過ごしていました。女子ホームの子たちは、皆、島マスさんに警察や福祉事務所から連れてこられるまでは、窃盗、売春などをしなければ生きていけない状況にいました。それはとても苦しく、辛かったと思います。だからこそ、女子ホームでの生活は、すごく楽しそうでした。子供たち同士もとても仲が良かったです。舞踊を教えている時も、子供たちはお互いに目配せしながら、一緒に踊っていました。競争せず、お互いに助け合っていて、まるで兄弟のようでした。

——コザ女子ホームでの島マスさんの様子はどうでしたか？

南條さん　島マスさんはいつも白い割烹着《かっぽうぎ》を着けていて、女子ホームの子に対して、我が子のように接していました。甘えん坊な子供が抱きついてきた時は、自分の子供を見るような優しい目で見ていました。女子ホーム出身の子供が結婚した時も、実の母親のように、その結婚を喜んでいました。子供が抱きついて来た時や、子供たちの嬉しい知らせを聞いた時に見せる島マスさんの笑顔は、とてもきれいで美しかったです。

——コザ女子ホームで島マスさんと接する中で、何か感銘を受けたことはありますか？

南條さん　女子ホームを運営することは、体力的にも精神的にも辛かったと思うんです。ですが、そのことに対して島マスさんから愚痴を聞いたことは、一回もありませんでした。島マスさんは、子供に対していつも優しく、笑顔で振る舞っていました。例えば、子供が女子ホームから逃げ出した時もそうでした。売春を犯し、大人への不信を拭い去ることのできない子供たちが、夜中に逃げ出すことが時どきあったんですね。そんな時、島マスさんは、講師たちと一晩かけて、町中を捜し回っていました。その子たちを毎回捜し回るのは、かなり大変なことだったと思います。しかし島マスさんは、そうやって捜し回った翌日でも、決して子供たちに疲れた様子を見せることはありませんでした。島マスさんはいつもと同じように、明るく平然と子供たちと接していました。そういった様子を見て「本当にすごい方だなあ」と思いました。

――島マスさんの子供への接し方で、印象に残っているものはありますか？

南條さん　島マスさんは子供たち一人ひとりをとてもよく見ていました。何かを教える時も、授業時間で縛るのではなく、一人ひとりを見て、その子の能力に合わせて教えていました。例えば手芸の授業では、早々と課題を仕上げてしまう子もいれば、授業時間が終わってもなかなか仕上がらない子もいました。

島マスさんは、そういった子供にも途中でやめさせずに最後までしっかりとやらせていましたね。そのような島マスさんの子供への接し方が、とても印象に残っています。

――そういった島マスさんの接し方や教え方を見て、どう思わ

白い割烹着を着た島マスさん。出典：島マス先生回顧録編集委員会編『島マスのがんばり人生　基地の街の福祉に生きて』島マス先生回顧録編集委員会出版、1987年。

沖縄市胡屋《ごや》の一角。かつて、この辺りにコザ女子ホームがあった。

れましたか？

南條さん　衝撃的でした。私は、島マスさんに出会うまで、人に何かを教えるうえでは、規律を守ることが一番大切だと思っていました。しかし、島マスさんは、先ほどお話ししたように、規律よりも子供の能力を尊重した教え方をされていました。ですから、島マスさんの指導の仕方を見て「こういう教え方もあるんだ」と衝撃を受けたんです。

今、私はバレエの教室を開いているのですが、島マスさんと同じように、一人ひとりの能力を尊重するということを心がけて教えています。コザ女子ホームでボランティアをしていた時からもう五十六年も経ちましたが、あの時感じた衝撃が、今も私の中で生きているんです。

島マスさんへの思い

――コザ女子ホームでボランティアをされて、何か得られたと思うものはありますか？

南條さん　私は昔から継続的に、児童養護施設にわずかの寄付をしているのですが、今までの人生を振り返ってみても、無意識のうちに何かしらの形で児童福祉の活動を続けているんですね。私が今でも福祉に関心があるのは、島マスさんの思いや教えが体に入っているからだと思います。

戦後すぐの時代は、とても困難な時代でしたけど、「できないことはない。やればできる。難しいことほどやりがいがある」ということを、島マスさんから教わりました。島マスさんの活動に関われたことが、私の宝物です。

――南條さんは、島マスさんの行動を、どのように思いますか？

南條さん　島マスさんは、傷ついた子供たちに生きる希望を与えて、本当にすごい方でした。でも、島マスさんは決して自分の行動を特別なものだとは思っていなかったと思うんです。島マスさんは、「人は人に支えられないと、生きていけない。だから人が人を支える活動である福祉は、当たり前のものだ」という考えをお持ちのようでした。ですから、彼女自身はただ当たり前のことをやっているつも

取材中の様子。

りだったと思います。

――島マスさんは「沖縄福祉の母」と言われていますが、そのように思いますか？

南條さん 「沖縄福祉の母」は島マスさん以外に考えられません。コザ女子ホームの子供たちは、おそらく島マスさんなしでは、社会に出られなかったと思います。子供たちにとって、島マスさんは故郷です。島マスさんは当然のことをしたとしか思っていないかもしれませんが、当然だという気持ちだけであれだけの活動ができたのは、島マスさんだからだと思います。そういった点で、島マスさんは「沖縄福祉の母」であると思います。それから、人を育てることに関しては、島マスさんはいつまでも、私の大先輩ですね。

＊

島マスさんが、コザ女子ホームを設立してから二十六年後の一九七九年。島マスさんは青少年保護と更生保護事業を評価され、琉球新報賞を受賞した。後日、新聞の投書欄に、「更生の母に送る詩」と題した、匿名の文章が届いた。それはコザ女子ホーム出身の女性が書いた、島マスさんへの思いだった。

「お母さん　あなたの尊い心が
きらきら輝いています
愛と夢をもぎとられ
悪の吹き溜まりへと
引きずられたあわれな幼魂に
心のぬくもりと人の道を開いて
優しくさとしてくれたあなた

お母さん　あなたの成す業が
きらきら輝いています
己の生活をも捨て
日夜地獄の底をさまよう幼魂に
限りない愛と生きる喜びを
さとした寛大なあなた

おお母よ　あなたのはぐくむ果てなき愛は
あわれ傷心のさとりを知らぬ幼稚な者らに
博愛の心を開き安らぎを与え
悪を成す業を心から憎み
正道を愛した勇気あるあなた

おお母よ　あなたの愛は
新しい愛の息吹を注ぎ
見事に芽生えました

おお母よ　あなたの愛は尊く
その業は偉大でした
お母さん　心の愛をありがとう」

島マスさんは後に、「どんなお祝いのことばよりも、この匿名の投書に感動しました」と述懐している。

中部地区社会福祉協議会へ

コザ女子ホームは、一九五四年に政府が管理する沖縄実務学園女子部となった後、中央児童相談所に合併された。合併後も、そこで職員として働いていた島マスさんだったが、一九五七年、その仕事を退職した。沖縄群島社会福祉協議会から「中部地区社会福祉協議会（以下、中部社協）で、市町村社協の指導育成にあたってほしい」との依頼が来たためである。島マスさんは沖縄福祉の基礎を作り上げるためにその依頼を引き受け、中部社協の専任職員となった。そしてその翌年の一九五八年には、中部社協の事務局長に就任する。

島マスさんは中部社協の事務局長として、「総合社会調査[9]」を精力的に行った。その調査の代表的なものが、十五の問題事項において、市町村ごとの数値を色分けして示す「中部地区社会福祉地図[10]」だった。このような取り組みの根底には、島マスさんの「福祉の観点から今現実的に何が必要かを明確に打ち出すためには、実態を押さえることが重要だ」という考え方があった。またそれらの調査結果は、行政に対する説得力を持っていた。彼女は「福祉の問題を解決していくうえでは、熱意だけではなく、冷静な視点も必要だ」という信念を持っていたのだ。

沖縄中部地区の実態を調査し、行政に働きかけ、福祉の基礎を築いていった島マスさん。その頃中部社協で彼女と仕事をともにし、後に沖縄県社会福祉協議会中部地区事務所の所長職を島マスさんから引き継いだ人物がいる。知花《ちばな》徳盛《とくせい》さんだ。彼に当時の島マスさんについてお話を伺った。

証言2 ▽ 知花徳盛

中部社協での島マスさん

——中部社協で、島マスさんは、どのようなことを行ったのですか？

知花さん　島マスさんは、社会調査などを行いながら、児童福祉の問題や生活保護の問題を理論的、科学的に分析されていました。その他に、一九五九年には「中部地区社会福祉事業研究会」というものを作りました。この中部地区社会福祉事業研究会というのは、地区内の福祉従事者が、社会調査の結果を基に、福祉行政や中部社協活動の進め方について議論を行える場で、福祉問題の認識を共有するための重要な場でした。また、これとは別に、島マスさんは、琉球政府の福祉事務所を借りて、若者たちのために、福祉理論の勉強会なども行っていました。この勉強会は、「島学校」と呼ばれていました。私も、週に何回も島学校に通い、福祉の理論を学びました。さらに、島マスさんは、各市町村福祉関係者・幹部を東京の社会事業大学を始め、本土の福祉先進地に積極的に派遣させたりもしていました。福祉の制度を整えていくうえで、これから福祉を担う人たちにはきちんと福祉の知識を持っておいてもらいたかったのだと思います。

島マスさんは、中部社協の事務局長として沖縄の福祉の先頭に立たれ、福祉を発展させるためにはどうすればいいか、常に考えていらっしゃったように思います。

かつて島マスさんとともに仕事をしていた、知花徳盛さん。

証言者の略歴

知花徳盛　▷1937年生まれ。沖縄県老人クラブ連合会常務理事。
1966年、島マスさんから沖縄県社会福祉協議会中部地区事務所の所長職を引き継いだ。

——中部社協の中で、島マスさんはどのような存在でしたか？

知花さん　中部社協で、島マスさんには「ヤナハーメーグワー」（沖縄の方言で、「嫌なおばちゃん」などの意味）という何とも嫌なニックネームがつけられていました。中部社協の職員は、自分の担当だけで手一杯なぐらいに仕事があったんです。しかし、島マスさんは、そんな職員にも容赦なく社会調査の仕事をやらせていました。島マスさんが仕事を持ってくると、「ああ、またこの調査か」といった声が上がっていましたね。しかし、そうやって文句を言いつつも、皆きちんと仕事をしていました。それは、島マスさんの人柄といいますか、島マスさんが人に何かをさせる力を持っていたからだと思いますね。本当にバイタリティに溢れる人で、ものすごくパワフルな方でした。

――島マスさんとの思い出はありますか？

知花さん　島マスさんに福祉の理論を学ぶため、島学校に通っていた時、私は、とても痩せていたんです。仕事を一生懸命にやり過ぎて、あまり食事を取っていなかったからかもしれません。島マスさんはそんな私を心配して、会うたびに、近所の中華料理屋で私にごちそうしてくれました。あと「出勤する前に私の家に寄るように」とも言われていて、行くと青汁を飲ませられました（笑）。本当に母親のような方でした。島マスさんも、私を自分の息子のように思っていてくれたのではないかと思います。

中部社協の職員には、「強引だ」と言われるほど、厳しく仕事をさせる部分もありました。しかしそのように厳しく仕事をさせていたのも、すべて沖縄の福祉を良くするためであり、後輩である私たちを成長させようという強い意志があったからだと思います。島マスさんは厳しさの裏に、思いやりを持っている方でしたね。

中部社協を引き継ぐ

――島マスさんは、いつまで事務局長をされていたのですか？

知花さん　島マスさんは、一九六六年の七月まで事務局長をされました。というのは、その年に、中部社協は解散し、沖縄県社会福祉協議会（以下、沖社協）に統合され、沖社協中部地区事務所となったからです。島マスさんの肩書きも、中部社協事務局長から、沖社協中部地区事務所所長へと変わりました。体制が大きく変わり、島マスさんは、沖縄の福祉が新たな転換を迎え、自身の仕事も若い人に引き継ぐべきだと考えていらっしゃいました。中部社協が沖社協に統合されてから一カ月ほどで、島マスさんは事務所長職を退きました。その後、私は島マスさんに頼まれて、事務所長職を引き継ぎました。

――その時は、どのような気持ちでしたか？

知花さん　島マスさんは、九年間、中部社協と沖社協中部地区事務所の長を務め、沖縄の福祉の基礎を築かれた方でした。そのためその後を継ぐというのは、プレッシャーも大きかったです。しかし、私は、島マスさんから教わった福祉の理論を現実に活かして、沖縄をさらに良くしていきたいと思っていました。なので、プレッシャー以上に、「島マスさんが築かれた福祉の基礎を、私が確立していこう」という意気込みがありました。引き継いでからは、福

かつて沖縄県社会福祉協議会中部地区事務所が入っていた建物（沖縄市諸見里）。現在は沖縄市老人福祉センターとして使われている。

祉の拠点作りなどを精力的に行いました。

——知花さんは今も沖縄県老人クラブ連合会常務理事として沖縄の福祉に携わっていらっしゃいますが、島マスさんから受け継いだと思うものはありますか？

知花さん　私の中に根付いている福祉理論や、理論を行動に移す姿勢は、すべて島マスさんから受け継いだものだと思います。島マスさんに出会ったことが今の私を形作っていると強く感じます。

——島マスさんは「沖縄福祉の母」と言われていますが……？

知花さん　そう思います。戦争で何もかもがなくなってしまった沖縄で、島マスさんは一から福祉の制度を作り上げました。島マスさんは「頑張れ」とは一切言わず、「一緒にやろうよ」と言っていろんな人に呼びかけ、活動しました。島マスさんがいろんな人を巻き込んで実際に行動したからこそ、今の沖縄がある。「沖縄を良くしたい」という彼女の強い信念は間違っていなかったと思います。

島マスさんの精神は生き続ける

島マスさんは、沖社協中部地区事務所の仕事を退いた後も、青少年非行防止、母子家庭の支援を行う「中部地区福

祉婦人の会」を結成するなど、晩年まで福祉に関わり続けた。島マスさんは、生涯において、教職二十九年、公務九年、社会福祉事業に三十一年携わった。そして一九八八年、島マスさんは八十八年の生涯に幕を閉じた。

　しかし、島マスさんが亡くなっても、彼女の精神が途絶えてしまったわけではない。彼女が永眠した五年後の一九九三年、彼女の精神を受け継ごうと「島マス記念塾」という人材育成塾ができた。この島マス記念塾は、島マスさんが亡くなられて二十年以上経った今でも、活発に活動している。島マスさんの精神は、今も沖縄に生き続けているのである。

　島マス記念塾では、島マスさんの精神を、どのように受け継ごうとしているのか。それを知るために、私は、島マス記念塾に向かった。塾長をされている名《な》嘉《か》隆《りゅう》一《いち》さんに、塾の活動についてお話を伺った。

証言3 ▽ 名嘉隆一

――島マス記念塾は、いったいどのような塾なのですか？

名嘉さん　島マス記念塾は、島マスさんの精神を後世に受け継いでいくことを目的とした人材育成塾です。島マスさんの福祉理論、福祉哲学のほかに、沖縄の経済・産業、沖縄の文化と精神科学、沖縄戦概論、社会福祉、芸能社会学、コザ（沖縄市の前身）の文学、フィールドワーク、ディベートなどの講義を行っています。

　生徒の対象は、二十歳から四十歳の沖縄市在住、または沖縄市に勤務している人です。現在は十九期生でして、十九人の生徒がいます。生徒たちは皆社会人で、塾の外では様々な仕事をしています。卒塾していった方は三二五人ほどいますが、中には落語家の方もいらっしゃいました。

――「島マスさんの精神を後世に受け継ぐことを目的としている」ということですが、その精神とは具体的にどのようなものですか？

名嘉さん　大きく言うと、「チムグリサンの心」の精神と、「地域を調査し、提言する」ことを重視する精神の二つです。

　一つ目の「チムグリサンの心」は、「人の痛みを自分のことのように感じる」という意味で、島マスさんが生涯大切にされてきた精神です。これからを担う若者たちにも、この精神を持っていてもらいたいと思っています。

　二つ目の「地域を調査し、提言する」ということも、島マスさんがずっと持ち続けていた姿勢です。島マスさんが活動されていた米軍統治下の時代は、データがないと物が言えない時代でした。島マスさんは感情論ではなく、合理性の下で活動されたからこそ、福祉の基礎を築けたのだと思います。そのような彼女の持っていた「提言能力」を身に付けた人材を、記念塾から輩出していきたいと考えています。

――塾生に島マスさんの精神が受け継がれていると感じることはありますか？

名嘉さん　はい、あります。まず、三期生の仲村小夜子さんという方が、このような詩を書かれています。

マス先生、あなたの人間愛が縦糸ならば
私たちは横糸活動の場、世代、考え方の異なる様々な
横糸
理論的な横糸、実行力の横糸、遊び心の横糸
一本一本はバラバラで未熟だけれど
あなたの縦糸に出会い、ひとつの横糸に生まれ変わっ
た
そして今思う
あなたの愛に、先輩方の横糸とともに、布をおりあげ
ていきたい
『すべての人々が幸福に暮らしていけるまちづくり』
という織物を！

このような詩を書けるということは、島マスさんの精神を理解し、それを受け継いでいる証拠だと思っています。卒塾生で構成された「塾友会」は、先日東日本大震災のチャリティーのためにコンサートを開いていました。彼らがこうした活動を自発的に行うというのは、「人の痛みはわが心の痛み」とした「チムグリサンの心」が、彼らの心

島マス記念塾塾長の名嘉隆一さん。

証言者の略歴

名嘉隆一　▷1937年生まれ。島マス記念塾塾長。沖縄キリスト教会の会員。
戦後、島マスさんと同様に、児童養護施設の社会福祉法人基督教児童福祉会愛隣園を設立。現在は同園の理事長を務めている。

島マス記念塾について語る、名嘉さん。

にも根付いている証拠であると思います。また、卒塾生の中には病院の看護師長をされている方もいらっしゃいます。彼女は看護師長ですが、現場によく立つようにしているそうです。その理由を、彼女は「自ら現場に立っていなければ、現場にある問題は見えず、改善策を提案できないことを、島マス記念塾で学んだから」と言っていました。これはまさに、「調査し、提言する」ことを重視していた島マスさんの精神が受け継がれている証拠だと思います。

島マスさんと通ずるものを感じて

——名嘉さんは、島マスさんとお会いしたことはあるのですか？

名嘉さん　一度だけ会ったことがあります。私は教会で牧師もしているのですが、泡瀬カトリック教会という教会に、島マスさんが洗礼を受けにこられたことがあったんです。島マスさんを初めて見た時は、とにかく目つきが鋭い方だなと思いました。人の本質を見抜くような、印象的な目つきをされていました。

——たった一度しかお会いしていないのに、島マスさんの精神を受け継ごうとしているのはなぜですか？

名嘉さん　島マスさんと何か通じるものを感じるからです。実は、島マスさんがコザ女子ホームを設立した時期に、私もコザ女子ホームと同じような戦災孤児を保護する児童養護施設を設立していたんです。後から、彼女のしてきた活動を知って、同じ時代に同じようなことをやっていたことに、驚きました。そして私は、彼女ととても近いものを感じました。だからこそ、島マスさんの精神を受け継いだこの記念塾を、私が続けていかなければならないという使命感を感じたのです。

——名嘉さんにとって島マスさんはどのような存在ですか？

名嘉さん　一度しかお会いしたことはありませんが、常に私に挑戦してくるような存在です。私は十四年前から島マス記念塾の運営に携わっていますが、記念塾の運営が危なくなったことも、何回かあります。そんな時、私は島マスさんのことを思い出します。そうすると、「彼女の精神を途絶えさせてはいけない」というプレッシャーにも似た気持ちが湧き出てくるのです。そのようなプレッシャーがあったから、これまで危機を乗り越えてこられたのだと思います。そういった意味で、島マスさんは、常に私に何かを挑戦してくる方なのです。また、今思えば私の人生には、島マスさんの考え方が通底しているような気もします。

――島マス記念塾をこれからどうしていきたいですか？

名嘉さん　フィールドワークなど、より実践的な授業を行って、島マスさんがやってきた「行動に移す」という姿勢を、より生徒に身に付けさせたいです。そうやって島マスさんがやっていたことを若い人に伝えていかなければならないと思っています。これは私と、島マス記念塾の使命なのです。

――もし今、島マスさんにもう一度お会いできるとしたら何を伝えたいですか？

名嘉さん　「あなたの精神を受け継いだ島マスの子供たちが、今こんなにたくさんいるよ」ということを何よりも伝えたいです。私も、直接的な関わりはほとんどありませんでしたが、彼女の精神に育てられた、子供の一人です、と……。

取材中の様子。記念塾の壁には、島マスさんの肖像画が飾られている。
沖縄市社会福祉協議会で。

取材後記

今回の取材をした六月は、沖縄は梅雨の時期だった。暑くじめじめとした空気の中、私は沖縄の町をあちらこちら歩き回った。少し移動するだけで体は汗でびしょびしょになった。しかし、そんなことは気にならないほど、私は夢中で島マスさんの人生を追いかけた。

取材をするまで、私は不安に思っていたことがあった。島マスさんが亡くなって二十三年も経ってしまった今、果たして彼女のことを覚えている方がいるのか、彼女の人生を追うことができるのか、ということだ。しかし、私のこの不安は、取材を始めてすぐに消失した。

「島マスさんのことは、今でもはっきり覚えています」。そう話し始めた南條さんは、「コザ女子ホームの子供たちにとって、島マスさんは故郷だと思いますよ」と、優しい表情で語ってくれた。島マスさんとともに、中部社協で仕事をされていた知花さんは、「島マスさんがいたから、今の沖縄がある」と、何度もうなずきながら、話してくれた。そして島マス記念塾塾長の名嘉さんは、「島マスさんに、あなたの精神を受け継いだ島マスの子供たちが、今こんなにたくさんいるよ、と伝えたい」と、瞳を潤ませながら話してくれた。

まるで二十三年という月日が嘘のように、インタビューに応じてくださった方は皆、島マスさんのことをはっきりと覚えていた。彼女がどんな人物だったかを楽しそうに語り、彼女との思い出を優しい表情で話してくれた。島マスさんは、彼らの心の中で、今も確実に生きていた。そのことが、私には衝撃的だった。

そして取材を通して、私は、「なぜ島マスさんは、自分とまったく関係のない女性や子供たちを救い続けたのか」ということの答えを知ることができた。それは、私が想像していたよりもはるかに簡単だった。島マスさんは「人は人に支えられないと生きていけない」と考えていた。島マスさんはただ、支えを必要としている人がいるから、手を差し伸べ続けただけであった。そして、島マスさん自身も、誰かに手を差し伸べるために、南條さんや知花さんなど多くの人に支えてもらっていた。人の痛みを感じ取るという意味の「チムグリサンの心」を島マスさんが大切にしていたのは、この「人は人に支えられないと生きていけない」という考えがあったからであった。島マスさんは、この心を持って、戦後、女性や子供たちを救い、人々の生活を立て直したのだ。

「そんな島マスさんがもし生きていたら……」。取材の終盤、私は知花さんにどうしても聞きたかったことを聞いた。「東日本大震災が起きた今、どんなことをすると思いますか?」と。震災が起きてから、これから日本がどうなってしまうのか、私はずっと不安に思っていた。戦後の沖縄を立て直した島マスさんなら、どう立ち向かうと思うか、島マスさんをよく知っている人に聞いてみたかったのだ。知花さんは、少し間を置いて、こう答えた。「きっとまた、いつものように、『一緒にやろうよ』といろんな人に声をかけて、チムグリサンの心で、困難な状況を乗り越えていくんじゃないかと思います」。この言葉が、私の心の中にゆっくりと広がっていった。

心にあった不安は、すっと消えていった。もちろん、気持ちだけですべての困難を解決していくことは難しいとは思う。しかし、互いに思いがあって、一緒に問題に立ち向かおうとする心を持つことが、苦難を乗り越えていくための何よりも重要な一歩なのだと思えた。今回の取材によって、島マスさんの心に触れることができたような気がした。「島マスさん、私もあなたが教えてくれたチムグリサンの心を持って、強く生きていきたいと思います」。青い空に向かって、島マスさんに届くように、私はそっとつぶやいた。

注

(1) 一九一五年に沖縄県師範学校から独立した女学校。学費は「官費」、つまり全額免除であった。しかし、全寮制であり、月に一円の寄宿舎の費用は自己負担だった。
(2) 児童自立支援施設で、子供たちの指導にあたる職員。
(3) 女子の非行児を更生する施設。戦災孤児も収容していた。
(4) 地域福祉を推進するための、民間団体のこと。
(5) 婦人二〇〇人からなるボランティアグループであり、主に少年院の慰問活動、母子世帯の災害救助を行っていた。
(6) 沖縄の新聞社である琉球新報社が、各分野で沖縄県の振興と発展に貢献された方々の功績をたたえ顕彰する賞。
(7) 一九五四年七月以後は、琉球政府が予算を補正し、最小限度の事業費を割り当てたため、コザ女子ホームから沖縄実務学園女子部に名称が変更している。
(8) 島マス先生回顧録編集員会編、『島マスのがんばり人生　基地の街の福祉に生きて』、島マス先生回顧録編集委員会出版、一九八七年、一二二頁。
(9) 地域の実態を知るために、統計などを用いて、データを示すこと。
(10) 中部地区社会福祉協議会が携わる地域の地図上に、青少年非行、特殊夫人、国際児問題など、十五の問題項目に関して、市町村ごとの数値を色分けして示す分布図。

参考文献

・島マス先生回想録編集委員会編『島マスのがんばり人生　基地の街の福祉に生きて』島マス先生回顧録編集委員会出版、一九八七年。
・沖縄タイムス社編『私の戦後史　第三集』沖縄タイムス社出版、一九八〇年。

取材日▼二〇一一年六月二一四日

なぜ平和ガイドをやるのか？

――戦争体験を語り・継ぐ若者

証言
北上田 源▼琉球大学大学院生、「虹の会」の中心メンバー・二十七歳
聞き手
岡村由貴（中央大学総合政策学部一年）

はじめに

終戦からもうすぐ七十年。戦争を知らない世代が増えてきている。彼らは、戦争をどうとらえているのだろうか。

大学の図書館に行き、戦争について書かれた本の書棚を探してみる。そこには原爆の本から沖縄戦の本まで、たくさんの本が所蔵されているが、借り出されている気配はない。戦争の本を読む大学生が、いかに少ないかがわかる。

しかし、戦争を知らない世代でも、戦争に問題意識を持っている人は少なくないはずである。中には、その問題意識を実際の行動に移している人もいるだろう。そうした人は、なぜこの時代に、戦争について問題意識を持ち、行動に移すのだろうか。そんな疑問を胸に、実際に平和活動を行っている若者を探した。

戦争を体験したことのない世代で、平和活動を行っている一人の若者を、沖縄に見つけ出した。北上田源さんである。彼を知ることができたのは、一冊の本からだった。下嶋哲朗著の『平和は「退屈」ですか』という本である。虹の会は、二〇〇四年に、作家の下嶋哲朗さんが戦争体験者と学生との交流をテーマに開始したもので、「戦争体験を語り・継ぐ、新しい形を探るプロジェクト」として活動した。そのプロジェクトで、北上田さんは中心を担っていたのだ。この虹の会は、発足当初予定されていた一年間の活動ですでに終了し、現在は主催者である下嶋哲朗さんは身を引き、有志の学生が少人数で続けている。また、北上田さんは、ボランティアで平和ガイドをしている。

若い世代で平和活動をしている人に会うことは、若い世代の戦争への向き合い方を考える機会になるかもしれない。北上田さんの平和活動に対する思いや姿勢を知るため、話を伺うことにした。

（岡村）

なぜ平和ガイドをやるのか

――なぜボランティアという形で平和ガイドを続けているのですか？

北上田さん　やりがいがあるということが一番大きな理由です。僕が平和ガイドの活動をしていると、「戦争体験を語り継ぐために頑張ってください」と言われるけれど、そういう意識はあんまりありません。どっちかというと、それは使命感ではないですか。「私が語り継がなくてはいけない」というイメージではやっていないのです。ただ、体験者の思いは聞いているし、使命感ではなくて、約束という感じがします。例えば、体験者に直接話を聞いたことは、体験者と僕との関係の中で、その人の生き方みたいなものを含めて、共感できるというか、すごいなと思うし、その人が体験してきたものをもっといろんな人に知ってほしいなと思います。僕自身が一人の人間の生きざまを見て聞いてわかった時に、「そんな人生があるのだな」とすごく勉強になったので、それをもっといろんな人に知ってほしいという思いはあります。不特定多数の戦争体験者がいなくなっていくから伝えたい、というのではないです。個別、具体的な体験者の人間関係の中で、この人の言っていることを伝えたいという思いはあります。

――聞き手が参加できる形――

虹の会で同年代の人たちと戦争について考えたことは、今の北上田さんの活動につながっていますか？

北上田さん　僕が虹の会に入った時点で平和ガイドは経験していたので、ゼロからのスタートではないですけれど、「戦争を語り継ぐ」と呼ばれる運動にはいろんな方法があるのだなと思いました。虹の会の中には、絵にする子や詩にする子がいますし、皆で歌を作ったりもします。しかし、僕にとっては、虹の会は平和学習の場所であり、生徒と一緒に考える場こそが、僕が作りたい空間なんじゃないかなと改めて思いました。

それまでは強く思わなかったのですが、虹の会で、戦争を語り継ぐにはいろんな方法があると知った中で、僕は現場に立って一緒に戦争について考えていく、そういう場を作ることが僕にとっての戦争を語り継ぐ方法だと思うようになったのです。

これが、さっき言ったやりがいです。沖縄に来て、沖縄のことを考える、基地のことを考えることは、結局自分を見つめ直すこと、自分が生きる社会を見つめ直すことにつながります。その中で、自分がどんなふうに生きていくかとかを考え続けてきたと思うんですよね。それは例えば今まで全然気づかなかった国というものの矛盾とか、です。沖縄に来ればそこら中、そうしたものがごろごろしているから。そういうことと自分はどういうふうに向き合って生

証言者の略歴

1982年…京都市生まれ。沖縄県在住。

2000年…琉球大学入学。同年、琉球大学学生平和ガイド[(1)]の会に入会。

2001年…「沖縄平和ネットワーク」入会。

2004年…「虹の会」[(2)]発足、入会。

2008年～…アメラジアンスクール[(3)]教師。

きていけばいいのか。自分自身が平和学習を受けることを通して、戦争について考えることを通して、自分自身が成長してきたと思うので、それをもっと多くの人と共有していきたいです。戦争について考えていく人を増やしていきたいです。それはいろんな人にとって意味があることだと思います。そう考えていくと、平和ガイドをしていても、僕がどう話すかじゃなくて、聞いている人たちにとって僕の話って何なのだろう、ということを考えるようになります。聞いている人にとってためになっているのかなと考えたら、たぶん平和ガイド一人が一方的に話しているだけでは駄目だと思います。

——なぜ、平和ガイド一人が話すだけでは駄目だと思うのですか?

北上田さん　それは、生徒が受け身になるということです。僕ら自身でも、大学の講義で先生がずっと話しているだけの授業は印象に残りません。それはレポートであったとしても同じです。自分がこれと思って調べてみたり、その学びに参加してみたりして、初めて自分のものになる気がしますよね。僕が南風原《はえばる》（陸軍病院のあった地）で平和ガイドをする時は、（壕のもろさを示すため）生徒たちにその場にある石を割ってもらってからガイドを始めます。すると、生徒が「おーっ」と言ってくれます。あの石、中学生の女の子でもすぐ割れるんですよ。そうやって、壕が崩れやすいことを実感させたうえで、「だから文化財として町で守っていくのだよ」と教えます。生徒が、どこかで「なるほど」と思えるようにするためです。僕は聞いている人から声の出るガイドをしたいと思っています。「あー」とか「えー」とか「うん本当に」とか、そんなつぶやきが出る瞬間こそに意味があると思っています。それが、生徒が自分から参加していることの証だと思うし、生徒にとって思考の入り口になると思います。

——生徒（相手）が考える時間を大事にされていると感じましたが、初めからその姿勢でしたか?

北上田さん　いいえ。最初は丸暗記でガイドをします。でも、それがある程度できるようになると余裕が出てきて、相手の顔が見えるようになるのです。生徒が面白くなさそうなのを見てどうしたらいいのかと考えて、イメージとしてはもっと生徒が声を出せる平和学習がいいと思うようになりました。だけど、「質問ありますか」と聞くと、まず出てこないし、多くの平和ガイドはそこで、「ああ、この子たちから意見は出ないな」と諦めてしまいます。そして、また自分が話し出す。

　そんな状況で、僕も考えました。僕の中で大きいことは、平和ガイドを始めたことを機会にして、平和教育とは何だろうと考え始めたことです。そして、学生の時からアメラジアンスクールやフリースクールでボランティアで働き始めました。その中で、授業をするようになります。アメラジアンスクールの中では、クラスの中に日本語がわからない子もいます。平和ガイドでしているように、僕がずっと話し続けるのでは授業がまったく成立しないのです。「どうしよう」と悩みました。そこで、子供たちはどうしたらちゃんと向き合ってくれるのかな、と考え始めました。だから僕の場合は、平和ガイドをする時は教室の中で授業をする感覚なのです。

実際に北上田さんに案内してもらった南風原の「沖縄陸軍病院壕跡」。

　授業で、それまで生徒に問題集を解かせていたところを、教科書の写真を拡大コピーして「何でしょう」と聞きます。そうすると生徒が食いついてきますが、その瞬間が嬉しいんですよ。僕の場合は、平和ガイドとしてどうやったら生徒が食いついてくるかを考えている時期と、アメラジアンスクールで教壇に立つようになってうまくいった時期がかぶってくるので、アメラジアンスクールの工夫を平和ガイドでもできないかと考え始めました。その中で何を問いかけるのかが重要になってきます。適当な話をしても、適当な答えしか返ってきません。皆に考えてもらうという形にすると、答えが予想できません。そんなことをやりとりするのが面白いと思えるようになってきました。だから平和ガイドも僕の中では授業作りなのです。

――平和ガイドが授業作りという考え方は、対象が修学旅行生でなくても実践していらっしゃるのですか？

北上田さん　社会人でも同じです。そうやって聞き手が参加できる形にすることが、相手にとって意味があると思うし、そういう場を作れるかどうかが自分にとってのやりがいになっています。

使命感だけでは続けられない

――今話されている姿からも、平和ガイドをやっていて楽しそうに見えますが、実際はどうでしょうか？

北上田さん　楽しいですよ。そして、こう思うことは実は重要だと思っています。結局、どこで自分にとって意味のあることだと思えるかが決め手になります。（平和活動をすることは）使命感では絶対続かないです。虹の会には最初十七人いたのに、最後の報告会に来たのは八人です。十七人の段階では皆、「私たちが戦争のことを伝えなきゃいけない」と使命感に燃えているわけですよ。ただ、結局皆、高校生活や大学生活を抱えているし、その中で環境の変化もあるから、戦争について考えることが自分の中で使命感だけだと優先順位がそんなに上にこない。やらなくちゃいけないことの一つでしかないのです。そういうレベルだと続かないですよ。最終報告会に来た八人は、どこかしら自分の中で重要だと思ったから続けられたんだと思います。

――報告会に参加した八名は、皆さん、楽しくてやっているのですか？

北上田さん　「使命感で平和ガイドをする」と言っている人もいます。ただそうなると、彼女自身が言うように、しんどくなるのです。「使命感だけでは続けられない」とは、その人が自分で言ったことです。だから、活動を続けていくためには極端に言えば、「趣味にできれば儲けもん」ですよね。僕も、そう思えるようになるまで結構時間がかかりました。

――北上田さんも、最初は使命感で平和ガイドをなさっていましたか？

北上田さん　平和ガイドへの好奇心と、話してくれる戦争体験者への使命感で始めました。でも、平和ガイドって自分をすり減らしていく感じがあるんですよ。聞き手の高校生は毎回変わります。僕なんかが毎回同じようなことを言っても、現実には戦争はなくならないし、米軍基地もなくならないしということを考えると、自分がやっていることに意味があるんだろうかと悩む時もあります。やっぱり疲れます。

そこを何とか補えるのは、自分にとって意味があると思えるからです。だから僕なんかも、今こう言っていますが、学生の時はここまで吹っ切れなかったです。僕自身の大学生活もあるし、サークルもあるし、自分にとって平和ガイドって何なのだろうなって悩みました。平和ガイドをやめればもっといろんなことができるのになって、よく思いました。

基地に対しての思い

――基地に対する想いについて、もう少し具体的に教えてい

ただけませんか？

北上田さん　単純に言ったら、やっぱり、自分たちが戦場とつながっているのではないかという感覚です。

――基地に対し、他人事ではないということですか？

北上田さん　そうそう。まさに、自分の横にある米軍基地からイラクに行っています。その感覚の気持ち悪さというか違和感というか、そこに嫌さを感じますね。僕自身は沖縄戦のことを勉強して、戦争のむごさというものをある程度頑張って考えようとしているはずなのに、すぐ横にある米軍の基地には、戦争のために頑張って働いている人が一杯いて、実際に戦場に行って、むごい現場を作り出します。構造的には、沖縄だけではなく、日本に米軍基地があることによって、そこから戦場に行って戦うことは、日本国民の合意のもとにされているということになります。だから、やっぱり自分自身がその仕組みに加担しているのだろうなという思いはあります。基地をどうにもできていないこと、基地を維持させていることが、自分が加担していることだという思いは常にあります。だから、フェンス一枚隔てた向こう側に、そのための訓練をしている人が一杯いるという気味の悪さというか、違和感はすごくあります。

例えば、戦争体験者の話を聞いてみても、沖縄から、日本の兵隊として、日露戦争からは満州の辺りに行った人、第一次世界大戦、第二次世界大戦で、東南アジアとか中国に行った人は、一杯いるわけですよね。ひめゆり学徒隊員だった方でも、当時を思い出して「そういえば、小学生の頃なんかに、近所の青年が一杯兵隊になって行ったさぁ」なんてことを言われる。だけど、その時は何も感じておられないわけですよ。

――ひめゆり学徒隊員だった方が、そう言ったのですか？

北上田さん　その体験者の人たちが言うには、そんなことに違和感を持たなかったということです。子供だったわけですし。だけどそれがいつの間にか、自分のところも戦場に巻き込まれてきます。その前の段階で何か違和感を持てなかったのかなという疑問は常にあります。自分の横にいる人が戦場に行くということに、違和感を持てなかったのかなということです。そんなことを言っても、しょうがないのですね。過ぎたことですから。ただ、「（軍隊に集められた）この人たちは、どこに行って何をするのだろう」ということはちゃんと考えていきたいです。それは、戦争体験者がその時に気づけなかったものだからです。そして、その結果として、考えてこなかったことが積もり積もって、沖縄が戦場になるわけですよ。

極端に言えば、わかる立場にいて気づけなかったのだと思うのです。そして、どこかで自分たちもそういうことにならないかという思いはあります。例えば、アメラジアンスクールの卒業生の中には、「軍人になりたい」と言った子供がいます。僕は、その子供が沖縄で訓練して戦場に行って死んでしまうのは嫌だなと、単純に思います。

――自分の育てた生徒が、戦場で倒れるということでしょうか？

北上田さん　ええ。それについては、沖縄にある米軍基地をなくしたところでどうにもならない部分もあるのですが。だけど、そういうのは、嫌だなと思います。

――それは、自分の教えた生徒が戦場に行くというリアルさや、本当に他人事ではないから思うことなのですか？

北上田さん　もちろん。だから基地は嫌です。ただ、僕みたいな体験をした人は、特殊な例だと思いますが。

――平和ガイドをやっていくうえで一番大きな理由は、楽しいということ、体験者との人間関係の中で伝えていきたいということ、もっと多くの人に知ってもらいたいということでした。しかし、やはり、基地が嫌だということも、関係していますか？

北上田さん　はい。なぜ自分たちが過去の戦争のことを考えないといけないかということを考えた時に、現在の沖縄・日本の基地の問題は避けられないと思います。ただ、アブチラガマ（4）で平和ガイドをしている時に、基地のことを考えているわけではない。アブチラガマでガイドする面白さはあるし、基地をガイドする面白さはある。だけど、なぜ自分が平和ガイドをしているのかとか、なぜ沖縄戦のことを考えて、そのことをいろんな人に話して、もっとみんなに考えてもらいたいとか、という根底のところには、沖縄に基地があって、その基地が戦争とつながっているということが、あります。

――平和ガイドをしている時に、悩まれることはありますか？

北上田さん　よくあるのは、平和ガイドとして、話しすぎたと思う時、（生徒に）考えることをさせずに、自分が話してしまう時ですよね。話した後で、「一方的に話しすぎた、（自分は）もう駄目だ」と思います。そういう時は多いですよ。だいたいそういう時ばっかりだけど、十回に一回ぐらい、うまくいく時があるのですよ。思いがけないところで、うまくいったりします。

――平和ガイドがうまくいった時に、続けていこうと思われるんですか？

北上田さん　そうですね。たぶん「駄目だ、また駄目だ」というのが二十回ぐらい続いたら、やめると思います。アメラジアンスクールでも同じですよ。

――でも、平和ガイドもアメラジアンスクールも、うまくいく時があるのですよね？

北上田さん　たまにね。ごくたまに。

学びを作る

――平和ガイドとアメラジアンスクールの教師をしていることについては、どう考えていますか？

北上田さん　僕は今、大学院の教育学研究科で社会科教育を研究しています。そこでアメラジアンスクールについて研究しています。平和ガイドももちろん、社会科教育に関係してきます。最近、自分の中でつながりが見えてきました。今までは、いろいろなことをやっていても、それがどうつながってくるかわかりませんでした。自分の中で、これと、これと、これを続ければ、自分にとってこういう成長があるかな、というものが残ってきた感じがします。平和ガイドとアメラジアンスクールは、残ったものです。

そこに共通するやりがいは、「学びを作る」ということです。それが自分の核だと思っていますので。でもそれがわかってきたのは、ここ二、三年ぐらいです。何となく自分がいろいろ持っていたものがまとまってきました。そして、自分の中でまとまりができてきてからは、やっぱり平和ガイドが大事だよなと思えてきました。

――後輩である大学生の平和ガイドに何かアドバイスみたいなものはありますか？

北上田さん　調べたり、本を読んだり、現場に行ったりしながら一緒に学ぶことは面白いのだということをわかってほしいという思いはあります。君らがやらないと誰も（戦争のことを）伝えないから君らがやれよ、とは決して思いません。僕がそう言われても、絶対動かないですもん。

僕自身、琉球大学の学生ガイドのグループに入っていて、先輩たちと一緒にいろんな場所に行ったりして、先輩たちにいろんなことを聞けるわけですよ。僕、疑問の塊みたいな人間なので、「ここどうなんですか」、「あれどうなってるんですか」と聞くわけです。すると先輩も一緒に調べたり、調べ方を教えてくれたりする。あそこに本があるから、あそこにそのことを知っている体験者がいるから聞いてみようか、と言ってくれます。ちゃんとそういう答え方をしてくれる先輩がいたので、そういうことを皆でわいわい考えて、何が本当なのか考えることが面白かったんですよね。それが僕の原体験なので、そういうことを後輩たちにも体験してもらえたらいいなと思うし、そういう学びの場を作っていくことにやりがいを感じられるようになってほしいなと思います。

実際に北上田さんが小学生に平和ガイドをしているところ。

特に、教師を志望している人なら、教員になったらその力は絶対必要な力だと思うのですが、（平和ガイドの中に）教師を志望している人は少ないですね。平和ガイドほどいい教員養成の課程はないと思うのですけどね。

後輩には、自分自身が何か疑問に思って調べて、皆と一緒に学んでいくことの面白さを体験してほしいなと思います。そしたら、そういう場所を今度は自分が作り出せると思うからです。それがなくて知識だけ持って、知識をいかに流暢に話せるかということは、それほど重要ではないと思います。

戦争体験者と、戦争体験者ではない僕らが、生徒（受け手）にとってどんな存在かと考えた時に、戦争体験者は教える立場になると思うんです。ある意味、戦争を自分の中に持っている人だから。だから戦争体験者の口から戦争が語られて、それを生徒が受け止めるという形になります。

だけど、僕なんかは、戦争体験者から話を聞いて勉強してきている人間だから、言ってみれば生徒と変わらない立場なのです。戦争というテーマに向かって互いに頑張っていく、教授者ではなくて先輩みたいな感じです。だから先輩なりに「どんなこと疑問に思った」とちゃんと引き出してやりたいし、「そんな疑問を持ったなら、こうやって調べられるんじゃないかな」と答えてあげたいです。

平和ガイドって、よく体験者との「橋渡し」と言われますが、それはちょっと違います。橋を渡すだけじゃなくて、（平和ガイド自身も）生徒と一緒に手をつないで渡っていく役なのです。その中で、当然生徒は嫌がるかもしれません。その時は互いに励まし合ったり勇気づけたりしながら、戦争に立ち向かって一緒に歩いていく人なのです。そこが橋を作って終わり、きっかけだけ作って終わり、ということではないんですよ。

——北上田さんが生徒たちに平和ガイドをすることによって、生徒たちにどうなってほしいのでしょうか？

北上田さん　最終的には、自分で橋を渡れるようになってほしいです。自分で戦争のことを考えられるようになってほしいです。「戦争」を自分のことのように考えられるようになる人間を増やしたいです。

戦争体験を引き継ぐということ

——戦争体験者しか話せない話というものがある中で、今後どうやって戦争体験の話を引き継いでいけると思いますか？

北上田さん　それは、平和ガイドだけでなく皆が抱えている不安だと思うんですよ。戦争体験者がいなくなったら、誰が引き継ぐか。極端に言えば、誰も戦争体験を引き継ぐことはできないと思っています。だけど、平和ガイドが自分の体験を話すことは大切だと思っています。

僕は戦争体験はないのですが、自分自身が戦争と向き合ってきた体験はたくさんあって、それをガイドの中でよく話すんです。例えば、「戦争体験者でこんな人がいてね、この人がこんなこと言って、僕はそれにこんな疑問を持って、それを質問してみたら、こんなふうに答えてくれて、すごいびっくりしてさ。戦争ってこういうことなんだって思ったんだ」と話します。僕らは体験者の話をそのままコピーするのではないと思っているんです。

ちゃんと自分の体験を自分の言葉で語れるかどうかが、生徒と一緒に歩いていくという意味で必要なことだと思うし、それは、生徒が戦争に向き合っていく時の一つのモデルになるのではないかと思っています。

ただ、僕の体験を自分の言葉で話すことが、聞く人を動かすきっかけになるのかどうかということについては、不安です。それが成功するかどうかは、もう、わからないです。

例えば、皆で証言を読んでみようか、証言映像を見てみようか――体験者がいなくなった時にできることって、そういうことだと思うのです。この人、この映像では言ってなかったけど、僕にこんなこと言ってくれたんだよね、その時、僕はこんなことを思って聞いたんだっていうことを、ちゃんと生徒に伝えます。戦争体験者の体験をそのまま伝えるのではなくて、体験者の「思い」を伝えたいと思いますね。なぜ体験者がこうしてビデオの前で語りだしたのか。それってたぶんビデオには映ってないんですよ。そこを伝えたいですね。そういう部分は、そういう形でしかできることはないのではないかと思いますね。

日本では明治以降ここ一五〇年ぐらい、戦争体験者がいなくなった時期ってないですよね。何らかの形で戦争があって、戦争体験者がいなくなる前にまた戦争があって、ということで、何とか第二次世界大戦が終わった後、六十年間は、先輩たちの努力によって、戦争が起こっていません。では、新しい課題として、戦争体験者がいなくなった時にどうするのかという話になってきている。だから何もモデルにしようがないというか、誰もそういう社会を知らないと思うのですよ。

――（誰も知らないということは）つまり、未知の領域ということでしょうか？

北上田さん　ええ、未知の領域です。だけどこれまでも、戦争体験者の語りだけに頼らない、戦争の客観的、科学的な沖縄戦研究をやっている人はいるし、平和ガイドをやってきた人もいるし、たぶん今の自分の（平和ガイドの）スタイルがそんなに変わることはないと思います。僕らに、「どうやって伝えていくのか？」という問いの答えを期待する人に対しては、「どうやるか一緒に考えてみようぜ」と言いたい気持ちはあります。だって、わからないでしょう。「誰もやったことがないから、わからない」と言いたいです。戦争体験者の方も、話しているとよく言われるんですよ。「あなたたちがちゃんと伝えていってくれたら安心だよ」みたいにね。「こっちは全然安心じゃないですけど」と言いたいです。「戦争体験をどう思いますか」ということは、ちゃんとゆっくり（体験者と）話をしたいと思います。話すことは難しいですけどね。「皆さんがいなくなった時に」という話ですから。

「虹の会」では、戦争体験者が不安になるという場面が、結構あったと思うんですよ。僕たちに戦争の話をして、それで安心ということではなくて、実際、虹の会の最終報告会とかがそうですし、その後何回か、戦争体験者に僕らが話す様子を見てもらっています。何回かやっているのですが、いつも「そうじゃないのに……」というような表情をすごくされるのですよね。でも、そこから初めてスタートできるのかな、と思います。（虹の会では）「ちゃんと不安になってくださいよ。僕たち不安ですから」と言えます。それはもう、虹の会以外ではやりにくいと思うのですよね。虹の会で何とか人間関係を築いてきたという部分があるので。たぶん、全然関係ない人がいきなりやって来て、「これでいいですか」と言うのとは違うと思うんですよ。だから、個人的には、それが今後の虹の会の課題だと思っていますけどね。戦争体験者をちゃんと交えながら、「こんなふうにやってみたいのですけど、どうですか。駄目ですか、やっぱり」と話し合いたいです。

まあでも、本当は虹の会自体、メンバーが全然いないんですけどね。最終報告会からさらに減っちゃって、今は三人プラス一、二人ぐらいです。

どうすれば戦争をなくせるか

——どうすれば戦争がなくせると思いますか？

北上田さん　僕が大学二年の頃、ある埼玉の大学生に平和ガイドをし終えて懇親会をしていた時のことです。ちょうど米軍のアフガン侵攻が始まっている時で、「今始まっている戦争も止められないのに、平和ガイドなんかやっていて意味があるのですか」と聞かれて、何も答えられなかったんですよね。

今、その問いに答えるとすると、「直接的ではないにしても、戦場の現場で何が起こっているのかを、現場の目線でちゃんとイメージできるようになるってことが、すごく大事だと思っているんですよね」と答えたいです。国対国とか、地図の上で戦争を考えた時に、いろんな大義名分が成り立つと思うし、いろんなことが言えると思います。が、やはり、現場で起こっているのはそんな大義名分では全然納得できないことだと思います。それはもう、沖縄戦でも言えることだし、今の戦争にしても絶対そうだと思うのです。そこを見据えてものを考えられる人間を育てたいし、気づいてほしいなと思います。遠回りではあるけれど、それは戦争を抑止する力になると思っています。

——では、現段階では、（戦争を）現場感でものごとを考えられない人が多いなと思われているのですか？

北上田さん　いや、僕自身も考えられませんけどね。ただ、気になります。よくミサイルを撃つ映像ってありますよね、でも着弾する映像ってないですよね。そこで、着弾する時にどんなふうに破片が飛び散って、どんなふうにそこにいる人がなぎ倒されていって、手足がバラバラになって、どんなふうに家が壊れていくかということを考えたい、その現実を踏まえて戦争や平和の問題を判断していきたいと思います。

そう考えると、沖縄戦と現代の戦争は似ている部分があるのですよね。昔も今も、爆弾の仕組みは基本的には一緒ですから。例えば、クラスター爆弾(5)で言えば、沖縄戦の時の爆弾よりも、より効率よく小さい破片を散らばらせて、より効率よく人を傷つけ殺すような仕組みになっているだけで、鉄の破片が人を傷つけるという意味では沖縄戦と変わっていないと思います。そうした、「戦争の実相」を追及していく過程というものは、沖縄戦を考えることと似ていると思いますね。沖縄戦を考えることは時間を超えて調べることなのですが、イラクのことを考えることは空間を超えて調べることで、その調べる作業も似ているなと思いますね。

――そのことを考え始めたのは、いつ頃からですか？

北上田さん　印象に残っているのは、二、三年前にニュースか何かでクラスター爆弾の話を取り上げていて、不発弾になったクラスター爆弾を家に持ち込んだ女の子が、部屋の中で爆発して死んでしまい、その場所を取材していて、白い壁にクラスター爆弾の破片の傷跡が残っている映像を見た時のことです。それを見て僕が思い出したのは、海軍司令部壕の幕僚室内の、太田実という中将が手榴弾で自殺したと言われる場所です。その場所の傷跡とそっくりだと思ったのです。テレビの中で、空間を超えて見るその傷跡と、六十年以上前に沖縄戦の時についた傷跡がそっくりで、びっくりして、現場で起こっていることって、そんなに変わらないのではないかと思ったのですよ。

当然、沖縄戦にしても、イラクにしてもそうですが、爆弾が爆発して人が死んでいくわけで、撮ったとしてもそんなのカメラで撮らないわけですよ。そこをちゃんと想像してみれば、そこにどんな大義名分があっても、何か納得できないものがあると思います。その悲惨さとかむごさを、ちゃんと見つめるべきです。その意味で、さっき話した、六十年以上前のことであるけれども、沖縄戦の現場で何が起こったのかということをちゃんと考えてみるというのは、どこかで今の戦争を食い止める力になるのではないかなと、そう信じています。

取材後記

私にとって、北上田さんが話してくれた内容は、驚きの連続だった。北上田さんのように、自分の生きがいとして平和活動を行っている方に、初めて会った。彼は、何にもとらわれず、のびのびと生き生きとしている。この彼のペースに、私は最初とても戸惑った。誰かのためや、誰かにやらされていることは、結局のところ他人事である。そうではなく、自分のやりたいことだから平和ガイドをする。「学びの場を作る」ことが自分の人生のテーマだという北上田さん。彼は、言う。「僕の友達の平和ガイドには、使命感でしている人もいる。でも、彼女は、続けるのが辛いって言ってるよ。誰だって自分の生活があるからね。使命感だけでは、平和ガイドなんて続けられない時代なんだよ」。そうした時代が来ているのかもしれない。終戦から長い年月が過ぎた。今後、日本から戦争体験者がいなくなる。そうした中で平和活動を自分の生活に組み入れ、楽しんで行える人間だけが、平和活動を続けられるのかもしれない。

私は今まで、戦争について自分が考えなければならないという、一種の義務感を感じていた。だから沖縄戦について勉強し、そして北上田源さんに会った。しかし、東京に帰ってきた今、戦争や平和について、少し肩の力を抜いて考えられる気がしている。誰かのために考えなければいけないから考えるのではなく、自分に興味と関心があるから自然と、戦争について、平和について考えられるようになりたいと思った。そして、そう思えるようになったのは、北上田さんを通して、これからの平和活動の姿を見た気がするからだ。

注

（1）主に修学旅行生などの団体を沖縄の戦跡や米軍基地に案内し、戦争当時そこがどんな状況だったかなどを説明する役である。北上田さんは、通常、沖縄の平和ネットワークに所属し、平和ガイドを行っている。

（2）二〇〇四年、ノンフィクション作家・下嶋哲朗が、ひめゆり元学徒と学生（高校生、大学生）の交流をテーマに主催。「戦争体験を語り・継ぐ、新しい形を探るプロジェクト」として、一年間のプログラムで行われた。活動内容は、元学徒とともにフィールドワークを行う、話し合うことである。現在は、下嶋哲朗は身を引き、学生が有志で続けている。二〇〇七年十二月、二〇〇八年五月、中高生向けのフィールドワークを開催。発足当時のメンバーの多くは、それぞれ市民ボランティアなどで今も平和活動に携わっている。

（3）アメラジアンという言葉は、「アメリカン」（アメリカ人）と

「アジアン」（アジア人）をくっつけた言葉であり、アメリカ人の親とアジア人の親を持つ子供を指す。沖縄のアメラジアンスクールは、日米両方の言語・文化を必要とするアメラジアンのために、日本語・英語両方を開いたダブルの教育を行っている。制度的にはＮＰＯが運営する「民間の教育施設」として位置づけられている。

（４）沖縄本島南部の玉城村糸数にある自然洞穴で、全長は二七〇メートルに及ぶ。沖縄戦当初は、陸軍壕や住民の避難壕として使用されていたが、戦況が激しくなる中、病院壕として使用されるようになった。一〇〇〇人近くの傷病兵を収容していたと言われている。

（５）容器となる大型の弾体の中に複数の子弾を搭載した爆弾。クラスター爆弾の不発弾が、無差別に一般市民を殺傷し、戦争や紛争の後、長期にわたり多くの子供を含む一般市民の命を奪い、大怪我を負わせている兵器。

取材日▼二〇〇八年八月二十六–二十九日

なぜボランティア団体が遺骨収集を続けるのか?

――「ガマフヤー」の活動と心

証言

具志堅隆松
▼沖縄戦遺骨収集ボランティア「ガマフヤー」代表・五十五歳

聞き手
齊藤　綾（中央大学法学部三年）

沖縄における遺骨収集

太平洋戦争において、唯一住民を巻きこんだ地上戦が行われた沖縄県。戦争で犠牲となり、未だ収集されていない遺骨は県内に四〇〇〇柱とも言われている。

発展目覚ましい那覇市。新都心の東側にある丘陵、那覇市真嘉比《まかび》地区・大道森《だいどうむい》（別名ハーフムーンヒル）は、沖縄戦の中でも激戦であった「シュガーローフの戦い」の舞台である。那覇市内で、未だに遺骨が収集される最後の場所だ。「シュガーローフの戦い」とは、一九四五年五月十二日から十八日にかけ、現在の新都心周辺で起きた首里の司令部を巡る日米間の激しい攻防戦である。シュガーローフヒルを中心に、隣接する大道森などで陣地争いが繰り広げられ、米軍二六〇〇人以上が犠牲となった（日本側の損害は不明）。戦後の開発により、当時の丘陵の形を残しているのは大道森のみである。

しかし、真嘉比地区も昭和三十九年に決定された区画整理区域であり、現在工事が進んでいる。戦後六十年以上放置されてきた遺骨も、戦争の記憶も、開発によって失われようとしているのだ。それには沖縄が占領地であったことが大きく関係する。米軍から戦後すぐにすべての土地が開放されたわけではないため、限られた場所に建物が密集していったのである。建物の密集は、火災が起きた時に消防車が道を通れないといった危険性や、上下水道などの住環境を整えられないなどの状況を生み出す。そのために、整備が必要なのだという。

遺骨収集活動の中心である沖縄戦遺骨収集ボランティア『ガマフヤー（壕を掘る人の意）』代表の具志堅隆松さんは、遺骨収集活動を始めて二十五年以上になる。そして、具志堅さんの呼びかけに那覇市が賛同する形で、二〇〇八年六月二十二日、真嘉比地区大道森での市民参加型遺骨収集が実現した。行政と市民団体が共同で遺骨収集をしたのは、これが初の試みである。

新聞で参加を呼びかけたところ、午前中には定員の三十人の枠が埋まった。当日は市民の手により遺骨や遺留品が次々と発掘され、同年八月三日には第二回が行われた。

遺族ではないボランティアの手で行われる、遺骨収集作業。そこにはどんな思いが秘められているのだろうか。

（齊藤）

遺骨収集をしている理由

――遺骨収集を始めたのはいつからですか？

具志堅さん　実はボーイスカウトのリーダーをやっていて、他県から来る遺骨収集団のリーダーの方たちからボーイスカウト沖縄県連に協力依頼があって、それに応えて二十五年前の二月十日に参加したのが最初です。でも正直に言うと、その前から行こうと思っていました。

――以前から行こうと思っていたのは、どういう理由からですか？

具志堅さん　遺骨があるのは知っていたんです。というのは、自分の生まれが大道なんですが、真嘉比はその隣なんです。遺骨収集をしている場所も「大道森」と言います。その辺に遺骨があるのは常識だったんですね。山で遊んでいたら、鉄カブトをかぶった骸骨があったりしましたから。

ボランティア団体「ガマフヤー」代表の具志堅隆松さん。

遺骨収集を始めたのは二十七、八歳の時なんですが、それ以前は、遺骨は誰か家族が取りに来るんだと思っていたわけです。だから、「私たちがやってはいけないんだ」という気持ちがありました。要するに、ちゃんと家族が迎えに来るから、家族じゃない者がやってはいけないんだと。

ところが、その時すでに戦後四十年近かったと思うんですが、「もしかしたら遺族の方たちは来られないんじゃないか」と思い始めたんです。沖縄が遠すぎるとか、あるいは経済的な理由で沖縄まで来られないんじゃないかと。結局、遺骨収集団の方たちだって、探し求めている身内の骨かわからずに収骨しているんです。その来る人たちもほとんど高齢者なんですよね。

それで、応援しようと思って行ったわけなんですけど。正直に言って、「二回目はできないな」と思いました。でも翌年、「また手伝ってほしい」と葉書が来ました。どうしようかなと、ギリギリまで考えていたんですが。雨が降っている中、高齢者が雨がっぱを着て山へ入って行っているのに、地元の若い者が何もしないわけにはいかないと思って、参加しました。

自分で収集をするようになったのは、掘っていたら遺骨が崩れ、「もう風化が進んでいるんだ、時間との勝負だ」と思ったからです。それ以降は、遺骨収集団が来るのを待たずに、自分から動き出すようになりました。

――なぜ、二回目はできないと思ったんですか？

具志堅さん　ここで誰かが死んだんだということと、その人の骨がまだここにあるんだということを考えると、自分みたいな者が骨を取り上げていいのかなっていう思いがありました。あの頃でも今でもそうなんですが、収集をしていて遺骨を取り上げる時に、こう言っているんですよ。「私はあなたとは縁もゆかりもないし、遺族でもないです。でも、きつい言葉だけど、もしかしたらあなたの遺族はもう来れないかもしれないから、代わりに私が取り上げますが、いいですか？」と。「戦没者墓苑に連れて行くけど、そこにはたくさん仲間もいるし、もしかしたらいつか家族も手を合わせに来るかもしれないから」。そんなことをまず言って収集しています。

――遺骨収集活動を始めて二十五年経ちますが、特に印象に残っていることはありますか？

具志堅さん　……子供の遺骨ですね。子供の遺骨が出てきた時が、一番きついですね。兵隊には自分が死ぬ覚悟があるでしょうが、住民、特に子供なんかは大人が守らなければいけない存在でしょう。

ボランティア団体「ガマフヤー」について

――ボランティア団体「ガマフヤー」を立ち上げたのはいつですか？

具志堅さん　いつかと問われると、二十五年前かもしれないですね。その時から「ひとりガマフヤー」でした。

――「ガマフヤー」のメンバーはどうやって集めたんですか？

具志堅さん　三々五々というか……来た人に、ずっと来るように強要するのもかわいそうだと思いますし、しばらく来たいって思う人もいますし。メンバーは大学生から七十歳ぐらいまで、名簿もあるかないかという感じですね。でも、大体三十人ぐらいはいますかね。

日曜日などに、時間が許す限り行っています。一日四、五時間ぐらいですが、それでも月曜日はしんどいですね。

真嘉比地区について

――真嘉比地区で収集する前は、どこで活動していたんですか？

具志堅さん　糸満とか、浦添とか……。真嘉比で収集を始めたのは、つい最近のことです。糸満などの場所は、掘りつくされたという感じですね。「終わった」と言えるかどうかは難しいですが。人が入れる所は、大体作業が入っているんです。ただ、埋没壕という、入り口が閉じられてしまっているものがあるんですね。だから、「終了した」とは言えないと思います。

——他の場所も掘ったうえで、真嘉比地区の特徴というのはありますか？

市民参加型遺骨収集が行われた真嘉比地区・大道森。

具志堅さん　民間人の戦争の被災者がほぼいないということですね。米軍と日本軍のぶつかり合いの場所で、あの時期はもう民間人は南部の方まで逃げているんです。だから民間人が巻き込まれているということは、ほぼないです。あとは、日本軍の持ち物が多いということです。まだ身だしなみにも気をつける余裕があったみたいですね。南に行くほど持ち物がなくなっていっていますから。

——真嘉比が激戦地だったことを窺わせる物はありますか？

具志堅さん　激戦地という点では、南部の方がひどかったと思います。民間人が巻き込まれているので。真嘉比でいうと、二・五メートル×六メートルの範囲から出てきた砲弾などの破片の数を数えると、三七〇ほどありました。それだけの数が撃ち込まれているんですね。遠距離攻撃・近距離攻撃・接近戦、全部の破片が出てきました。

二〇〇八年六月二十二日の第一回市民参加型遺骨収集について

——なぜ市民参加型にしようと思ったんですか？

具志堅さん　まず一つには、従来は、遺骨収集をすると、自分で掘って戦没者墓苑に納骨するわけでしょう。その時に、「自分しか見ていないな」と思ったんです。そして、納骨することで、この人を本当に暗い所に押し込めてしまったんじゃないかという気がしました。もしかしたら、私が遺骨収集をしないでそのままだったならば、あと十年か二十年か後に、他の人が連れて帰ってくれるかもしれないのに、と思ったりもしたんです。できれば自分が掘り出した段階でもいいから、たくさんの人に見て会ってもらいたい。たくさんの人が見たら、もしかしたらその中に孫がいるかもしれない。新聞やテレビに映ることで、もしかしたら家の人が見るかもしれないとも思います。

あとは、たくさんの人に掘ってもらいたいということですね。今までは私一人で掘って、私一人で納骨してしまって、自分しか触っていない、関わっていないんですね。なるべくたくさんの人が掘ってくれたほうが遺骨も嬉しいと思うし、ひょっとするとゆかりのある人がいるかもしれないので、市民参加という形にしました。真嘉比（大道森）が残っている間に見に来てほしいという気持ちもありました。

最初は真嘉比が工事でなくなると決まった時に、どうにかして遺骨収集をしなくてはいけない、という思いがありました。シュガーローフヒルがある新都心の付近が開発された時、あそこは地表の遺骨収集が行われていないんです。十五年ぐらい前だったと思うんですが、その頃はまだ遺骨収集というのは市民権を得ていませんでした。私は「変なことを言っている変な奴」と思われていたかもしれません。だから、今度は喧嘩してでもやろうと思いました。

遺骨収集は厚生労働省の仕事なので、那覇市は今まで遺骨収集をしたことがありませんでした。そのため予算がなかったんですが、収集にお金はかかりませんから。市民団体と行政が協力して遺骨収集を行ったのは、これが初めての試みでした。

――参加した市民の反応はどうでしたか？

具志堅さん　自分たち「ガマフヤー」だけでやってもよかったわけなんです。でも、自分としては、我々が住んでいる足下に遺骨があるんだということを知ってもらいたかったんです。新都心が激戦地だったということも、誰も知らないですし。我々が生活している場所にあるんだということを知ってほしかったし、それ以上に掘ってもらいたかったんです。そして、「戦争とは何なのか」を個人として遺骨と向き合うことによって、考えてほしかったんですね。

参加した市民の方たちは、「こんな所にあるなんて知らなかった」と言っていたり……それよりも、言葉を失っていましたね。自分は「負の感動」と言っているんですが、遺骨があらわになっていくにしたがって、市民の方はみんな寡黙になっていくんですよ。その時、「よかった」と思うんです。今までこんなにたくさんの人に見守られる遺骨はなかったですから。ただ、市民の方が心の整理をするには、たぶん時間がかかると思います。

――市民が遺骨収集をする意義は何だと思いますか？

具志堅さん　戦争があったんだと、確認してもらっただけでもいいと思っています。要するに、遺骨収集で見たものは、本人が個人で確認したものですから。本やテレビで見たわけではないんです。本で読んで、勉強して知っているという人はたくさんいると思いますが、「自分で確認したか」となると、また全然違います。参加した人たちは将来、「戦争があったそうだ」じゃなくて、「戦争があったんだ」と言えると思います。それがどういうものだったのかということを、自分なりにさらに感じてくれたと思っています。

私はこの沖縄戦を考えるということは、生存のための学習だと思っています。もう二度とこんな目に遭いたくない、遭わせたくない。じゃあどうすればいいのか、ということを考えるんです。沖縄の人だけではなく、本土の人たちも。あえて話す必要はないと思っています。現場が語ってくれるというか……現場の力があるので。真嘉比は、現場が開発で失われるので、それだけたくさんの人に関わってもらって、戦争がどんなものだったのかを知ってほしいです。

――市民参加に至るまでに苦労したことはありますか？

具志堅さん　新都心の開発が始まった時に、「ここには遺骨があるんだ」と言っても相手にされなかったことですかね。シュガーローフの外が囲われて、中が見えなくなって、トラックがどんどん中に入って行って……。何であれを止め切れなかったのかな、と今でも思います。今からでもちゃんとすべきだと、少なくとも、国にその責任はあると思っています。

――国が遺骨収集をすべきだと思いますか？

具志堅さん　特に真嘉比をやっていて、そう思いました。国がやったのは、戦争だからと言って、普通の平和な家庭の働き手であるお父さんや息子を、そこから引きずり出して、戦場へ送り込んで死なせて、その死んだ人の遺骨を家族のもとへ帰すことをしなかったということなんです。国が返さなければいけないのに、今までこれをやってきたのは市民です。国はやっていないんです。国はどっちかというと、早く終わらせたがっていると思います。

遺骨収集をしていくうえで

――遺族の方の反応はどうですか？

具志堅さん　真嘉比で亡くなった方の遺族に会ったんですが、「ガマフヤー」がやっていることに対して、土下座せんばかりの勢いでお礼を言われたんですよ。あれにはびっくりしましたね。私はお礼を言われるようなことを何もやっていないし、お礼の品を渡そうとする人もいるんですが、とんでもないことだと思っています。

自分が普段やっているのは亡くなった人との会話であって、生きている人にお礼を言われるようなことには、正直戸惑っているんです。お礼の品をもらってしまえば、次から一人で暗い壕の中で亡くなった人に向き合うことはできないです。亡くなった人というのはお礼も言えないから、その点で本当のボランティアだと思っています。自分がこうやって遺骨を掘り出すことで、迷惑でなければ……。

――どんな気持ちで作業を行っているのですか?

具志堅さん　一日中掘っていて遺骨が出てこないと疲れるんですが、「まぁいいか、ここでは誰も死んでいないんだ」と自分を納得させています。一方で、出てきた時に「出てこなくてもよかったのに」と思ったりもします。

遺骨に対して、こう言っているんです。「死ぬ時の気持ちは私にはわからないけれども、あなたのために難儀しようとする人間が、まだいるんだよ。だから、これまでの恐怖だとかいろいろな気持ちを、できたら忘れてね」と。

――これからも遺骨収集を続けていきますか?

遺骨収集作業をする「ガマフヤー」のメンバー。

具志堅さん　悪いことではないと思うし、文句を言う人もいないと思うから、続けていきたいと思います。

＊

二〇〇九年六月十四日。私は、再び具志堅さんの話を聞きに沖縄に向かった。前回の取材から一年が経ち、その間に遺骨収集を取り巻く事情が変わっていたからである。

具志堅さんが、沖縄県の失業者やホームレスの雇用支援として、真嘉比での遺骨収集をする方針を明らかにしたのは、二〇〇九年二月のことだ。ホームレス支援ＮＰＯ法人プロミスキーパーズとともに、『遺骨収集を雇用支援に』ＮＰＯ連絡協議会」を発足させた。以後、三月に沖縄県に要請し、四月には舛添要一厚生労働大臣（当時）に直訴している。その際舛添厚労相は、緊急雇用創出事業として厚労省で予算をつける意向を示したという。那覇市は協議会側と人数や作業を行う範囲を調整中で、まとまり次第県に事業計画書を提出する。認められれば、二〇〇九年十月から二カ月間、真嘉比で遺骨収集を実施するという。

遺骨収集と雇用を結びつけるという案には、沖縄県の一部では疑問の声があるようだが、この一年で具志堅さんの遺骨収集に対する思いはどう変化したのだろうか。

雇用対策としての遺骨収集

――雇用対策として、真嘉比での遺骨収集を提案した経緯を教えてください。

具志堅さん　真嘉比の遺骨収集は、ずっとボランティアでやっていました。工事に期限がなければ、そのままボランティアだけで続けていいたんですが、私たちの手だけでは開発の工期に間に合わないということになったので、国にやってもらおうと、厚生労働省にお願いしました。ただし、そこに条件を付けたんです。土木業者にお金を払って依頼するのではなく、ぜひとも沖縄県内の失業している人やホームレスの人たちを雇ってくださいと。

その要請は三月五日にしたんですが、その後、舛添厚労相に会えることになって、四月十六日に直接打診しました。するると舛添さんには、「遺骨収集と失業対策がマッチングするのはとても良いことです。国としても全面的にバックアップします。そのためには、知事に会って話をしてください」と言われたんですが、結局知事とは会えなかったんです。でも、真嘉比は那覇市の工事現場なので、那覇市の事業としてやることになりました。明日（六月十五日）、那覇市に事業計画書を出すことになっています。

沖縄県の困っている人たちが六十四年前の戦争の被害者に手を差し伸べることによって、結果的に手を差し伸べた失業者も助けられるという構図が、そこでできるのではないかと考えました。それで、やろうと決めました。

これからの活動

――「ガマフヤー」のメンバーの数は、昨年から増えましたか？

具志堅さん　そうですね、たぶん十人ぐらいは増えたんじゃないでしょうか。新聞やテレビが報道してくれて、それを見て共感してくれた人たちが、「参加したい」と言ってきてくれるのがほとんどですね。

日曜日に参加してくれる人がいるのは嬉しいし、そういうのは亡くなった方にも伝わっていると思います。

――昨年と現在とでは、遺骨収集に対する思いは変わりましたか？

具志堅さん　変わった部分はあると思います。それまでは、単に「遺骨収集」ということだったんですが、遺骨収集が雇用支援になるということにたくさんの人が賛同してくれるのは、メディアの報道のおかげだと思います。困っている人に手を差し伸べようという人たちが出てきてくれたことに対して、声をあげることを恥ずかしいとは思わずに、もっと社会に呼びかけてもいいなと思うようになりました。

遺骨収集というのが、何年か前に比べると一般的になってきたと思います。県内でも沖縄戦の体験者は減ってきているんですが、どう引き継いでどう伝えるかということが、喫緊の課題として出てきています。遺骨収集のニュースも、最近では報道でごく普通に出てきて、マスコミも同じような危機感を持ち始めてくれていると感じています。そういった中で、壕などの戦争遺跡は戦争を伝える現場として注目されつつあると思います。自分たちも戦争遺跡を学習の場として、どうにかしていろんな人たちに関わってほしいと思っています。県外の人に対してもそうです。沖縄でも遺骨収集できる場所は少なくなってきています。今後さらに少なくなっていくと思うので、そういう場所を大事にして、いろんな人に参加してほしいと思います。

――この活動をいつまで続けていこうと思っていますか？

具志堅さん　考えたことはないですが、今のところ「やめなさい」と言う人はいないので、たぶん体が元気な間はやると思います。というか、やってあげたいですね。

取材後記

十カ月ぶりに触れた骨は、やはり軽かった。

二〇〇八年・二〇〇九年と、私は沖縄の遺骨収集問題を取材した。二回とも取材の際に遺骨収集をさせてもらったのだが、初めて骨を持った時の感覚は、今でも忘れることができない。大きな骨であっても想像以上に重さはなく、力を込めると脆く崩れ去ってしまうようだった。これが本当に生きていた人間のものなのか、疑ってしまうほどだ。

二〇〇八年に沖縄に取材に行った時には、まさか一年後にまた沖縄に向かうことになるとは思ってもみなかった。しかし、私が普段の大学生活を送っている間にも、具志堅さんらは積極的に活動し続け、二〇〇九年に入ってからは東京でも遺骨収集関連のニュースを見ることが多くなった。厚労相に会いに行くところまでこぎ着けた、そのパワーはどこから生まれているのだろうか。優しい笑顔が印象的な具志堅さんだが、胸の中の信念は計り知れないものがある。

今回の緊急雇用創出事業によって、真嘉比での遺骨収集は行政と協力して行えそうだ。だが、まだまだ沖縄県内には収骨されていない場所がたくさんある。現在「ガマフヤー」が作業をしている西原町幸地もその一つである。主に愛媛から来た部隊が応戦していたと思われる場所で、壕の土を少し掘るだけでも、骨や遺品が次々と出てくる。

話を聞けば聞くほど、遺骨収集は戦後に生きる世代に残された大きな課題であると感じた。私たちはそれをないがしろにしてはいけないし、きちんと受け止める必要がある。〝この状況をそのままにしておいていいのだろうか〟。具志堅さんと、彼のもとに集まった出身も年齢もばらばらなメンバーたち。暗い壕の中、ライトを手に汗だくになりながら作業をする「ガマフヤー」の方たちを見ると、その思いばかりが私の中で巡る。

別れ際、土にまみれた格好で車に乗り込むガマフヤーたちを見送りながら、私は壕で触れた骨の感触を思い出していた。

取材日▼二〇〇八年八月二十七―二十八日、及び
二〇〇九年六月十四日

沖縄、異国情緒のルーツをたどる

解説1 高良倉吉 ▼琉球大学教授

解説2 島尻克美 ▼那覇市歴史博物館主査・浦添グスク、ようどれ館ガイド

聞き手 大久保沙織（中央大学法学部二年）

山崎由芽（中央大学文学部二年）

はじめに

日本の最南端、沖縄。ここには、いわゆる「本土」にはない、独特の文化が根付いている。沖縄と聞いて連想されやすい、シーサーや三味線などがその例だ。

しかしそれらの文化は、もともとは長い距離と時間を経て沖縄で開花したものが多い。シーサーは、エジプトのスフィンクスや、古代オリエント・インドに生息していたライオンが原型となり、シルクロードを渡って中国から沖縄（琉球）に伝わったとされている。三味線の元である三線《さんしん》も、一三九一年に中国から伝わったと考えられている。

「異国情緒溢れる島」と称される沖縄。その独特の文化のルーツを探るため、沖縄を訪れた。

首里城祭

那覇空港に降り立ち、建物から一歩外へ出ると、そこには、南国らしい光景が広がっていた。雲一つない、くっきりとした青い空。赤く鮮やかなハイビスカス。観光客を迎えるのは、アロハシャツを着た人々だ。観光客は次々とバスに吸い込まれ、目的地に向かっていく。

那覇空港から、まず私が目指したのは、首里城だ。首里は、かつて琉球王国の中心だった場所。そこに行けば、何か沖縄のルーツがわかるかもしれない。

国際通りで行われていた、四つ竹[1]という祝儀舞踊。写真にあるのが、紅型衣装。

首里城に向かう途中、国際通りを通りかかると、道いっぱいに広がる観光客の姿を見つけた。「何だろう」。疑問に思った私は、中へ割って入っていった。すると、幻想的な風景が、そこには広がっていた。極彩色で彩られた衣装を身に纏った人々の行列に遭遇したのだ。私は、その光景に

ダイナミックな動きを見せる、天願獅子舞。

目を奪われた。ちょうどこの日は、那覇市のあらゆる場所で、首里城祭という祭りが開催されていたのだ。琉球王国時代の伝統芸能であるエイサーや伝統的な紅型衣装を着た人々がゆっくりと目の前を通り過ぎた。三線が音楽を奏でる中、王が家来に担がれる様子を見ることもできた。首里城では、どんな琉球文化に出合うことができるのだろうか。私は、首里城へと急いだ。

国際通りから車で十数分で、首里城公園に到着した。ここでも、琉球王国の伝統舞踊である、天願《てんがん》獅子《しし》舞《まい》[2]が踊られていた。天願獅子舞は、元々は中国から伝わったものが受け継がれているそうだ。この獅子舞は、一般的なものとは少し異なり、顔のまわりが黒い毛で覆われている。三線に合わせて獅子舞が大きく円を描くところを見ながら、琉球王国の伝統芸能を肌で感じることができた。

琉球略史

1200年代〜…グスク[3]時代。各地に按司《あじ》[4]と呼ばれる指導者が誕生して、グスクという城を築き、互いが勢力を争う。

1400年代〜…三山時代。グスク時代に存在していた多数の勢力が、最終的に三つの強力な勢力に統合された。三つの勢力は、沖縄本島を南山・中山・北山の三つに分断してそれぞれの地域を支配。この時代に、南山から尚巴志《しょうはし》[5]という人物が出て、琉球を統一する。

1429〜1470年…第一尚氏王朝。尚巴志によって統一された第一尚氏王朝。しかし、七代目尚徳王による対外侵略政策が失敗。その結果、国力が低下する。善政を望んだ民衆により反乱が起き、話し合いにより金丸《かなまる》[6]が次期国王に指名され、第一尚氏王朝は終焉を迎える。

1470〜1609年…第二尚氏王朝（前期）。国王に指名された金丸が尚氏を名乗り始める。そして、第二尚氏王朝が始まる。三代王・尚真《しょうしん》[7]の時代には、統治組織を整備し、中央集権的な国家を形成した。また、玉陵《たまうどぅん》に代表される、巨大な建造物も、首里城周辺に造営された。当時は、中国や東南アジア諸国との中継貿易経済で栄えており、琉球の黄金時代と呼ぶにふさわしい時代だった。

1609年…島津侵攻。中継貿易の利権を獲得するため、薩摩の島津氏は、圧倒的な軍事力をもって琉球へ侵攻した。戦闘の経験も浅く軍事力の弱い琉球は、なすすべもなく薩摩の支配下に置かれることになった。ただ、尚氏王朝自体は存続することになった。

1609〜1879年…第二尚氏王朝（後期）。薩摩藩による、中継貿易の利益の搾取により、かつて貿易で潤っていた琉球王国の国力は疲弊していた。この時代、大胆な政治改革を行った人物がいた。羽地朝秀《はねじちょうしゅう》[8]と蔡温《さいおん》[9]である。この二人により祭祀による伝統的な政治体制は終わり、近世琉球への新たな道が開かれた。

1872〜1879年…琉球処分。廃藩置県が行われた翌年、琉球王国は明治政府により廃止され、琉球藩となった。その後、1879年に沖縄県が設置され、「日本」の中に組み込まれた。

首里城公園の隅には、首里城全体の地図があった。この地図によると、首里城とは、正殿・南殿・北殿の三つの建物でできているようだ。中でも、正殿は琉球王国の王が鎮座していた場所である。そして、この三つの建物を囲むように二つの城壁が存在し、正殿に向かうまでに五つの門があることがわかった。

公園からは、まだ首里城の外壁しか見えない。観光客の流れに沿って、私も正殿へ向かった。

なだらかな坂道を歩くこと、およそ十五分。最後の門をくぐり抜け、首里城の正殿前にたどり着いた。正殿を目の当たりにした私は、一面に広がる、鮮やかな朱色に圧倒された。また、その輝く朱色からも、沖縄独特の雰囲気を感じられた。その日が晴天だったこともあり、青と赤のコントラストが非常に美しかった。ずっと続く坂道に感じていた疲労も、吹き飛ぶほどの美しさだった。

中に入ると、内装すべてが朱色だった。正殿内の順路を進むと、玉座にたどり着いた。玉座の作りや、天井の高さは、想像していたよりも一回り大きい印象を受けた。王が鎮座していたとされる部屋からは、正殿の前の中庭が一望できる造りになっていた。当時は、家来たちが中庭にあたる場所に整列し、王が正殿からその様子を見ていたのだという。

正殿を一通り見た後に、建物の前にあるベンチで腰を下ろすと、三線の軽やかな音色が響いてきた。振り返ると、ベンチの後ろにはガジュマルの木があった。ガジュマルの木陰からも、太陽の強い光をはっきりと感じられた。東京の喧騒からは考えられない、穏やかな時間が流れていた。何とも、南国らしい風景だ。ここで、琉球王国の王たちは生き、諸外国からの使節団と交流していたのかもしれない。そう思うと、感慨深かった。

（大久保）

門のひとつである、漏刻《ろうこく》門。

首里城正殿。右半分は、漆を塗り直していた。

琉球王国の象徴、首里城。ここでも、沖縄独特の、異国情緒溢れる文化を感じられた。首里城そのものについて調べれば何か新しい知見が得られるかもしれないと考え、首里城再建の由来について詳しい高良倉吉さんに、お話を伺うことにした。

解説1 ▽ 高良倉吉

首里城の歴史を知る

――首里城は、いつできたのですか？

高良さん　そうですね、だいたい十三世紀の後半にはできていたようです。十四世紀には確実に存在していました。しかし、はっきりとした年代はわかりません。なぜかと言いますと、首里城の下の地層がとても薄いために、地層から時期を特定するということができないからです。さらに、首里城は、沖縄戦で、猛烈な砲撃を受け、地層まで破壊されてしまいました。そのことも、調査を難しくさせている一因です。このような理由で、本格的な調査はしたのですが、首里城ができた年代について、きちんと特定できていないのです。

――首里城ができた当初は、どのような様子だったのですか？

高良さん　当時の首里城は、比較的規模の小さいグスクだったようです。今は、正殿・南殿・北殿などありますが、最初はなかったと言われています。いつそれらが作られたのかというと、尚巴志という人物が王だった時代なんですね。この尚巴志が、初期の首里城をかなり拡大して、さらに工事を重ねて周りにも次々と建物を建てていったのです。

――では、現在ある首里城は、いつの首里城をイメージしたものなのですか？

高良さん　だいたい十八世紀以降ですね。一七一二ー一七一五年頃に再建されて、沖縄戦で破壊されるまでの首里城をイメージしています。なぜ一七一二年に再建されたかというと、一七〇九年に火事が起きて、首里城はほぼ全焼

証言者の略歴

高良《たから》倉吉《くらよし》 ▷1947年生まれ。愛知教育大学卒業。浦添《うらそえ》市立図書館長などを経て琉球大学教授。専門は琉球史。首里城復元に貢献した。
著書に『琉球王国』、『アジアのなかの琉球王国』、『「沖縄」批判序説』、『沖縄イニシアチブ』（共著）、『沖縄の自己検証』（共著）ほか。

首里城の歴史について説明する高良さん。

してしまったからなんです。その時は三、四年かけて再建工事をしたんですね。ただ、その時再建された首里城も、沖縄戦でまた破壊されてしまうんです。そして、沖縄戦後に再建された首里城が、現在のものです。首里城は歴史の中で何度もその姿を消しかけましたが、そのたびに再建されているんですよ。

――首里城は、なぜ派手な色使いなのですか？

高良さん　中国からの影響を受けているからです。もっとも、日本の奈良・平安時代の建物も、実際は極彩色に彩色されていたんですよ。それが劣化して、古めかしい感じになったんです。やっぱり、東アジアの建築物っていうのは中国の影響を受けていますから。首里城もまた、中国の影響を受けて作られています。

――最後に、高良さんにとって琉球とは、どんな場所ですか？

高良さん　私は沖縄出身だから思うのだけど、これからの沖縄にとって、歴史は大事ですね。沖縄は、非常に豊かで複雑な歴史を持っていますから。その長い歴史の上に、これからの沖縄も積み上げていくことになるのですからね。もう一つ付け加えて言うと、私は沖縄という地域は、日本をある意味、面白くさせている地域だと思っています。今の普天間問題とか尖閣列島の問題とか、沖縄という場所は、日本のいろんな問題が複雑に絡み合っている場所ですからね。だから、日本という国を面白くさせているし、悩ませているし、沖縄以外の地域にはできない、ユニークな役割を担っている場所だと思っています。沖縄は日本全体を大切にしないといけないし、日本全体も沖縄を大切にしないといけないですよね。それを、歴史が説明してくれるのでは、と思っています。

＊

高良さんにお話を伺う中で、沖縄を象徴する建物である首里城が、幾度となく修復されて今の姿になったことを知り、驚いた。そして、首里城は中国に影響を大きく受けた建物だということを知った。

琉球王国と中国との間には、当時どのような交流があったのだろうか。中国との交流によって、沖縄独特の雰囲気が生まれたのではないだろうか。次に、琉球王国時代の交易について詳しい、島尻克美さんにお話を伺うことにした。

解説2 ▽ 島尻克美

琉球王国と中国との関係

——琉球が中国と交易を始めたのはいつですか？

島尻さん 琉球で最初に交易が始まったのは、一三七二年のことです。その交易が始まった場所は、浦添という所です。当時は、北山、中山、南山という三つの勢力によって支配されている「三山時代」でした。その勢力のうちの一つ、中山の中心地が浦添だったのです。中山が朝貢[10]という形で交易を始めた後は、一三八〇年頃に南山が、そして一三八三年頃には北山が、中国に朝貢を始めたようです。言うなれば、浦添から、交易の歴史が始まったのです。

——では、中国との交易が琉球王国最初の交易だったのですね。中国との交易は、琉球にとってどのような位置づけだったのですか？

島尻さん 琉球は貿易経済の国で、貿易が産業の大半を占めていました。琉球王国は中国との交易がなければ経済が成り立たなかったと言えます。中国との交易は、琉球にとって、いわばライフラインのようなものだったのです。琉球王国は、硫黄や馬、サトウキビを輸出していました。十八世紀に黒糖を作る技術が確立されてからは、黒糖も大事な輸出品になりました。輸入していたのは、漢方薬ですね。

——では、交易を始めた後、琉球はどのような国になったのですか？

島尻さん 交易を始めてからの琉球王国は、中国や東南アジアの国々との交易で栄えて、「黄金時代」という時代を迎えます。特に第一尚氏時代から、第二尚氏時代のはじめ、この一五〇〇年から一六〇九年頃までを、大交易時代と呼んでいます。東南アジア、タイ、ビルマなどの国とも交流がありました。この時に行っていたのが、三角貿易というものです。中国・朝鮮のものを琉球が東南アジアに運ぶ一方で、東南アジアから持ってきたものは琉球を経由して中国・朝鮮に持っ

証言者の略歴

島尻克美《しまじりかつみ》 ▷1951年生まれ。法政大学大学院卒業。那覇市歴史博物館主査。那覇市の市史編纂に携わる。

ていく、というものですね。

――いろんな国と交流していたのですね。ということは、対外関係にも気を遣っていたのではないですか？

島尻さん　そう思います。諸外国との仲はすごく良かったと思います。何せ、琉球は貿易経済で成り立っていたので、仲良くしなきゃやっていけませんでしたからね。琉球王国も平和でいることを目指していたと思います。それを示すものとして、首里城には「万国津梁《しんりょう》の鐘[11]」というものがあります。それには、いろんな国と仲良くやっていきましょうという旨のことが書いてあります。

――大航海時代の到来によって、ヨーロッパ諸国が東南アジアを支配し、琉球の黄金時代は終わりを迎えるのですよね。その後薩摩藩にも侵攻されてしまいますが、交易の形態に変化はありましたか？

島尻さん　薩摩侵攻までは、日本に対しても、友好的に対応していました。しかし、薩摩に侵攻されたことによって、自国の主体性を保つために、琉球王国は、薩摩すなわち日本とは違った、独自の道を歩むようになったのです。つまり、日本に支配されればされるほど、琉球の雰囲気はより中国的になっていったのです。それが今の沖縄の雰囲気を作り出していると言えると思います。

取材後記

取材を終え、私は浦添の海を一望できる高台に来ていた。そこで、眼下に広がる海を眺めていた。目を閉じ、六〇〇年前の浦添の歴史に想いを馳せた。あの海岸から、琉球の人々はどんな思いで中国へと漕ぎ出し、貿易を始めたのだろう。そして、琉球時代の人は何を思い、中国の様々な文化を取り入れたのだろう。中国文化に触れた琉球の人々の

交易について説明する島尻さん。

首里城に設置されていた、万国津梁の鐘のレプリカ。

浦添ようどれから見えた、米軍機。

驚きはどうだったのだろう。穏やかな海を見ながら、様々な疑問が私の脳裏によぎった。

今回取材をして、琉球王国が、他国との良好な関係を保つために、平和を重んじていたということが、印象的だった。薩摩侵攻、琉球処分、そして日本で唯一の地上戦を経た今、平和を訴え続ける沖縄。沖縄では、遥か六〇〇年も前から、平和であることが目指されていた。にもかかわらず、その沖縄で壮絶な地上戦が行われたことを思うと、皮肉だと感じずにはいられなかった。文化と一緒に、平和を受け継いでいた琉球は、「日本」に組み入れられて以来、運命の歯車が狂い出したのかもしれない。平和に生き交易をしたいという琉球人の願いは、どの時代でも、どんな場所でも変わらぬ思いであったのではないだろうか。

そんなことを考えていると、静寂を破る米軍輸送機の轟音が鳴り響いた。「世界一危険な飛行場」と評される普天間飛行場が目と鼻の先にあったのだ。

遥か昔、浦添から始まった交易により、平和への願いが生まれた。だが、その浦添の地には今輸送機の轟音が鳴り響いている。琉球文化とは、そんな、実に複雑な土地から生まれた文化だ。かつての、平和を願った人々が現代の浦添を見たら、いったい何を思うのだろう。浦添の丘から琉球王国始まりの海を、私はただずっと眺めていた。

注

(1) 国から訪れる冊封使(中国皇帝が国として承認する儀式)をもてなす歓待の儀。

(2) 約二〇〇年前に、首里城下で御殿奉公をしていた若者が、中国からの冊封使歓待の獅子舞を見て魅了され、その演技を習得して郷里へ持ち返ったところ、天願の長老に頼まれ伝授したのが始まりだと言われている。

（3）南西諸島のうち、旧琉球王国領域である奄美群島から八重山諸島の琉球弧とも呼ばれる地域にかけて、多数存在するグスク時代の遺跡。地域により形態や呼び方に違いがある。三山時代には王や按司の居城となっていた。

（4）古琉球時代、各地を治めていた領主。近世には位階名となり、王、王子に次ぐ高い身分であった。

（5）琉球王国を統一した人物。南山出身。在位一四二一年―一四三九年。

（6）第六代琉球国王、尚徳王時代の重臣。王に指名されたのちは、尚円と名乗る。在位は一四六九年―一四七六年。

（7）中継貿易による黄金時代を築いた国王。在位一四七七年―一五二六年。

（8）琉球の五偉人の中の一人として数えられる。第二尚氏王朝十代目の王。尚質王時代の摂政。摂政の任期は一六六六年―一六七三年。財政再建や政教分離を行った。

（9）琉球王国の政治家（一六八二年―一七六二年）。羽地朝秀のあとを受け、林業や農業の改革に着手した。

（10）主に前近代の中国を中心とした貿易の形態。中国の皇帝に対して周辺国の君主が貢物を捧げ、これに対して皇帝側が恩賜を与えるという形式を持って成立する。

（11）正式には旧首里城正殿鐘という。一四五八年に尚泰《しょうたい》久《きゅう》王の命で鋳造され、首里城正殿にかけられたと伝えられる。この鐘の銘文に有名な「万国津梁」の文字のあることから、万国津梁の鐘と呼ばれるようになった。万国津梁とは、世界を結ぶ架け橋の意味。一九七八年に国指定の重要文化財に指定され、県立博物館に保管されている。

取材日▼二〇一〇年十月三十一―十一月三日

第三部

沖縄と米軍基地

沖縄密約証言

証言1 西山太吉▼元毎日新聞政治部記者・七十七歳

証言2 吉野文六▼元外務省アメリカ局長・九十歳

聞き手
板倉拓也（中央大学法学部三年）
冨田　佑（中央大学法学部二年）

はじめに

一九六四年十一月、佐藤栄作内閣が組閣された。一九七二年までの七年八カ月に及ぶ佐藤内閣による治政は、まさに「沖縄に始まり、沖縄に終わった」と言える。佐藤は、戦後初の首相として沖縄を訪問し、「沖縄の祖国復帰が実現しない限り、わが国にとって戦後が終わっていないことをよく承知している」という有名なスピーチを行った。

そして、アメリカとの交渉の末、一九七一年六月に沖縄返還協定に調印、翌年五月に発効した。沖縄の祖国復帰が、実現したのである。

しかし、沖縄返還協定には密約が含まれていた。それを暴いたのが、西山太吉・元毎日新聞記者だ。協定四条三項では「沖縄における軍用地の原状回復に当たって、米側は、四〇〇万ドルを〝自発的に支払う〟」と規定している。軍用地原状回復費とは、アメリカ側が軍用地として使用していた土地を、元の農地などに戻すための費用のことである。アメリカが使用していたゆえに、〝自発的に支払う〟ことは当然のことと思われていた。

西山記者は、実際はその費用を日本が肩代わりしていることを極秘電信文から突き止めた。だが、後に彼に機密を漏らした女性事務官の存在が明らかとなり、二人は国家公務員法違反の容疑により、逮捕された。

当初は「知る権利」を守れとの世論が高まったものの、両者間の男女の関係が起訴状に記載されたことを契機に、沖縄密約事件はスキャンダル報道に転化していった。裁判では、女性事務官が一審で有罪（控訴せず確定）、西山氏が一審では無罪となったものの、二審で逆転有罪となり、一九七八年の最高裁で確定（国家公務員法違反（秘密を漏らすようそそのかす罪））した。

しかし、一九九〇年代後半から、アメリカで密約の存在を裏づける公文書が立て続けに見つかった。背景には、米国は一定期間が過ぎると公文書を公開するという制度がある。これらの公文書によって、西山氏が暴いた「四〇〇万ドル」の存在が証明されただけでなく、またそれは密約の「氷山の一角」でしかなかったということが明らかになった。

二〇〇六年には、当時の外務省アメリカ局長であった吉野文六氏が、密約の存在を示唆する発言をした。それでも、政府は未だに密約の存在について、明確な回答を避け続けている。

一九七二年の一審後に毎日新聞を辞めていた西山氏は二

〇〇五年、謝罪と損害賠償を求めて国を提訴した。だが、不法行為から二十年過ぎれば損害賠償請求の権利が消滅するという「除斥期間」を適用され、二〇〇八年九月二日の最高裁で敗訴が決定した。判決が、国民が一番知りたがっている密約の存在に踏み込むことはなかった。

（板倉）

沖縄密約事件当時の報道に関する分析

沖縄密約事件では、政府外交の密室性と欺まんが明らかになった。しかし、裁判では、密約の存在そのものや政府の外交への問題は解明されることなく、結局、問題の本質は曖昧なまま、闇に葬られてしまった。そして、それは現在までも続いている。その背景には、当時のメディアの報道の変化や、それを誘発した政府の情報操作が原因として存在したのではないかと思われる。世論を喚起する立場であるメディアが萎縮し、人々に誤った情報を与えれば、社会をよりよく変革するという責務は果たせない。メディアが果たすべき役割という観点から考えて、沖縄密約事件を考えたいと思う。

まず、密約の存在が明らかになってから、西山記者と女性事務官が逮捕されるまでの期間の報道だ。この間、新聞は、密約の存在に疑義を呈し、密約の存在に端を発する政治の混乱や政府がその混乱を収束させようと躍起になっている様子を伝えている。例えば、一九七二年三月三十日付の朝日新聞は「一両日の決着ムリ」という見出しで、密約によって国会で与野党が揉め、政治が混乱している様子を伝えている。このように西山記者が逮捕されるまで、比較的新聞の論調は柔らかく、事件の推移を客観的に追っているものが多い。

そして、一九七二年四月四日、西山記者と女性事務官が逮捕されると、新聞の報道は、その主張を強めることとなる。逮捕翌日の四月五日の毎日新聞を見てみると、一面のほぼすべてが密約関連の記事で埋まっていて、「国民の知る権利どうなる」や「権力介入は言論への挑戦」などといった見出しが付けられている。それまでは多くの記事が事件報道に終始していたが、逮捕後は、毎日新聞のように、言論の自由の危機やメディアへの権力介入を主張し、政府批判や身内である新聞ジャーナリズム、メディアの在り方を世間に問う記事が増えてくる。

しかし、裁判が始まると、白熱していたジャーナリズム擁護の論調に水を差すような出来事が起こる。一九七二年四月十五日、起訴状に書かれていた、「女性事務官をホテルに誘ってひそかに情を通じ、これを利用して」という言葉によって、世論や報道が一変することとなる。これ以降、新聞だけではなく、週刊誌やテレビのワイドショーが報道に加わる。報道内容も、それまでの密約の核心や言論の自由に関する記事ではなく、西山記者と女性事務官の間の不倫関係をスキャンダラスに伝える記事が多くなってくる。例えば、女性自身や週刊ポストなど週刊誌では、女性事務官と西山記者との不倫関係を取り上げた記事や女性事務官の夫の手記までが掲載され、センセーショナルに報道されている様子がわかる。こうして、世論は、男女間の問題に焦点が移っていき、西山記者への批判が高まっていく。また、起訴状の内容を受けて、毎日新聞も裁判当日の夕刊にて、おわびを掲載するなど、新聞もそれまでの勢いを失い、萎縮することとなる。

当初は報道の中心であった新聞が論調を弱め、週刊誌やワイドショーのスキャンダラスな報道が勢いを増し、密約の真相や言論の自由に関する議論は世論から忘れ去られてしまった。そのように、核心を肩透かしさせ、センセーショナルな報道へと変化させたことは、政府にとっては歓迎するべきことであり、また意図したことでもあるだろう。

「情を通じて」という一言によって、政府対新聞ジャーナリズムという構図であったものが、いつの間にか週刊誌など少数派メディア対新聞ジャーナリズムという構図にすり替わり、本質的な問題は解決されずにすまされてしまった。メディアの報道は、世論を喚起し、社会をよりよく変革する責任を負っている。そう考えると、本来は新聞と週刊誌も含めすべてのメディアが、密約という政府の不正に迫るべきであった。（冨田）

証言1 ―― 西山太吉さんに聞く

――国に対し、謝罪と損害賠償を求める裁判を起こした理由は？

西山さん　二十五年が経ったら、アメリカの公文書館において外交の機密文書を一応自動的に開示するようになっているんです。結局、（沖縄返還が一九七二年だから）二〇〇〇年になるまで、事実上新しい展開はありませんでした。しかし、二十五年が経ち、開示されたものは国立公文書館に収められました。そしたら続々と密約の証拠が出てきた。アメリカは、本当に開示しているんです。

完全にアメリカという交渉当事者によって、密約が証明されました。裁判で違法秘密は保護に値しない。保護するどころか、違法秘密を作ったものは処罰されないといけない。私が暴いた四〇〇万ドルも違法です。なぜ違法かと言うと、沖縄返還協定というのは条約だから、条約というのは参議院の審議より衆議院の議決優先権が認められています。一番グレードの高い国会承認案件です。国会というものは国権の最高機関。そこに虚偽の事項があったとすれば、それは完全に憲法違反です。国権の最高機関に嘘をつくことになるからです。はっきり言うと、今まで歴史的にこれ以上の犯罪はなかったのではないか……。

それで、今まで政府が「密約はない」と言っているのは、吉野氏（外務省元アメリカ局長）が「ない」と言ったことが根拠でした。それを、吉野氏が最近（二〇〇六年）になって認めてしまった（密約の存在を示唆する発言をした）。つまり、政府は偽証していたのだけど、さらに偽証を重ねているんです。それが、私が起こした民事裁判の大きな原点です。

西山太吉さん。

――裁判で「損害賠償請求の二十年の除斥期間を過ぎ、請求の権利がない」とされることは、予想していましたか？

西山さん　もちろん、予想したうえでやりました。やらなくちゃいけないのではないか。なぜなら、黙っておくと、政府の嘘をそのままにすることになりますから。「除斥期間なんて適用する性質のものじゃありませんよ」ということを言うと同時に、密約問題っていう政府が過去においても今日においても嘘を言い続けているということを訴状に載せて、この問題についての世論を喚起しないといけない。

裁判という公開の場を通じて、私がやることによって、伝わっていく。それが大事なんです。だから、私は裁判を発信の基地としてジャーナリズムをやっているんです。今でも私はジャーナリズムをやっている。メディアに代わって。メディアが弱いから。私は裁判所を利用してやっている。裁判の判断なんてどうでもいい。いかにひどい嘘を政府が平気で言うのか、その嘘がまかり通っているのか。日本は、「民主主義、民主主義」と偉そうに言うけど、こんな嘘を平然とまかり通らせているのだということを、ずっと、具体的に発信して、みんなを覚醒させるという一つの舞台装置、それが私にとっての裁判なんです。

――裁判を起こすことによって、当時の取材方法がほじくり返される心配はなかったのですか？

西山さん　実際にほじくり返してるじゃないか。私の問題はある程度出ます。出たってそれはしょうがない。それで引っ込んでしまったら相手の思うツボではないですか。日本のメディアも世論も全部引きずられて、日本の根幹である民主主義を崩壊させている政府の偽証を、全部すり替えていきました。私がくじけていたら日本の体質は何も変わらないのではないかと思うんです。

――新聞も、密約から機密漏洩へと議論がすり替わったことに関しては？

西山さん　新聞社もみんな同じです。騒がしいほうばかりに目がいく。それが日本です。新聞社には、それだけの民主主義を守るだけのもの（力）があるわけない。日本の新聞だけではありません。民衆もみんなそうです。日本の近代国家っていうのは一回でも民衆が作ったことがありません。そういう民衆だから、高度な民主主義的な主権者意識というものがあるわけない。日本の民主主義は極めて上から作られたものだから、それは無理な話ですよ。

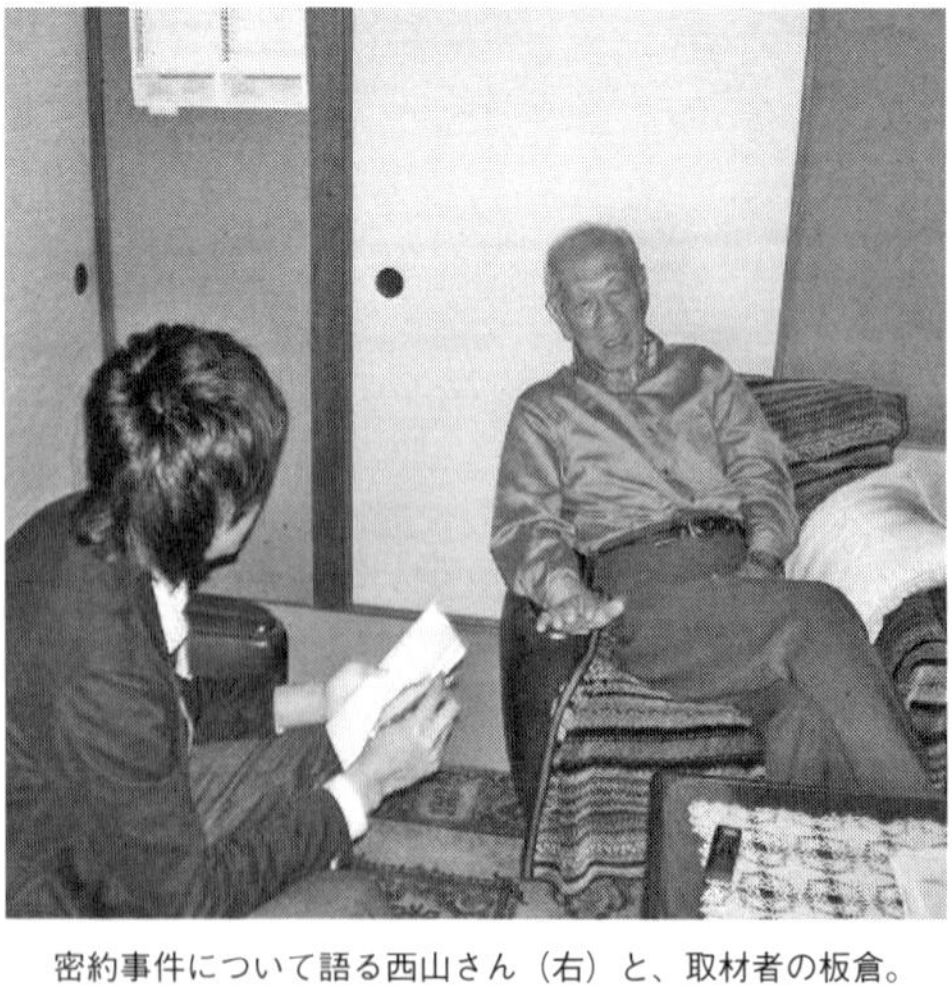

密約事件について語る西山さん（右）と、取材者の板倉。

吉野氏という当事者が発言しても、まだ政府は「（密約は）ない」と言っている。なぜだと思う？　日本の民衆が見下されているからですよ。「どうせ西山太吉なんて棺桶に片足つっこんでいる」と。政府は、日本のジャーナリズムもメディアも大したことないと、見下しているんです。

でも、今、ようやく少し違ってきています。私が頑張っているから、新聞が違う見方をすることができるようになってきました。

――裁判の最大の目標は？

西山さん　国の嘘を完全に摘発することです。認めさせることです。政府の嘘をそのままにすることは、絶対やってはいけないことです。

――なぜ新聞記者になろうと思ったのですか？

西山さん　高校時代からずっと新聞記者になろうと思っていたからです。ずっと新聞記者。一つも変わらない。もう、私は新聞記者の適性があるなと思って。高校、大学、大学院とずっとなりたかったんです。大学院では「学者になってくれ」と頼まれたけど、それも断って新聞記者になりました。

新聞記者というのは、その時の時代や社会の動きをきちんと整理して、正確にキャッチして民衆に伝えることが仕事です。伝達しないと民主主義は成り立ちません。しかも、昭和三十年代はまだテレビも発達してなかったし、新聞だけだったからなおさらでした。民主主義は新聞がしっかりしないと駄目だと思っていました。戦後、新聞が情報をきちっと整理して、問題の所在を明らかにして、国民にきちっと伝達して国民の問題意識を喚起しないと、日本の近代国家のプロセスから見て、日本は民衆が近代国家を作っていないから、メディアがよほどしっかりしないと、権力によっていろんなふうに操作されてしまうと思っていました。そういう意識を持っていたんです。

――実際、新聞社に入ってみて、理想との違いはあったでしょうか？

西山さん　それは、違うよ。入って、いろいろな弊害や障害はあったけど、重要なことは自分がそこで主張してどれだけやるかです。常に、自分は誰からも干渉されないで自分の仕事をやったつもりだから、私は編集局長にも口出しをさせませんでした。それくらいにならないと駄目です。他の新聞記者のレベルにも幻滅を感じたけど、自分自身としては新聞記者として十分やったつもりです。特ダネも一〇〇本くらいとったと思います。やるだけのことはやった。悔いはない。私は黙っていればよかったのです。黙ってい

新聞記事を示しながら当時の状況を語る西山さん。

れば、まだメディアの世界で貢献できたかもわからないけれど……。

証言2 ―― 吉野文六さんに聞く

――二〇〇六年の「密約あった」の発言について、お聞かせください。

吉野さん　その時は、北海道新聞の人が来まして、沖縄協定をやっていた時の、ノートのようなもの（協定に関する覚書）を、英文の写しを持ってきました。そこに、私のイニシャルがあるのです。B.Y（文六・吉野）と。それで、「これはお前のイニシャルか」と（北海道新聞社の記者は）聞いたわけです。私は、自分のイニシャルがあるということを否定できません。だから、「それは私のイニシャルだ」と言ったら、「四〇〇万ドルの密約を吉野は肯定した」と、新聞に書いたのです。

――北海道新聞の記者が来た時に、「密約はあった」と発言したのですか？　それとも、「これは私のイニシャルです」と言っただけなのでしょうか？

吉野さん　いや、私は「密約があった」ということは言いません。ただ、「これは私のイニシャルであることは間違いない」と言っただけです。

「B. Y」というイニシャルについて語る吉野文六さん。

私は「密約があった」とは言わないです。なぜならば、皆さんは密約と言うが、何が密約かということなのです。「密約とは何ぞや」ということです。交渉中の問題は、あらゆるものを外に漏らしてはいけない、それを遵守するのが外交をやっている人間の責務です。相手の国に対してもいろいろ迷惑がかかるし、わが国に対しても差し障りがある。だから、交渉最中の問題は人には話さないのです。今もそうです。大事なことは。「密約か」とか「密約ではない」という話ではなくて、交渉最中のものは口外しないというだけの話なのです。

――もし、北海道新聞の記者がイニシャルのことではなく、「密約はあったか？」と聞いていたら、どう答えていましたか？

吉野さん　それは今まで通り（ないと）言っていたでしょうね。「ない」と言っても嘘じゃないのだから。私は、密約という言葉は気に入らないのです。密約ではなくて黙っているだけの話なのですから。それだけ（四〇〇万ドルの密約）が特殊な密約ではないです。今、三億二〇〇〇万ドル（沖縄返還協定における日本の対米支出額）の内訳は全部密約です。言い方によってはそうなります。

――多くの新聞には、吉野さんの発言が、「密約あった」という記事で書かれていました。

吉野さん　それは、記者たちが解釈したのです。私は、「私のイニシャルですよ」と言っただけの話です。イニシャルと認めたということは、密約じゃないけど、そういう合意があるということにはなるでしょう。

――密約を肯定しているということですか？

吉野さん　肯定していることになるでしょう。

――当時、報道の対象が密約から西山氏たちの男女の関係にすり替わったことについては、どう思いますか？

吉野さん　それは、私には関係ないです。西山さんが後に、裁判で刑を受けるなどということになったけれど、これは私の関しないことで、裁判所のことです。西山さんは新聞記者として正しいことをしたのかもわかりませんけれど、しかし、裁判所が、その漏洩を幇助したという罪にしたわけです。だから、それについて私が何か言うようなことはないです。私がアメリカ局長としても、判断する資格はないです。

――西山さんに対するうしろめたさみたいなものはありますか？

吉野さん　私があるということでしょうか？　彼が記者を辞めることになったのは、電報が外に漏れたからですよ。そして、毎日新聞と西山さんの関係です。私は西山さんの事件とは全然関係ないです。

ただ、西山さんは今も一所懸命になって、真理のため、真実のために戦っているという、自分の金で裁判を起こして、何回も何回も裁判所にたてついて、やっている姿は立派だと思います。

――今、西山さんに会いたいと思いますか？

吉野さん　何かポジティブなものが出てくればよいのですけど。将来の日本を展望し、将来の政治を考えうるようなものが出てくればよいのですが、私はそんなものを持ってないのです。

本当の意味で、日本はどこに行くかっていうことについて、我々は腹を括ってないでしょう。沖縄がグアムに海兵隊を移すとか、いろいろなことが新聞に出ているでしょう。それについて日本政府が承諾しているがごとく、事態は動いていますけれども。しかし、本当の日本の安全保障や外交政策の行方がどこにあるのかということは、わかりません。

――日本の情報公開の制度についてはどう思いますか？

吉野さん　アメリカが全部情報公開をしているかは知りません。ただ、アメリカにとって、もう情報公開をしていいとか、あるいは、差し支えないと思っているものはやっているでしょう。日本は、それだけの先の見通しがないのじゃないのでしょうか。つまり、情報公開をした後で、差し支えないかどうかっていうことの見通しです。

個人的には、日本の本当の将来がはっきりすれば、公開するべきだと思います。なるべく、国民に全部を知ってもらって国民に判断してもらったほうがいいかもわかりません。国民が判断するだけの能力があるかは知りませんけれども。

――新聞には、吉野さんが密約の存在を示唆する発言をした理由に、西山さんの裁判を後押しするためという憶測がありました。

吉野さん　裁判は関係ないです。後押しにはならないじゃないのですか。なぜかというと、西山さんの事件は、いいか悪いか知らないけど、もう時効でしょう。まあ裁判を起こしちゃいけないということではないです。起こすのは彼の信念によるものでしょう。だから、西山さん自身に、私は悪意も善意もないです。ただ、有能な記者であったということを知っているということだけです。

――もう一つ吉野さんが発言をした理由に、奥さんを亡くしたことがきっかけではないかと新聞に書いてありました。

吉野さん　ハッハッハ（笑）、それはまったく関係ないです。

でも、私も歳をとったから、だんだんと年齢に従って世の中の見方も変わってきたのでしょう。そういうこともあるでしょう。歳をとれば、少しずつ自分の限界が見えてくるのでしょう。我々の人生というものは、長い歴史の一環なのです。

――長い歴史というものを考えて、そのうえで将来の日本のために発言したということですか？

吉野さん　そんな大それた考えはないです（笑）。

――吉野さんが思う、ジャーナリストの役割とは？

吉野さん　新聞記者としては、客観的な真理を追究するということが、一番大きなやりがいでしょうか。それは、権力側にとっては、疎ましいこともあります。でも、それは仕方ないです。真理や客観的事実を追究するわけですから。政府が正しいことを全部やっていれば、あまり追究することはないかもしれません。

中央大学の学生なら裁判官や検事になれるかもわからないけど、いろいろな職業がありますが、金儲けということはちょっと違いますよね。金儲け自体は、職業の目的ではないですから。

――若い人へのメッセージはありますか？

吉野さん　そんなものはないです（笑）。私は、現代は現代で生きるのが大変だと思うし、生きるということは生活をするという意味だけではないです。ことに一番大きな問題は、私の観点から言えば、どうやって平和を維持していくかってことでしょう。私は自分の兄弟を戦争で亡くし、自分の友達を戦争で失ったという思い出もありますから。

――元気の秘訣は？

吉野さん　何もないです。ただ普通に生きているだけの話です。ただ、生きているというのは、やっぱり意識を持って生きているということでしょう。ハッハッハ（笑）、生きているっていうのは、そういうことです。

笑顔の吉野さんと、愛犬のマル太。

参考文献

・『朝日新聞』一九七二年（昭和四十七年）三月三十日朝刊「〝沖縄密約〟」。

・『毎日新聞』一九七二年（昭和四十七年）四月五日朝刊「〝沖縄密約〟漏えい問題」。
・『女性自身』一九七二年（昭和四十七年）五月一日、一七二－一七五頁。
・『週刊ポスト』一九七二年（昭和四十七年）九月十五日、三十－三十二頁。
・『週刊ポスト』一九七三年（昭和四十八年）四月二十日、二十六－二十九頁。
・『毎日新聞』一九七二年（昭和四十七年）四月十五日夕刊「本社見解とおわび」。

取材日時▼二〇〇八年五月七日（西山さん）
二〇〇八年六月三十日（吉野さん）
取材場所▼福岡県北九州市の西山邸（西山さん）
神奈川県横浜市の吉野邸（吉野さん）

コザ暴動
――米軍の横暴に対するウチナーンチュの不満の爆発

解説　高良鉄美▼琉球大学法科大学院教授・五十七歳
証言　喜屋武幸雄▼沖縄ロック協会事務局長、NPO法人沖縄音楽文化振興会理事長・六十九歳
聞き手　梶　彩夏（中央大学文学部二年）
田中大介（中央大学法学部二年）

はじめに

日本本土復帰前の一九七〇年十二月二十日午前一時頃、沖縄県コザ市（現沖縄市）、軍道二十四号線（現国道三三〇号線）のゴヤ十字路付近で、米兵が交通事故を起こした。道路を横断しようとしていた沖縄の男性をはねたのだ。男性は、全治十日ほどの軽傷を負った。

現場には、現場検証と事情聴取をする米軍憲兵と琉球警察、そしてコザ市の住民などが集まった。警察が加害者の車を現場から持ち去ろうとした時、約二〇〇人まで膨れ上がっていた群衆から「車を持っていくな」などの叫び声が上がった。その後、最初の事故の騒動は収まりかけたが、現場にいた数人が、米軍車両の通行を妨げるために、イエローナンバー[1]の車の前に飛び出した。車を運転していた米兵は、彼らを避けようとして、道路脇に止めてあった車に追突した。こうして、第二の交通事故が起こった。この事故に被害者、負傷者はいなかったが、車の中に沖縄の民間人も乗っていた。午前二時十五分頃、荒れる群衆を止めるため、米軍憲兵は威嚇発砲をし始めた。午前二時三十分頃、群衆の一部が、イエローナンバーの車を道路の中央に集め、ひっくり返し、火をつけ始めた。その後、群衆は五〇〇〇人に膨れ上がり、一〇〇〇人ほどの群衆は嘉手納基地へ向かい、警備室や基地内の米人学校などに火をつけた。また暴動の間、白人兵に暴行をした者はいたが、黒人兵に対して危害を加える者はいなかった。そして、朝七時頃、日が昇り、暴動は終息した。

現在のゴヤ十字路の様子。1970年、ここでコザ暴動が起きた。

一九七〇年十二月二十日未明、沖縄県コザ市（現沖縄市）において、基地に対する住民たちの怒りや不満が爆発した「コザ暴動」が起こった。暴動が起きた現場には五〇〇〇人もの住民が集まり、車両八十二台が炎上、負傷者は八十八人（米側六十一人、沖縄側二十七人）だったと言われている。

この暴動の歴史的事実を知った時に、私たちは衝撃を受けた。なぜなら、「米兵が沖縄の人に対して」起こした事件・事故はニュースなどで耳にしたことがあったが、その逆の「沖縄の人が米兵に対して」というのは、聞いたことがなかったからだ。「沖縄の人は、なぜ暴動を起こしたのだろう……」。私たちは興味を持ち、大学の図書館で調べてみた。すると暴動が起きたきっかけなど、断片的な事実は知ることができた。しかし、コザ暴動の背景は、本を読んだだけではわからなかった。そこで実際に、沖縄に足を運び、コザ暴動について詳しい方に直接お話を伺うことにした。琉球大学法科大学院の高良鉄美教授である。（梶）

コザ暴動とは

――コザ暴動はどのように始まり、どのように終わったのでしょうか？

解説▷琉球大学教授 **高良鉄美**

高良さん コザ暴動のきっかけは、一九七〇年十二月二十日午前一時頃に軍道二十四号線のゴヤ十字路付近で起きた交通事故だったと言われています。米兵の運転する車が、沖縄の男性をはねたんですね。この事故が起きる三カ月前にも、糸満町（現糸満市）で米兵が沖縄の人をひいてしまう事故があったんです。その事故で、被害者は亡くなってしまったにもかかわらず、ひき殺した米兵は無罪になりました。そのことに沖縄の人は強い不満を抱いていました。だからこそ、十二月二十日の事故は、「事故処理が適切に行われるか」、住民の注目が集まったんです。米軍憲兵の事故処理の様子を見ようと、たくさんの人が事故現場に集まりました。その間、群衆からの妨害はありませんでしたが、多くの野次が飛び交いました。そして警察が事故車両を持ち去ろうとした時、群衆から「車を渡すな」という叫び声が上がりました。「ここから車を持っていかせたら、糸満の二の舞になる」と

解説者の略歴

高良鉄美《たからてつみ》 ▷琉球大学法科大学院教授、沖縄県憲法普及協議会会長。専攻は憲法・行政法。
沖縄憲法史、平和憲法の構造力を研究しており、「米軍統治下の沖縄における平和憲法史」という論文の中で、コザ暴動について触れている。

考えたのだと思います。そして、その中の数人が、米軍車両の通行を妨げようと、現場近くを通る車の前に突然飛び出しました。車を運転していた米兵は、彼らを避けようとしてハンドルを切り、故障のために停止していた車に追突してしまいました。これが、第二の交通事故です。この事故では負傷者は出ませんでしたが、新たな攻撃対象を見つけた群衆は、その車を取り囲み、騒ぎ立てました。群衆は暴徒化していき、中には事故を起こした車に、石やセメントを投げ、フロントガラスを割る者もいました。その投石によって運転していた米兵と、後部座席の民間人は負傷しました。そして、荒れ狂う群衆に対して米軍憲兵が威嚇発砲を行ったのです。その何回かの威嚇発砲によって、ついに沖縄の人の怒りは頂点に達しました。イエローナンバーの車をひっくり返し、火をつけ始めたのです。これが、午前二時三十分頃です。そして人がさらに増えていき、野次馬を含めると五〇〇〇人もの人たちが、ゴヤ十字路付近に集まりました。その中で、車をひっくり返し、火をつけた人は百数十人だと考えられています。しかし、投石や野次をとばしていた人は数千人以上だったのではないかと思います。その後、約一〇〇〇人が嘉手納基地へ行きました。そのうちの数百人が警備室、基地内の米人学校などに火をつけたと言われています。そして、朝の七時頃になって、暴動はようやく終息しました。

イエローナンバーの車が燃えている様子（©1970吉岡攻）。

――なぜ五〇〇〇人もの人がゴヤ十字路に集まれたのですか？

高良さん　ゴヤ十字路付近にそもそも人が多くいたからだと考えられます。十二月二十日というと、ちょうど忘年会シーズンですから、夜遅くまで多くのコザ市民などがゴヤ十字路付近で飲食をしていたと思います。また十二月十九日には美里村（現在沖縄市と合併）で毒ガス撤去[2]の集会も開かれていたので、この集会に参加していた人も、ゴヤ十字路付近で飲み会をしていたと思われます。そのような人たちが、家に帰ろうとする途中で町の異変に気がつき、どんどんゴヤ十字路に集まったのではないかと思います。

――コザ暴動の特徴的な点は何ですか？

高良さん　死者や店舗破壊、そして略奪行為がなかったということです。どうしてそのような行為がなかったかというと、理由は二つあります。一つ目は、暴動が、誰かを殺害するということを目的としていたのではなく、基地に対する怒りや不満の爆発であったから。もう一つは、怒りの矛先が米軍一点に集中していたからです。怒りの矛先が米軍一点であったというのは、火をつけたのがイエローナンバーの車と嘉手納基地のみだったということからもわかると思います。イエローナンバーは米軍の車ですし、嘉手納基地に火をつけて困るのは米軍だけですからね。それ以外の物には火が移らないように、車を燃やす時も、道路の真ん中に車両を動かしてから火をつけていました。

コザ暴動が起きた背景について語る、高良教授。

――コザ暴動において、暴力行為は一切なかったのでしょうか？

高良さん　白人兵に対して暴力を振るった者はいたようですが、黒人兵に対して攻撃する者はいなかったと言われています。これは、沖縄の人が、黒人兵を「被差別の仲間」ととらえていたからかもしれません。一九六〇年代はアメリカ国内で特にひどい人種差別が行われていました。しかし実は沖縄でも、白人兵による黒人兵差別があったんですね。当時のコザの町には、白人街と呼ばれた地区、黒人街と呼ばれた地区が別々に存在し、酒を飲む場所が肌の色で違っていたので、米軍基地周辺に住んでいる沖縄の人は皆、差別があることを知っていたんです。だから、暴動でも、自分たちと同じように差別されている黒人兵には手を出さなかったのではないかと考えられています。

――では車に火をつける時も、白人兵のものだけを選んでい

たのでしょうか?

高良さん　いいえ、選んで火をつけたわけではありません。もっとも、当時車を持っていたのは、米兵の中でも上官という役職に就いている者がほとんどでした。そして上官に就くことができるのは、白人兵だけだったのです。ですから、結果的には白人兵の車を燃やしたということになります。

――コザ暴動は計画されていたものだったのでしょうか?

高良さん　計画されていたものではなく、首謀者もいなかったと考えられています。それなのに五〇〇〇人もの人が集まり、誰が言い出すでもなくあのような暴動が起きてしまったのは、それだけ沖縄の人たちが基地と米軍に対する行き場のない思いを抱えていたからではないかと思います。

――その「行き場のない思い」とは、具体的にどのようなものだったのですか?

高良さん　人によって様々な思いを抱えていたと思いますので、一概には言えません。しかし、「同じ人間なのに平等に扱われない」ということに対する怒りはあったと思います。コザ暴動が起きた当時は米軍統治下でした。だから米兵が関与した交通事故は、たとえ被害者の沖縄の人が亡くなったとしても、加害者の米兵は無罪、あるいは科されたとしても軽い刑で済まされていました。捜査権、逮捕権、裁判権が、すべて米軍当局に委ねられていたからです。その結果、米兵も沖縄の人も同じ人間なのに、命の扱われ方が違ったんですね。このような差別に対する怒りなど、様々な思いが爆発したものが、コザ暴動だったと思います。

コザ暴動から四十余年を経た今、考えること

――コザ暴動後、米兵の犯罪は減ったのでしょうか?

高良さん　犯罪数の変化は見られませんでした。しかし、米兵が何か事件を起こすと、米軍の方から沖縄の人に対して謝罪が出るようになりました。「沖縄の人たちの心情を理解できます」、「遺憾に思います」などというようにです。沖縄の人が米軍に抵抗したのはコザ暴動が初めてだったので、やはり米軍にとっても衝撃的だったのではないかと思います。ただ、コザ暴動後も、米軍優位という状況は変わりませんでした。

――今後、またコザ暴動のような住民暴動が起こる可能性はありますか?

高良さん　可能性はあると思います。今年（二〇一一年）の一月に、飲酒運転をしていた米兵が沖縄の人をひき殺す

という事故があったのですが、アメリカはこの事故に対して「その米兵は公務中だったから日本に裁判権はない」と言っています。公務中にお酒を飲んでいるなんておかしなことですが、それでも「公務中」と言われてしまえば、日米政府間で決められた「日米地位協定(3)」によって、アメリカが第一次裁判権を放棄しない限り、日本で裁判ができないのです。沖縄の人が一人亡くなっているのに、です。同じ人間なのに平等に扱われないという、コザ暴動が起きた時と同じような仕組みが、依然として沖縄にはあるんです。

ただ、コザ暴動が起きた時と違って、今は怒りの矛先をどこに向けたらいいのか、沖縄の人たちにもわからない。米軍なのか、日本政府なのか、ということですね。その矛先が定まれば、またコザ暴動のようなことが起こるかもしれません。沖縄の問題は本当に沖縄だけの問題なのか、ということを考えなければならないと思います。沖縄問題は日本の問題だと、私は思います。

コザ暴動後のゴヤ十字路付近の様子（©1970吉岡攻）。

＊

一九七〇年十二月二十日に沖縄県コザ市（現沖縄市）で起きた、「コザ暴動」。この暴動の背景には、約二十五年の間に米軍が沖縄で行ってきたことに対しての、住民の溜まりに溜まった怒りや不満があった、と言われている。

暴動参加者が具体的にどのような思いを抱えていたのかということや、暴動の雰囲気、また、四十年以上経った今の気持ちなど、暴動参加者にしかわからない事実や思いを知りたかった。

そこで、当時コザ暴動に参加した一人の男性に連絡を取った。喜屋武幸雄さんという方だ。コザ暴動参加者の生の声を聞くため、私は喜屋武さんのもとを訪れた。

喜屋武幸雄さんは、一九四二年に那覇市に生まれた。戦争に行った喜屋武さんの父は、戦争が終わっても長い間帰ってこなかった。母は家族を支えるために米兵のメードとなった。後に母は米兵の子供を産み、喜屋武さんにはハーフの妹ができた。その後、父が戦争から帰還する。父もまた、家族を支えるため、家を基地の町へ移し、米兵向けの売春宿を始めた。喜屋武さんは「売春宿の子」という差別を受けながら、幼少期を過ごした。

高校卒業後、喜屋武さんは基地の町から逃げ出して東京に行き、大田区内で就職した。喜屋武さんが東京にいる間に、喜屋武さんの祖母は米兵にひき殺された。犯人は基地の中に逃げたため、喜屋武さん家族は何もできなかった。その後、売春宿を営んでいた実家が借金を抱え、長男だった喜屋武さんは、東京から基地の町に戻らざるを得なくなる。そして家族を支えるため、逃げたくてたまらなかった基地の町で米兵相手に歌を歌うバンドマンになった。

そして一九七〇年十二月二十日。喜屋武さんはコザ暴動に参加し、嘉手納基地に突入する。彼は、いったいどんな思いを抱き、コザ暴動に参加したのだろうか。（梶）

証言▽喜屋武幸雄

基地の町で育つ

――喜屋武さんは、幼少期をどのように過ごされたのですか？

喜屋武さん　物心ついた頃には、すでに戦争が始まっていました。そして、私は母と祖母とガマの中で助かりました。戦争に行った父は、終戦後もなかなか帰ってきませんでした。母は家族を養うため、米兵のメードをやり始めました。しばらくして、母はその米兵の子供を産みました。

私の妹が生まれたのです。そんな時、死んだと思っていた父が戦争から帰ってきました。そして一九四九年頃、一家で嘉手納基地に近いセンター通り(4)に引っ越しました。戦後の働き口のない状況では、基地の町で米兵相手の商売をするしか収入を得る方法がなかったんです。父はそこで米兵向けの売春宿を始めました。子供の時は、なぜ米兵のメードをするのか、なぜ売春宿をやっているのか、その意味がわかりませんでした。しかし、大人になった今考えてみると、戦後の米軍統治下で生き延びるためには、そうするしかなかったんですね。

――幼少期は、どのような思いで暮らしていたのですか？

喜屋武さん 私や妹が基地の町の外に出て行くと、「売春宿の子供」、「アメリカ人の子供」と言われ、沖縄の人に石を投げられました。売春宿の子供であるということ、ハーフであるということだけで、同じ沖縄の人から差別されたんですね。そのことは、子供心におかしいと感じていました。しかし、そのような差別を受けているのは自分たちだけではなく、Aサインの店をやっている家の子供のほとんどが差別されていたように思います。

基地の町から逃げる

――喜屋武さんはずっと沖縄で暮らしていたのですか？

喜屋武さん いいえ、高校を卒業してから二十二歳ぐらいまで、東京で暮らしていました。高校卒業後に東京で就職することを決めたのは、基地の町から逃げるためです。あの場所が嫌で嫌でたまらなかった。本土に渡ってからは、金属関係の会社に勤めていました。私はよく働いたと思います。ですが、会社でも労働争議に巻き込まれ、沖縄人だというこ

証言者の略歴

喜屋武幸雄《きゃんゆきお》 ▷1942年、沖縄県那覇市生まれ。

沖縄ロック(5)協会事務局長、NPO法人沖縄音楽文化振興会理事長。

７歳頃から基地の町で育つ。1964年に沖縄初の本格ロックバンド「ウィスパーズ」を結成。米軍基地内やAサイン(6)の店で、米兵相手に演奏していた。

1970年12月20日、コザ暴動に参加し、嘉手納基地内に突入した。

現在は若手ミュージシャンの育成に力を注ぎ、「沖縄ロックの父」と呼ばれている。

祖母がひき殺された時のことを、伏し目がちに話す喜屋武さん。

とだけで差別され、結局、クビにされました。その時は、「東京に来てまでも差別される。いったいなぜなんだ」という思いでしたね。その後は、新聞配達をしながら大学進学を目指しました。学校の先生になって、基地の町の子供たちを守りたいと思ったからです。でも、そんな時に、祖母が米兵にひき殺されたという報せが入ったのです。

――その時はどう思われましたか？

喜屋武さん　もちろん悲しかったたし、犯人は基地の中に逃げたと聞いて、悔しかった。基地の町から逃げたくて東京に行ったのに、私には切りたくても切ることのできない沖縄の問題が、まとわりついているんだと思いましたね。

再び基地の町に

――東京から沖縄に戻ることになった理由を教えてください。

喜屋武さん　売春宿を営んでいた実家が借金を抱えて、私がどうにかしなければならない状況になってしまったからです。二十二歳ぐらいの時でした。東京に住んでいた頃は、友達に「沖縄に戻って来いよ」と言われても、「冗談じゃない」と断っていたのに、結局戻らざるを得なかった。家族を守るためには、そうするしかなかったんです。再び基地の町に戻った時は、「何でまたここに戻って来たんだ、何で私はここにいるんだ」と、悔しくて悔しくてしょうがなかった。

沖縄ロックを創る

――沖縄に戻ってからは、どうされたのですか？

喜屋武さん　家族のために、収入の高いバンドマンになりました。一九六四年に、「ウィスパーズ」という沖縄初の本格ロックバンドを結成し、米軍基地やAサインの店で米兵相手に演奏をしました。米兵たちは、下手な演奏には容赦なくビールビンや灰皿を投げ、罵声を浴びせるので、私たちはそうされないよう、あらゆるジャンルの曲をコピーしました。その甲斐もあって、「ウィスパーズ」はたちまち人気・実力ナンバーワンと言われるバンドグループになりました。私たち「ウィスパーズ」の成功を見て、たくさんのバンドグループが基地周辺で活動し始めたほどです。当時はたくさん稼いだので、生活は普通の沖縄の人より裕福でした。でも、基地の町で働くバンドマンというのは、沖縄の中で社会的な地位は低かったんです。収入は高いのに、沖縄の人から馬鹿にされていました。逃げたくてたまらなかった基地の町で暮らし、米軍基地内でライブを開き、米兵相手に歌を歌う。そして、沖縄の人からは馬鹿にされる。本当に悔しくて、そして悲しかったですね。

——喜屋武さんにとって、当時、ロックとはどのような存在だったのですか?

喜屋武さん　ロックは生きるための武器でした。ギターを持つことで物を言うことができたし、生活することもできた。私はロックで鬱積《うっせき》した想いを発散していたんです。

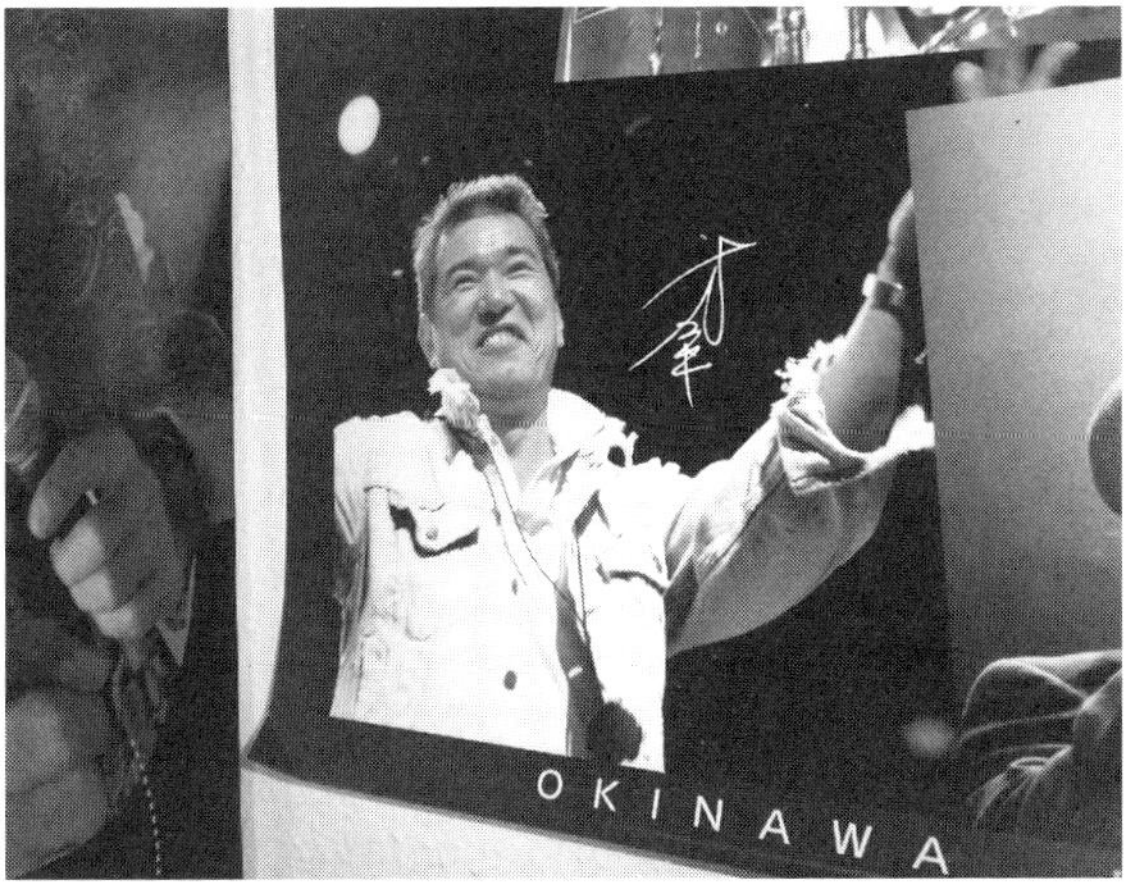

喜屋武さんのご自宅に飾られているポスター。ポスターには「甦れ・ロックボーイ」とあった。

コザ暴動に参加

——喜屋武さんは、コザ暴動の前日（一九七〇年十二月十九日）、何をされていたのですか?

喜屋武さん　その日も、金武町《きんちょう》(7)のAサインの店で米兵相手に歌を歌っていました。その帰り道、「何だか騒がしいぞ」と、町の異変に気がついたんです。ただその時はバンド仲間と一緒だったので、仲間を家に送り届けた後、大きな声がするゴヤ十字路のほうに行きました。日付けも変わった夜中だというのに人がいっぱいいて、お祭りのような雰囲気でした。道路の中央からは銃声も聞こえてきました。米軍憲兵が威嚇発砲をしていたんです。しかしその時私は、それを白けた気持ちで見ていました。最初、私たちは燃やされた車を見る野次馬だったんです。

——では、いつ暴動に参加されたのですか?

喜屋武さん　私が立っていた所にサイドブレーキの外れた車が突っ込んできたので、「危ない」と思ってその車を止めて、ひっくり返しました。それに誰かが火をつけました。そして気がついたら、私は他にイエローナンバーの車がないか探していて、見つけた車をひっくり返していたんです。

——車をひっくり返している時は、どのような気持ちでしたか？

喜屋武さん　何も考えられませんでしたね。無我夢中でした。最初に、突っ込んできた車をひっくり返した時は「この野郎。今まで米軍に苦しめられてきたんだ。今日はやってやろう」と思いましたが、その後は、もう何も考えていませんでした。頭の中は真っ白でした。

——暴動参加者の中で、米兵を殺そうとしたり、店舗を破壊しようとしたりした人はいなかったのですか？

喜屋武さん　いなかったですね。なぜなら皆、米兵を殺したい、町中をめちゃくちゃにしたいというような思いでやっていたわけではないからです。参加者は、米軍や基地に対する、言葉にしてもどうにもならない行き場のない思いを、イエローナンバーの車をひっくり返して火をつけるという行為で表していただけなんです。皆、人を殺してもどうにもならないし、人間を傷つけることは自分を傷つけることになると思っていたのではないかと思います。

——喜屋武さんは、ずっとゴヤ十字路付近にいたのですか？

喜屋武さん　いいえ、私は途中で他の人たちと一緒に嘉手納基地に行きました。基地の中に突っ込むことは、本来、沖縄の人にとってみれば怖いことなんです。しかし、私はいつもその中で演奏していたので、怖くはありませんでした。基地の中で、私はイエローナンバーの車を壊しました。すると一部の人たちが、基地の中にある米人学校に火をつけ出したんです。しかし私は、学校に火をつけるのは間違っていると思いました。米人学校とはいっても、子供たちに罪はないと思ったからです。すると、だんだん気持ちが冷めてきたんですね。他の群衆はまだ騒然としていたけれど、私はゲートから出て、家に帰りました。その時は

現在も、嘉手納基地周辺には横文字の看板の店が多くある。

現在のゴヤ十字路。この道を真っすぐ進むと、嘉手納基地第二ゲートがある。

ずっと、米兵に殺された祖母のことを思っていました。

矛盾を感じて

——家に帰ってからは、どうしたのですか？

喜屋武さん　朝になって、あの暴動がどうなったか気になり、現場に行きました。ゴヤ十字路の光景を見て、大変なことをしたと思いましたね。暴動を起こしてしまったことを後悔しました。

——その日は、どのように過ごしたのですか？

喜屋武さん　その日も、金武町のＡサインの店で米兵相手に歌を歌いました。最初はいつものように歌っていたのですが、途中で歌えなくなりました。米兵に翻弄されてきたこれまでの人生と、それなのに米兵からお金をもらって生活していることを考えているうちに、大きな矛盾を感じたからです。そして私はバンドマンを辞め、トラックの運転手になりました。でもその仕事も結局うまくいかなくて、また米兵相手に歌を歌うバンドマンになりました。生きていくために、そうするしかなかったんです。

——コザ暴動後、コザの町に変化はありましたか？

喜屋武さん　暴動直後、Ａサインの店に外国人が立ち入り禁止になり、半年ほど米兵がＡサインの店に来なくなりました。それにより、外国人向けの店のオーナーやホスト、その関係者は仕事がなくなり、自殺した人もいました。結局、基地の町に暮らす人は、基地に頼らなければ生きていけなかったんです。

一方、コザ暴動により、米軍に対して「沖縄の人でも怒る」ということを見せつけることができました。米兵は沖縄の人に対して簡単に危害を加えることができなくなったと思います。

四十年余が経って

——コザ暴動から四十年余が経ち、暴動を振り返って、今考えることはありますか？

喜屋武さん　コザ暴動は、基地の町の人の米軍に対する思いが、溜まりに溜まって抑えきれなくなって起きたものなんです。それなのに今は、マスコミなどが、コザ暴動のことを「沖縄の人の正義が貫かれた」というように高く評価していて、そのことに対して私は強く違和感を覚えています。

——喜屋武さん自身は、基地に対してどのような考えをお持ちですか？

喜屋武さん　基地問題は、賛成とも反対とも言い切れな

持って行き場のない思いを訴える、喜屋武さん。

い難しい問題なのです。なぜなら、私がそうだったように、沖縄には基地に寄りかからなければ生きていけない人がいるからです。それが沖縄の現状なのです。沖縄の基地問題は、賛成、反対と、白黒はっきりつけられるような問題ではないんですね。

――コザ暴動のような住民暴動が、今後また起こると思いますか？

喜屋武さん　何とも言えませんね。コザ暴動は、米軍に対する言葉にならない思いが溢れたものでした。当時はアメリカの統治下で、怒りの矛先が米軍基地や米軍とはっきりしていました。しかし今日、基地の問題は、日本政府とアメリカ政府が複雑に絡み合っています。そのため、どこに不満や怒りを発散すればいいのかわからない。誰に意見を言えばいいのかわからないという状況です。そのため、あのような暴動がまた起きるかと聞かれても、何とも言えない。ただ言えるのは、沖縄の人は、暴動が起きた頃と変わらない、持って行き場のない思いを、今も抱えているということです。

取材後記

取材を終えて、私は嘉手納基地へ向かった。沖縄に来るのは五回目だったが、基地を訪れるのは初めてだった。第二ゲートにたどり着いた時、私はフェンスの向こうにある敷地の広さに驚いた。嘉手納基地が極東で一番大きな米軍基地だということは知っていたが、その大きさは私の想像をはるかに超えていた。「多くの人が行き交う道のすぐ側に、こんなにも大きな基地があるんだ……」。呆気にとられていると、突然すさまじい爆音が聞こえてきた。私は思わず耳をふさぎ、その音がするほうを見た。嘉手納基地からP-3Cオライオン対潜哨戒機が飛んで行くところだった。これまで聞いたことがない轟音に、私は言葉を失った。その対潜哨戒機は私の頭上を通り過ぎ、そのまま南のほうへ飛んで行った。音は、対潜哨戒機が小さくなるまで続いた。私は耳に手を当てながら、遠くに消えて行く対潜哨戒機を、ただ呆然と見つめていた。基地周辺に暮らす人々は、毎日この爆音を聞いているのだろうか。そう思うと、言葉にならなかった。

その後、第二ゲートの写真を撮り、私はゴヤ十字路の方へ戻ろうとした。すると、軍服を着用した体つきのよい男性が、突然ゲートの中から現れた。そして、私に向かって手招きをした。「何だろう」と疑問に思いながら、私は彼の方向へ歩いた。彼は私の動きをじっと見ていた。そして、私が彼の前に立った瞬間、彼は低い声で「あなたは不法入国者だ」と言った。私は、最初、意味がわからなかった。「不法入国」とは、他国に上陸許可を受けずに入国したり、不正な手段で入国した時に言われる言葉。私は日本人で、日本国内にいるのに、なぜ「不法入国」と言われるのだろうか。そう考えていると、彼は私の背後にある道路を指差した。「あの道路からこっちは、アメリカなんだよ」。その言葉に、私は強烈なショックを受けた。日本にいるのに、日本でない。沖縄には、目に見えない国境があった。

言葉を失っている私に、彼は続けた。「今すぐ私の目の前で、あなたが撮った写真を消しなさい。消さなければ、不法入国者としてあなたの身柄を拘束する」。私は血の気が引いていくのを感じた。「身柄拘束」という言葉と彼の威圧感に、今まで感じたことのないような恐怖感を覚えた。「このまま拘束されてしまうのではないか」。気がつくと、私の手足は尋常ではないぐらい震えていた。私は、その震えを何とか抑えようとしながら、写真を一枚一枚消去した。その間も、彼は私の様子をじっと見つめていた。私がすべての写真を消去すると、彼は私からカメラを取り、その中身を確認した。「大丈夫だ。ここから出ていきなさい」。彼は私にカメラを返して、基地の中に帰っていった。

私は、彼が見えなくなっても、しばらくそこから動けなかった。沖縄に米軍基地があるというのは、どういうことなのか。その現実を、目の前に突きつけられた気がした。ここは日本なのに、ある場所から先はアメリカで、許可を取らないと、日本人は足を踏み入れることができないのだ。私は、身をもって沖縄の抱える矛盾の一端を知った。そして、コザ暴動が起きた背景に基地問題があるということを、強く実感した。

嘉手納基地第二ゲート。ここから先は、アメリカの統治下にある。

一九七〇年にコザ暴動が起きた原因は、米

軍統治下で、米兵と平等に扱われないこと、基地に苦しめられつつも生かされていることへの矛盾など、沖縄の人が抱えていたどうしようもない思いが爆発したものだと知った。そしてその根源となった米軍基地は、コザ暴動から四十年以上経った今も、沖縄にある。今もなお、「持って行き場のない思い」を抱えさせる仕組みが存在している。今回の取材を通して、私はこのことを身をもって知った。そしてこの事実は「沖縄の問題」なのではなく、すべての日本国民が考えなければならない「日本の問題」である。

かつてコザ暴動が起きたその場所に立ちながら、私は強くそう思った。

注

（1）米軍車両の車のナンバーは黄色だったため、米軍車両のことを示す言葉として使われていた。

（2）米軍が、ベトナム戦争用の兵器として、コザ市に隣接する美里村（現沖縄市）知花弾薬庫に致死性の毒ガスを秘密備蓄していた。しかし、一九六九年七月八日ガス漏れ事件が発生、米軍関係者二十四人が中毒症で病院に収容された。その事故が同月内に米国の新聞で明らかになった。沖縄の住民は、毒ガスによる危険に晒されたくないと、島ぐるみの毒ガス撤去要求運動を続けた。

（3）正式名称は「日本国とアメリカ合衆国との間の相互協力及び安全保障条約第六条に基づく施設及び区域並びに日本国における合衆国軍隊の地位に関する協定」。日米地位協定第一七条において、米兵の公務中の犯罪・事件については、現場が基地の外であっても、アメリカの軍当局に第一次裁判権があると決められている。

（4）Aサインの店が立ち並ぶ、米兵相手の歓楽街。「B. C. Street」とも呼ばれた。現在は「中央パークアベニュー」という観光客向けの商店街として、沖縄市に存在している。

（5）旧コザ市の飲食店などで、若者が米兵相手に演奏しながら鍛え上げられ、確立していった音楽。喜屋武幸雄さんが中心となった「ウィスパーズ」が草分けと言われている。日本離れしたパワフルな演奏が特徴。

（6）本土復帰前の沖縄において、米軍公認の店舗に与えられた許可証のこと。

（7）沖縄本島のほぼ中央部に位置する町。ここにはキャンプ・ハンセンがあり、ゲートの前にはAサインの店が立ち並ぶ飲食街があった。

参考文献

・沖縄市役所『米国が見たコザ暴動』ゆい出版、一九九〇年。

取材日▼二〇一一年六月二一四日

「命は宝《ヌチドゥタカラ》」の意志を受け継いで

――伊江島の基地問題と「沖縄のガンジー」

証言1　謝花悦子▼「ヌチドゥタカラの家」館長・七十歳

証言2　平安山良有▼七十八歳

聞き手
田崎愛美（中央大学経済学部三年）
大嶺佑史（中央大学総合政策学部三年）

はじめに

　一九四五年四月十六日、米軍が沖縄県伊江島に上陸し、伊江島での沖縄戦が始まった。当時東洋一と言われる飛行場を備えていた伊江島は米軍の集中的な攻撃対象となった。闘いは激しさを増し、伊江島戦が終結する四月二十一日までのわずか六日間で日本側の死亡者数は約四七〇〇人にもなり、そのうちの一五〇〇人は民間人だった。沖縄戦とは国内で唯一の民間人を巻き込んだ地上戦だった。

　日本の降伏により第二次世界大戦が終結し、捕虜となっていた人々が続々と自分たちの土地に帰る中、伊江島の住民たちだけは島に帰ることが許されず、約二年もの長い間、島民全員が強制的に慶良間諸島などに連行されたままだった。二年後ようやく島に帰ることを許された島民たちが目にしたのは、島の六十五パーセントにも及ぶ米軍の基地だった。

　家を潰《つぶ》され、島を基地化された人々は新しいスタートを切り、自分たちの生活を取り戻そうとしていた。そうした状況下、一九五三年に米軍から「土地収用令」が公布される。これにより最後まで抵抗していた十三軒の家がブルドーザーや銃剣を使った米軍に強制的に土地を奪われることになり、これをきっかけに住民たちのアメリカへの反発心はさらに強くなっていった。そして、この反対運動の中心にいた人こそ、「沖縄のガンジー」と呼ばれる阿波根昌鴻《あはごんしょうこう》さんであった。彼は反対運動の中心にいたにもかかわらず、非暴力、非暴言を貫き、その代わり、誰もが考えつかないような反対運動をした。

左の写真に写っているのが、阿波根昌鴻さん。

　今回、阿波根さんにお話を伺うため、彼が創設した反戦資料館「ヌチドゥタカラの家」に連絡をしてみた。しかし、阿波根さんは二〇〇二年に一〇一歳でこの世を去っていた。しかし、そこには四十年近い間、阿波根さんとともに闘い続け、また、現在の「ヌチドゥタカラの家」の館長である謝花悦子《じゃはなえつこ》さんがいた。そこで、私は謝花さんに、阿波根さんのこと、当時のアメリカの土地収用の様子、基地反対運動の様子などを伺うことにした。

伊江島における地上戦とはどのようなものだったのだろうか。アメリカの強制土地接収はどれぐらい過酷なものだったのだろうか。なぜ阿波根さんや謝花さんは長い間闘い続けてこられたのだろうか。彼らの根底にあるものは何なのだろうか。百聞は一見にしかず。そう思い、沖縄本島の北西部に位置している伊江島へ向かった。（田崎）

証言1 ▽ 謝花悦子

過酷な闘い

――阿波根さんが中心となった基地闘争は、どのようなものだったのでしょうか？

謝花さん　基地闘争が今でも全国的に評価されているというのは、非暴力と道理で闘って、基地をどんどん解放させたということが皆に評価されているのではないかと私は思います。そして、乞食行進[1]のように、米軍との闘いも決して悪口や暴言暴力は振るわず、道理をもって非暴力で闘ってきたというのが、他にない平和運動だったのではないかと思うのです。

――阿波根さんは、具体的にはどのように対応し、抵抗したのでしょうか？

謝花さん　米軍が一五二軒の家屋、住民に対して立ち退けと通告に来た時、阿波根さんが「何をするんですか」と聞いたら、「基地を作るのです」と彼らは答えました。しかし、阿波根さんは「もう戦争は終わりましたし、基地なんかいらないし、人殺しの練習をするための土地は一粒も譲ることはできない」と言って、ずっと反対しました。米軍は反対住家を十三軒まではなんとか減らしていったのに、十三軒になったらもう何も言うことは聞かない。あとは荒縄で縛って毛布を被せ、金網の中にぶち込んで、強制的に土地を奪い取って軍事演習をしたのです。

そういうことに対しても、阿波根さんは〝目には目を〟ということはやらなかった。「あなた方は間違っているのだよ。間違ったことをやっているのだよ。こういうことをやったらアメリカという国がどうなるかわかるか？」とい

証言者の略歴

謝花悦子　▷1938年…沖縄県伊江島に生まれる。
1984年…阿波根昌鴻[2]さんが反戦平和資料館「ヌチドゥタカラの家[3]」を設立。
2009年…2002年に亡くなった阿波根さんの遺志を継ぎ、現在は「ヌチドゥタカラの家」館長を務める。

うことを懇々と言って、口頭だけで反対していたのです。「あなた方が、土地もない、家も作れないというならば、こんな小さい島でも二つに分けてともに生きられるようにするのだけども。しかし、あなた方にはアメリカという大陸があるだろ。戦争には勝っただろ。向こうに帰ったら家族が待っているんだよ。家族のもとに帰れば幸せになるんだよ。私たちもあなた方さえいなければ幸せになるんだ。だから、帰ってくれ。両方が幸せになるようにしようじゃないか」と。

そう言っても、米軍は猛演習をしているわけです。ただ、最初は真鍮《しんちゅう》の実弾演習だったのですが、その次は鉄の弾に変わり、さらにその次はコンクリートの弾に変わったのです。それはアメリカの軍事予算が底をついてきたという証拠でもあるわけです。そんな中でも、阿波根さんは徹底的に演習を止めさせようとしていました。もう必死の連続でしたね。

――今のお話に出てきた十三軒の住民たちは、その後どうなったのでしょうか？

謝花さん　十三軒の人たちは強制的に立ち退かされました。住居を壊され、もう仕事はない、食べるものがない、という状況になったので、スクラップを拾ってきて生活していたのです。

ある時、不発弾を持ってきて、それを解体している最中に爆発して死んだ人がいました。そのことで阿波根さんがアメリカ側に「補償を出しなさい」と言うと、先方は「補償はないです」と言ったのです。阿波根さんが「人を殺しておいて補償がないなんてことがあるか」と言い返すと、向こうは「自分で勝手に取ってきて、自分でやって、自分で死んだのだから、そんなことに補償はない」とさらに言い返してきました。そこで阿波根さんが「あなた方はそんなことを言うが、私たちはせっかく戦争からも生き残ってきた。衣食住も、もう準備はできていた。それを強制的に取り上げてこういう殺し方をしたじゃないか。私たちの言う通りにやれば、この人は死ななかったのだ」と言うと、向こうは法律の本を山ほど阿波根さんの前に積んで、「この何条にも該当しておりません」と言ったようです。すると阿波根さんは、「無学の農民に法律なんてわかるか。農民にわかるのは道理だけである。私たちは、『家を元通りに作ってくれ』、『土地を返してくれ』、『演習をやめろ』、そう言い続けてきた。だが、あなた方はそれを聞かなかったじゃないか。聞かなかったために殺したじゃないか。殺したことによって補償を出すのは当たり前ではないのか」

というようなことを言って、要求額を全額出させました。つまり、「もう法律なんか関係ない」というのが阿波根さんでした。

乞食行進とは

――乞食行進という伊江島独特の反基地運動は、どのようなものだったのですか？

「ヌチドゥタカラの家」には、多くの資料が展示されている。写真は不発弾処理で家族を亡くした家族の様子。

謝花さん　阿波根さんたちは米軍に対し、「そういう演習をやめなさい、土地を返しなさい」と訴えていました。しかしいくらやっても聞かないから、今度は琉球政府前に行って、農民たちで座り込みをやったんです。あの頃は食べ物なんてなかったから、水に黒糖を溶かしたり白糖を溶かしたりしたものぐらいしか持って行けませんでした。すると、道行く人たちがおにぎりや芋を差し入れてくださったんです。中には新聞紙とかに包んで現金を渡してくれたりもしたらしいです。でも、それに対しては「私たちは乞食じゃないから、現金は受け取れない」ということで、追いかけて返したりもしました。

ところが、何カ月経っても埒《らち》があかない。政府は答えてくれない。だから今度は自ら立ち上がることにしました。「乞食になるのは恥ずかしいことである。だが私たちを乞食にした米軍は、なお恥である」、「私たちには食べるものがない、家もない、仕事もない、どうすればいいですか？　県民の皆さん教えてください」などと書いたプラカードを作り、荷車に小道具を入れて、それを押しながら糸満から北部まで一年近くかけてずっと行進して、訴えてきました。

乞食行進というのは、人を頼らず、たとえ乞食になってでも訴えるという意志に基づいていました。今でも歴史に残っているのは、発想が非凡でユニークなものだったからだと思います。でも、実際は必死の行動なんです。どうすれば早く家が作られるか、土地を返されるか、演習をやめさせられるかということでね。本当に必死だったようです。

乞食行進の様子を伝える展示物。

——では、乞食行進をしながら、どのように考えていたのでしょうか？

謝花さん　基地闘争があんまり大変だから、「私たちはどうすればいいのか」と、お寺や教会に相談に行ってみたりしました。琉球大学の学長のところにも相談に行きました。いろいろなところへ行ったけれども、結局、誰からも全然答えてもらえなくて。じゃあ自分たちの考え通りで行くしかない、ということで闘ってきたようではあります。

「沖縄のガンジー」と呼ばれるまで

——阿波根さんが反基地運動の際に非暴力、非暴言を貫かれた理由というのは、何なのでしょうか？

謝花さん　そこには信仰の強さがあるのではないかと思っています。普通のクリスチャンとは違う立場でしたが、そのことも一つじゃないでしょうか。

阿波根さんは東京の日比谷公会堂で演説されたことがあるのですが、その時、過激派たちが大勢来て演壇の前に陣取って野次を飛ばしたらしいんです。初めは、彼はほとんどマイクを使わないで演説していたようなのですが、過激派の人々が前で騒いでいたため、マイクを持ってきて、野次を完全に上回る声で話をした。すると、向こうは埒があかないと言って、結局引きあげたそうです。のちに彼は、「公会堂一杯に入っていた人たちの歓声が一生忘れられない」と言っていました。とにかく、そういうふうに目の前で邪魔しているような連中でも、力で叩き出すというようなことはありませんでした。

その後、東京から「阿波根さんが狙われている」という連絡が入ったので、私が彼に伝えると、「私はまだガンジーやキング牧師のようになっていない。私なんか殺しても何にもならないから、そんな心配は無用」と言ったので、すごい度胸だなと思いましたね。正しいことをやっているという自信が、その度胸につながっているのだと思いました。

――普通のクリスチャンじゃないというのは、どのような意味ですか？

謝花さん　戦時中、外国帰りの人と、英語を使う仕事をしていた人たちは、スパイとして本島で殺されました。そして、当時の伊江島で、外国帰りは阿波根さん一人でした。そのため、スパイとして殺される寸前だったのですが、伊江島には良心的な隊長がいたんです。

ある日、城山のふもとの陣地に呼ばれた阿波根さんは、「あんたはスパイだから、あんたのところは空襲もなくて邪魔されないんだ」というようなことを、兵隊たちからがんがん言われた。阿波根さんが、「何言っているんだ、私は天皇に忠義を尽くすつもりだ。何で私がスパイなんかやらなければいけないんだ、そんなバカなことがあるか」と言い返してもめていると、隊長が出てきて、「皆は下がりなさい、私が相手をするから」と兵隊たちを制し、「あなたをね、もう外に一時間でも置けないような状況になっているんだ。すぐ殺される。あんたを殺す、と皆なっているから。あなたがスパイなんかできるはずがない。だからここに呼んだんだ、安心しなさい」と言ったそうです。阿波根さんはそれで「私はもう、この隊長とともに死のう」という覚悟ができて、夫婦でその陣地にいたらしいんですね。

米軍は日本軍が城山に陣を置いているのは知っているので、あの城山の形を変えるのが自分たちの勝利だとばかりに、軍艦で包囲して撃ち込むわけです。「もう二十四時間雨のように実弾が落ちてきた時に、旧約聖書とストー夫人が書いた本と二宮金次郎に関する本、三冊を風呂敷に包んで、ずっと真っ暗な壕にいた。実弾が命中したら天国へ行く。そして、神様は守ってくれるということで、あまり騒がなかった」と本人は言うんですよ。この信仰の深さが、私はいまだに信じられません。

あまりの弾の多さに、奥さんが「私はもう出て行く、ここにはいられない」と言うので二人一緒に壕を出たものの、もう鼠が動いてもわかるぐらいの照明弾が落とされていた。だから、見つからないように移動した。本当は歩いて行くのに三十分もかからない場所だったのに、夜の十二時に出て、たどり着いたら太陽が真上に来ていて、やっと壕の中に入ったそうです。そしてそこで終戦を迎えたそうです。

戦後、阿波根さんはコリント全書の十三章を数十枚の便せんに書いて、「私は一生かかってもこれ全部は実行できない、それはわかるが、どのぐらいまで実行できるか、それに挑戦する」ことを中心に置きました。「悪いことをして殺し合う相手に対して暴言暴力は振るわないが、これは絶対にさせないぞ」というような思いがあったわけですね。だから信仰というものも、一つは手伝っているかなとは思います。

十三章を読んでみると、人を憎むだけでも罪だと書いてあるから、やっぱり阿波根さんはそういう生き方をされていたのだな、と思いました。キリストの教えを自分はどれぐらい実行できるのかという挑戦を行ったわけですね。

「良いことをしなさい、悪いことはするな、ただこれだけをどれぐらい実行できるかであって、仏教がいいとかキリスト教がいいとかというのは私の中にはないから、褒めようが叱ろうが相手の自由だ。私にはそんなことは関係ない」と言われました。堂々たる行動だったんですね。「シスターとか牧師が、教会の中でいくら説教しても讃美歌を歌っても、敵には影響を与えられませんよ。外に出て行動しなさい」と強調されました。

「ヌチドゥタカラの家」にはいろんな宗教の方が来るんですが、その方々とも仲良くしています。私たちが系統的な組織人であればその筋の人にしか出会えませんが、ここは無組織で自由なだけに、いろんな人が来てくれるから出会えるんですね。「わが党、わが衆では平和は作れないぞ。人間個人にも長所はあるし、国にも長所はあるから、平和運動をするからにはその長所を学んでいかなければならない」と阿波根さんに悟されてきましたね。人を憎まない、やられたことに対しては正すということを、阿波根さんは強く言われていましたね。

――どんな状況でも暴力は振るわなかったのでしょうか？

謝花さん　振るいませんでしたね。やはり神の教えを信じているからじゃないですかね。「相手が悪いことをしているだけで、それを正すだけだから暴言暴力は振るわない」ということは、その教えの深さじゃないですかね。性格もあると思いますが、どちらかと言えば宗教的な理由でしょうね。「憎いと思うだけでも罪」と書いてありますから、それを行動に起こしたら大犯罪じゃないですか。

島の若い者たちが、「ちくしょう」と言って鎌を持ってきたり、棒を持ってきたりする時があったそうです。すると「棒や鎌はそこの草に隠しなさい」と言って、持たせなかったらしいのです。あまりにも若者たちの怒りが強い時は、会談をやる前に「こういうことは絶対にするなよ。暴

「伊江島　土地を守る会」の設立時の写真。中列、中央のハチマキにジャンパー姿が阿波根さん。

力を写真にでも撮られて殺されたら、もうおしまいだよ。だから、殺されないために私たちは規定通りの行動をするんだよ」ということを強く言っていました。

――島の六割近くもあった軍用地ですが、やはり阿波根さんたちの活動によって徐々に土地を取り戻していったのですか？

謝花さん　確かに、あの闘いで半分以上解放させましたね。今でも三分の一は残っているわけですけれども。残りの三分の一も解放させると約束はしたんですよ。あの当時の新聞も記録は持っています。しかし、ちょうどその時に本土復帰してしまったんですね。アメリカは軍事予算が底をついてしまっていたので。復帰したら日本がいまだに予算を出しているでしょう。けれど実際はアメリカが使用していて、予算を出しているのは日本ということになり、ますます難しくなったんです。だから、あのタイミングで復帰したのは不運だった、と私たちの立場では思います。本土復帰があと五年でも遅れていたら残りの三分の一も解放できるはずだったのに、と思ったんですが。さらに、復帰してしまったら沖縄の七十五パーセントもの基地が固定化されてしまいましたね。その固定化された土地のものに伊江島も入ってしまったので、いつ解放になるかわからないのです。その中で一番怖い演習をやっているのが伊江島です。『ハリアーパット』という核攻撃機の離発着施設なんかですね。

――契約した人には軍用地料が入ってくるのでしょうか？

写真中央部は、米軍通信隊の基地。

謝花さん　はい。今でも毎年値上がりしているんですよ。そして、十年契約でも毎年契約するという形を取ることで、一筆五万円の謝礼金が入る。だから、銀行などの借り入れの時に大変優遇されています。そして、十年契約していても毎年支払われるので、税金、納税対象にはならない。

一方、反戦地主には二十年一括して払うとかね。二十年というのを闘い続けてようやく十年にしたんです。それでも「お金をもらわない」と言ったら、「じゃあ受け取ったものとして国からは出すから、あんた方の自由だ」と言ったんですね。すると、弁護士や税理士たちが「もう仕方がない、受け取らざるを得ないぞ」と言うので、受け取りましたよ。すると、一年で一万円ずつもらえる人は、十年で十万円なければおかしい。ところが、七年半分のお金を渡したんです。じゃあ二年半の分はどうしたかというと、「利息を取った」と言いました。そして、今度は税金。税金はどうしたかというと、手取りの七万五〇〇〇円、七年半に税金をかけたのなら当たり前のことですよね。

ところが、取りもしない十年分の地料の税金、重課税を取ったんです。それで裁判を起こしたんですね。その時、阿波根さんは心筋梗塞で医者から止められていたから裁判には行けなかったんですが、「こんなバカなことがあっていいか、私が行ったら勝てる自信はある」と言っていました。でも命あってのことですからね、そういう行動はやらないようにと強く抑えたら、今度は全国の弁護士と税理士が立ち上がったんです。これはもう個人の問題じゃないと。反戦地主への弾圧、経済いじめであって、阿波根さんだけの問題ではないから、阿波根さんの名前をそのままにしておいて私たちが闘うと言って、八年間闘いましたよ。そして、完全勝利したんです。

もっとも、国が控訴をしてしまって、二審では負けましたけどもね。本人も大変悔しい思いをしました。

つまり国は、明らかに平和運動をする地主にはそういう差別をして悪法を作り、ああこれではもう生活ができない、生きられないという状況を作って、だんだん契約者を増やしていったんですよ。

――耕作自体は、今は可能なのでしょうか？

謝花さん　できないんです。ところが、真謝地区の辺りは黙認耕作地となっているんですよ。生産も充分にやって、使用料も充分にもらって、そして契約謝礼金も充分にとって……。もう、金です。金は毎年入りますからね。金さえあれば何でもできる。真謝に行くと、大きな豪邸ばかりですよ。けれど、農業をしていたら干ばつがあったり台風があったりで、予定通りいかないいんですよ。だから、契約して軍用地料をもらったほうが安泰だという考え方が多くなりました。

闘い続けるということ

――なぜこのような長い期間、闘い続けてくることができたのですか？

謝花さん　世の中に良い方向が見えたら、こういう運動はしなくてもいいかもしれません。しかし、私たちはあの大変な戦争を経験してきているんです。人間が人間を殺すという現実。

この伊江島は、木一本残らない、住宅一軒も残らないという全滅状態になったんですよ。ですから、資料館にあるように、戦争が終わって着の身着のまま、衣食住の何の保障もない、大変な年数を過ごしてきた。何の援助もないんです。今は何かがあったら世界中から支援があるわけですが、何にもないんですよ。

伊江島は、戦争が終わって二年後に返されました。他の場所は「はい、戦争は今日終わりましたから、明日から自分の出身地に帰っていいですよ」ということでしたが、伊江島だけは二年も待たされました。情報はまったくない、いったいどうしたんだろうと思っていました。食べるものもまったくなかったので、海に行って海藻を採ってきて食べていたんですよ。

それで二年後に伊江島に戻ったら、もうまったく変わっていました。全体を飛行場化してしまったんです。それで私たちは帰れない。二年後に帰ってみると、家族もいない、家もない、土地もない、ここで生きることができるかという、大変なことがあったんですね。

何もないところから模索して自分の屋敷を探し、米軍基地の塵捨て場から木材を拾ってきて、太陽は凌げるけど雨風は凌げないような掘っ立て小屋を作って、皆、集団から独立するわけです。食料も何とかして、これでもう餓死はしないだろうというところまで努力はしました。もう餓死はしないだろうと思った時には、振り返ったら十年の歳月が過ぎていました。

そして、何とか自分たちが生きる段取りができるようになってほっとした時にふりかかってきたのが強制立ち退き、次の基地を作る行動だったわけです。長い間闘うというのは、「時代が、社会が、情勢が悪化してきているから、ますます運動は強化していかなければいけない」と思って、阿波根さんの生涯は終わったけれども、私は四十年間一緒にきましたから。覚えようとして覚えたわけじゃないけど、生き方をずっと見てきて、ことあるごとにその道理を続けて訴えているということなのですね。

――長い間、平和運動を闘い続けるということは、どういうことだと思いますか？

謝花さん　そうですね、もう一つお話ししましょう。米軍が猛演習をやっている中に、実弾ミサイルまで伊江島に持ってきて、そのミサイル二つを中国やソ連に向けて設置しました。驚いた阿波根さんが、「誰の許可でこんな怖いものをこの小さな島に持ってきたのか？」と聞くと、「村長の許可を得て持ってきました」と言ったのです。そこで阿波根さんは、「村長の土地を調べてみたら、ここには一粒もないんだよ。これは私たち農民の土地なんだよ。持っている農民に相談も許可もなく、土地を持っていない人が許可する資格も権利もない。すぐ持って行け」と言ったのです。するとアメリカ側は、「実弾だから荒く扱えない。だから一日は待ってもらいたい」と言った。仕方がないということで、三日目にこの実弾を伊江島から撤去したんですね。

しかし私が未だに悔しいのは、沖縄の北部や普天間は、なぜ今のこの状況になるまで黙ってきたのか、ということです。名護市長であろうが知事であろうが、日米政府に頼まれたら、「それはお応えしたいけど、私の土地じゃないです。地主がいて、反対しているのです。できないのですよ、平和憲法もありますし」と答えれば、それで終わりのはずです。それなのに、なぜこんなに軍備が強化されるようにしたのですか。同じ人間じゃないですか。無学の農民たちの反対運動を知らないのですかと、私は常に思っているわけです。

市長や知事が、政府の言いなりになって県民を無視したやり方をとったために、こういった結果になっているのです。だから基地周辺整備とか振興策とかと、予算をどんどんばら撒いていますよね。予算は国民の血税なんです。こんなことさせていいのでしょうか。しかし、政治が良くても悪くても、私たち国民の責任ですからね。それは反省しなければいけない。つまり、長い間闘うというのはやはり、ことあるごとにその道理を続けて訴えているということだと思います。

――なぜ阿波根さんは、お金も受け取らず、闘い続けてこれたのでしょうか？

謝花さん 彼は、島中の人たちが持っていた軍用地の約半分以上の土地を持っていたんですよ。農民学校を作ろうとしていたので、土地を集めて準備していたんです。その農民学校は八十パーセント以上が完成し、一人息子を代表とすることも決まっていました。それでもういよいよ開校という時に、戦争になってしまったんです。開校しようというところまできたのに、戦争で学校は全部破壊され、一人息子も殺されて、何もなくなってしまったんです。

彼はよく、「軍用地料(4)で自分の生涯だけでなく子孫まで裕福に暮らせるほど土地を持っているのに、なぜそんなことをするのか?」と聞かれていました。しかし阿波根さんは最初から、「これは戦争のための金であるから、これを頼りにしては生きない。生きていかない」というようなことを言っていたんです。

本土復帰したら、日本政府から軍用地料というものが払われたんですね。「金が入るようになったから良かった」と思って契約にかかっていく人も出始めたわけです。その時点での政府の考え方では、契約地主(5)たちは前取りなんです。使用料を前払いするわけですよ。優遇される条件が四つも五つもあるんですね。だが反戦地主(6)は、土地を解放しようという地主は、一年遅れた後払いなんですよ。

阿波根さんは契約と前払いを極力拒否しました。「私たちは土地が必要である。こんな金なんかいらない。だから私たちが取るのは一年後。あんた方は去年使ったんだから、使った分は払え」という道理なんです。そして、その土地の解放を望む人たちに、この軍用地料は絶対に当てにしてはいけないぞと。これを当てにして生きてはいけないよということは、最初から言われていて。

しかし、国が契約地主に対してどんどん優遇してきたんですね。今度は経済いじめをやった。すると仕方なく契約する人が増えていったんです。防衛省関係者は今でも毎年、「契約してください」と来ますよ。ずっと来ているんです。

阿波根さんが元気な頃、彼が作業に行っている時に一回来たので、「もうあんた方がいくら来ても変わるはずはないから、帰りなさい」と私が言ったら、「いや、本人に会って本人が何を言ったかを上に報告しなければいけないから、本人に会わない限り、どうしても去るわけにはいかない」と言うんです。仕方がないと思って作業先に連れて行ったら、阿波根さんは、「またも来たか。あなた方はこれ以外の仕事はないのか？　辞めなさい」と強く言っていましたね。「もう一生涯契約なんかしないから、わざわざこういう所に来る必要はない」と。言うことを言っても、毎年、今でも来ているんですね。

私のところにも、彼らは来ます。しかし、同じように言って断ります。一泊で五人から八人来る時もありますが、あの経費は税金ですよ。自分の給料を使って来ているわけじゃないんですよ。そして、およそ一〇〇〇人いた反戦地主は次々と契約地主へ変わり、最低で十三人まで減ってしまったんですよ。しかし、逆に今は四十人近くに増えてきているということも事実です。

謝花さんの見る今の世の中

——今現在の世の中の状況をどう思われますか？

謝花さん　ここまでくるのに、阿波根さんも発狂か自殺かというういろんな波が来ましたよ。それでも堂々と一〇一歳を全うされましたね。だから意志というものを、良心というものを曲げずにいけば、その結果は必ず出てくるから、恐れないでほしいです。今の時代を見ていて思うのは、本当の平和というのは恐怖のない社会、安心できる社会だということです。国内で他殺、自殺、奪い、殺し合い、人間を切断までするというような時代にきて、これはもうとてもとても大変なことだと思っています。若い子、高校生、中学生ぐらいの子たちが本当に安心して両手をふって自由に行動できるような社会じゃない。どこで、誰が殺し屋で誰が殺されるかまったくわからないという状況を見て、これでは大変なことじゃないかなと思っています。金さえ儲かればいい、消費者をだまして金を儲ける。こういうような社会をどうしても変えてもらわないと、大変なことになると思います。

明治、大正の人たちは、無学だったとしても人間らしい人生を送ってきたわけです。たとえ学問がなくとも、何の技術や資格がなくとも、本当に心豊かに精一杯働いて終わりましたね。

沖縄はご存知のように、四〇〇年の中の一五〇年は独立国でした。そしてその一五〇年間、戦争はなかった。だから今独立運動をやっている人たちが年々多くなってきているけど、でも絶対にそれは何百年経っても独立は難しいと私は思っています。でも、進めておいたほうがいいということも考えますね。アメリカは日本を放しませんからね。

日本も沖縄を絶対放さないと思います。だからそれを超えるというのはただごとじゃないと思いますね。何百年続くかわからない、でも私は一つの歴史として行動したほうがいいと思っています。

独立運動については、阿波根さんにも三十年ぐらい前からいろいろ連絡がありました。私が、もうそういう運動を強めて沖縄は完全独立したほうがいいんじゃないかと思って阿波根さんに聞いたら、「こういう今の日本をさしおいて、沖縄の私たちが良ければいいという考え方は、私にはできない。日本がちゃんと立派になって、日本国民とともに自分たちもいい方向にいこうというのが人間としての筋だけど、大変な状況だから私たちは安全なここにいようというのは、私にはできないね」。私は恥ずかしかったですね。

「ヌチドゥタカラの家」の館長を務めている謝花悦子さん。

あなた方が後世にこれをずっと伝えていくことによって、世の中は明るい見通しがついていくんじゃないかな。

今の子供たちへ

——今の子供たちは戦争も知らず、基地があることが当然になってきてしまっていると思うのですが、そういった子供たちに、何か伝えたいことはありますか？

謝花さん　人が人を殺して命を奪うというのは、人間として正しいことではないですよね。「人」という字は一本では「人」という字になりません。「人」という字のごとく、人というのは支えて支えられて初めて人間なのです。自分のことばっかり考えて、自分の欲求を満たそうとするために、奪ったりいじめたり、若い子供たちが他殺までやるというような時代ですが、とにかく命は大事なものなんです。

そして、戦争とは人間が起こすものです。どういう人間が戦争を起こすのか。それは悪欲な人間が戦争を起こすのではないですか。「悪欲な人間にならないように、平和を作るような人間になるように、努力したい」ということを、小学生たちが訪れてくるたびに、私は言います。

でもね、今の小学生たち、高校生たちは、そういうことにはもう無頓着なんですよ。小学生までは白紙なんだけど、高校生になったらどういう時代の中で育てられているのかが見えますね。こういう話をしても通じない。わからないんですよ、全然。平和学習をやって、ここに来る学校の生徒にはちゃんと浸透するのですけど。

それと、不思議なことに、同じ話をしても、全然理解できないような相手では、本当に疲れてしまうんです。言えば言うほど浸透していく時には、疲れはないんですけどね。平和を作るには、平和大会とか行進とかに参加するのも大事だけれども、生活の中でどのくらい実行できるか、どんな生き方ができるかが、一番大事なことですね。ですから、沖縄の現地でありながらだんだん平和運動の結集力がなくなっていくということが、とても悲しいですね。

平和の武器は学習

――謝花さんが考える平和、幸せとはどんなものですか？

謝花さん　幸せはどうすれば作ることができるのでしょうか。私は、幸せというのは何が何でも命があることで、命より大事なものはないと思う。だが戦争は片っ端から、人間を殺した。戦争があっては幸せにはなれない。平和でなければいけない。平和は少人数では作れない。大多数の人でなければ作れないのです。命があって、平和があって、健康があって、この三つが幸せの柱だと思うから、この三つのどれをなくしても、本当の幸せとは言えないのではないかなと私は思います。

――では、平和の世の中を作るにはどうしたらいいと思いますか？

謝花さん　阿波根昌鴻さんは、「平和の武器は学習である」ということを生涯訴え続けましたね。学習しなければ、何もわからない。私たちは嘘の教育を受けて、それを嘘とも知らない、騙しとも知らなかった。その教えを信じ信じて実行して、皆死んでいった。だから私たちがいかに愚かであったか、無知の怖さを知らなければいけない。そして平和を作るのは学習である。つまり、「平和の武器は学習である」ということです。

阿波根さんはまた、「戦争をしようと思ったら、国民を愚民化する必要があるだろう」というふうに言ったり、「機械的な人間を作るだろう」とも言っていました。つまり、「良心、誠意、愛情、心をもった人間を作ったら武器を持たない、戦場に行かない。だからそういうことには触れないで無視して、機械的にする。資格や地位、名誉、技術を取っておけば就職ができる。就職ができたら経済が安定する。そういうような人間をこれからは作るだろう」と。

言っていたことが、今、まんまと当たっていますね。

だから私は憎まれてもいいと思って、大学生たちに頭からいろんなことを言います。私のような無能の者が見る限りでは、今の一般の大学生は、人を利用し、自分が損をしない、見えるものしか見えない、見えないものはわからない。そして利用する方法がわかる、だが譲ることは知らない――というのが相場ではないかと、私は見ております。だから大学生たちに私はこう言いたい。政治家だろうが教育家だろうが宗教家だろうが、まずは人間が先だと。人間になること、良心を曲げない誠意のある人間になることがまず初めだと。人間が作られることが最初であって、政治家だとかは後に続くものじゃないかと。だから、政治家も教育家も宗教家もまず良心的な人間ができて初めて、こういういろんなものの立場に立たれて初めて、社会から必要とされるんじゃないかな、と。だから大学生たちには、卒業までに辛い話も聞いたり見たりして、自分を作ってほしい。勉強は学校でしっかり学習してこなければいけないぞと思いますね。

そうして小学校や中学校の子供たちを連れてくる先生方には、「この子たちが幸せになる社会を皆で作らなければいけないですよ」、ということを話しますね。平和がすべてであって、戦争はすべての不幸の根源だと私は思っています。だから、そういう社会にやっぱり変えていかなければいけない。

だがもう沖縄は世代交代で、基地が解放されたら困るということで、基地依存、もう基地がなければ職場がないというようなところまできていて、命より金ということになっているんですね。だからこの伊江島も、基地返還は望まない。そして、最初から積極的に基地返還を願っている私たちは、あんまり良く見られていない。だがそれには左右されない。だけど時代は変わってきている。もう、命より金です。それも時代の事実なわけです。だからあなた方の時代からは、人間として道理に合う必要なことを堂々と勇気を持って自信を持って働けるような人になってもらいたいです。

これからの目標

――これからの展望を教えてください。

謝花さん　今の世の中が良くならない限り、ますます運動も強めていきたい。今、学校側もなかなか積極的でないということが見えてきていますから。何が大事かということについては、体験をさせることだと思います。だから京都の保育園の職員、父兄、園児七十人近くが、もう五年にもなりますが毎年来ていて、この子たちに何か沖縄らしいことを体験させようと思って、落花生を植えたわけです。その落花生を収穫させようと思っているんですが、そういう体験は必要だと思うんです。それでやってみたら、子供たちも元気で父兄も職員も元気なんですよ。そして毎年来ているから、園長さんに「毎年父母を説得するのは大変じゃないですか」と言ったら最初は大変だったけれど、二回目からは「いつ行けるんですか、うちの子も行けるんですか」というふうに親が言ってくるらしいんです。「園長先生の力は大きいですね」とか私は言っているんですけど。じゃあこの子供たちが来たら、どういう話をすれば先生たちの苦労に答えられるかなと思って、ちょっと考えまして。そこは宗教関係の保育園だから、「神様と悪魔に対してどう思うか」と子供たちに聞いたんですよ。「この婆はね、悪魔も神様もみんな一人ひとりの中にいると思うよ。例えば悪いことをした時には、悪魔が喜んで悪魔の力が大きくなる。その時には神様の力は弱くなる。そして良いことをしたら、神様の力が大きくなって、悪魔の力は小さくなる。これは自分の中に悪魔と神様がいるから、それをどう応援するか、私たちの考えや行動によって、神と悪魔の違いが出てくるんだよ」、というようなことを言ったんです。

そして「土地というのは魔法みたいなものなんだよ。ここにね、芋が欲しいと思って芋を植えたら、芋が出てくるんだよ。そしたら同じ場所なのに、ラッキョウを植えたら、ラッキョウが出てくるんだよ。土地は魔法みたいなものだから、思うようなものが出てくるんだよ」というような話をするんです。そんな大事な魔法みたいな力のある土地を、戦争で人殺しのために使っているんですよ。子供たちに「戦争とは何だろうな」と言ったら、「人を殺すこと」と答えました。「よく知っているね。殺されたらどうなるかな」って聞いたら、「命がなくなる」と言ったんです。「おお、この婆も知らなかった言葉だ」と言ってすごく褒めたら、子供たちは嬉しいわけです。そして翌年も来た時、「ラッキョウを収穫して食べてきました」と言ったんですよ。「はあ?」と言ったら、園長先生が「こうした子供たちには、話とかはあんまり長くもたない。だから印象深かったものを行動化したら、一生残るかもしれない。それで早速沖縄からラッキョウの種を買っていって、幼稚園のちょっとした土地に植えて、みんなで育てて食べた。そこまでみんなでやれば、覚えるわけだ」ということを言っていたから、「さすがだね」と私は園長を褒めたんです。

芋を植える、掘る、そして食べる、芋の食べ方はいくつあるか。そういうようなことをやる。今の子供たちはすごいデリケートなことしかわからないから、作業させたらそれが体に残るんじゃないかな、と思ったんです。だからこれからはそういうことの段取りをして、子供たちに関心を持たせたい。そういう経験をさせながら、健康とは、平和とは、そして戦争とは、ということに触れるようなことを、これからは深めてやっていきたいと思っております。つまりは人間づくりですね。良心を曲げない子をつくりたいという希望です。もう遠からず終わる人生ですから、どこまで実行できるかはわからないけど、諦めることはできないですね。だからまたぜひ、もう一度いらしてください。

謝花さんのお話を伺った後、私は謝花さんに紹介された、平安山良有《へんざんりょうゆう》さんの自宅に向かった。車は米軍のフェンスにそって走って行く。平安山さんは乞食行進に参加された最後の生き残りの方で、今でも反戦地主として闘い続けてきている。いったいどんな方なのだろうか。そう考えているうちに米軍基地に隣接する、真謝地区の平安山さんのお宅に到着した。

証言2 ▽ 平安山良有

軍用地料を巡って

——今も米軍の基地が三十パーセント近くも残されていることに対して、どのように思われていますか？

平安山さん　本土復帰してからますます軍用地関係に関しては、地料でもって押さえるという方針があります。それまでは米軍と直接交渉だったんですけども、今は日本政府が私たちの土地を取り上げて米軍に貸すという形ですかね。米軍から日本政府に変わったようなものです。

——この辺りの人でも、契約して地代をもらっている方はいらっしゃいますか？

平安山さん　そうですね。真謝の場合、本土復帰までは契約拒否の方が半分以上いらっしゃったんですけども、十年払いの時に一番減りました。地料の十年分が一回で支払われて、それに所得税がかけられますから、それで減ったんですよ。十年分を一カ年の所得とするものですから、裁判もありました。阿波根さんなんかは一審では勝っていたんですけども、二審では負けてしまいましたね。

——十年まとめての場合、所得税は多くなるのですか？

平安山さん　十年分を一年に見なすわけですから、税額は多いですね。毎年毎年の人は、一年でいいんです。十年分だと金額が大きくなる分、パーセントが上がるわけ。

――町には「軍用地を買います」という不動産屋の看板がたくさんありますね。

平安山さん　もう四、五年前からですね。私たちなんかはあんまり売りませんけども、売る人もいるんじゃないでしょうか。

――今の子供たちは戦争も知らず、基地があることが当然になってきてしまっていると思うのですが、そういった子供たちに何か伝えたいことはありますか？

平安山さん　真謝の場合は、他の学校よりは基地のことについてわかってはいますね。しかし、私たちのように活動している人は少ないですけど、契約している人でも当たり前だとは思っていないですね。

――やはり契約している人も、基地そのものはない方がいいと思っているのでしょうか？

平安山さん　そうですね。やっぱり真謝の方は島の中心地よりその気持ちが強いですね。騒音も向こうは少ないのに、こっちはたまに夜の十一時頃まで演習していますからね。今はほとんどジェット機じゃなくてヘリコプターです。ヘリコプターが近い所を飛ぶと、テレビ画面がチラチラするんですよね。

戦争を振り返ると

――戦争の爆撃があった時は、この島にいらっしゃったんですか？

平安山さん　そうですね。私は捕虜になるまで島から離れたことはありませんでしたから。自然の壕である、ガマにいました。大きなガマがあったのですよ。

――同級生で亡くなられた方もいらっしゃったんですか？

平安山さん　同級生も三十人ぐらい亡くなっていますね。一番城山の近辺の人たちが多く亡くなっていますね。兵隊、軍隊の近くにいた人たちが多く亡くなっていますね。

――戦時中、一番辛かったことは何でしょうか？

平安山さん　食糧問題だと思います。うちでは、食料は一杯あったし、米軍の輸送船か何かが沈没したのだと思いますが、そこから流れてくる米軍の物資も、親父が夜に海へ行って拾ってきたりしていましたね。私たちの場合は食料の心配はなかったですし、水も親父が夜になると汲んできたりしていました。

城山辺りなんかは飲む水もなくて、自分の尿か何かを飲んでいたという話を聞きましたね。真謝辺りにいた人は夜は水を汲んできたり、水の湧く所もありましたね。戦争というのは兵隊がするものですから、兵隊がいる所が一番危険だということを、私の父は言っていました。だから、小さい壕だったんですけれど、どこにも行かない方がいいということで。私たちの場合は壕も変えなかった。他の地区の人より苦労は少なかったんじゃないかと思います。

――伊江島に帰ってきてからすぐ土地接収が始まったのでしょうか？

平安山さん　接収は昭和三十年ですから、自宅に帰ってきてから土地接収が始まるまでは、しばらく時間がありました。一九五五年の三月に、一五〇軒の立ち退きというのがありました。真謝の場合は、伊江小のある所より東側への移動が許されていましたから、およそ一年向こうにいて、働き盛りの人は先に真謝に戻ってきていました。しかし、女性や子供は遅かったです。

阿波根さんの乞食行進に参加した、平安山良有さん。

――阿波根さんの思い出というのはありますか？

平安山さん　阿波根さんは小さい頃から、一般の人が考えているよりも考え方が濃厚な方だったな、と思いますね。彼は大きな声で怒鳴るということはなかったです。演説は上手な人じゃなかったとは思うのですけれど、訴えるような言い方だったんですね。

曲がらない信念

――反戦地主として闘い続けるのは、なぜですか？

平安山さん　私は小学四年の時に、戦争が始まりました。日中戦争から考えると、生まれた時から満州事変でしょ。もうずっと戦争に影響されてきていますけど。四年生の時に太平洋戦争とかが始まって、高等小学校一年の時に第二次世界大戦が終わったのですが、終戦までは日本の教育というのは軍国主義でした。私は戦時中に捕虜になりまして、四月に米軍が上陸したので五月の半ば頃に集団で強制的に連行されて、慶良間で一年過ごしました。また慶良間から別の場所で一年。帰ってきたのが約二年後です。本島南部での終結が沖縄戦の終結だと、今は言われていますけど、伊江島の場合はもう四月で終結しているのですよね。戦争というのは一度始めると、弱い人が殺されますから、戦争につながる基地、人を殺すための練習場には土地を貸せないというのがありますね。そういうことが理由ですかね。

――これからも反戦地主を続けていきたいですか？

平安山さん　そうですね。米軍がいる間は、基地がある間は。でも、だんだん自衛隊が来て、自衛隊が使うというような話もあちこちで聞いていますが。戦争というのは本当に人を選ばないで、弱い人が殺されるものですからね。絶対に契約には応じられないという信念がありますね。

――闘い続けるのはとても大変なことだと思いますが、それでもこれまで闘い続けてこられたのはなぜでしょうか？

平安山さん　基地というのは戦争を続けていくためにあるものだということだから。アメリカはベトナム戦争やイラク戦争に沖縄から出撃しています。また、私たちも戦争という苦い経験をもっていますから、空襲されている所も私たちと同じことをされているんだろうなというのが、脳裏をよぎるのです。そういったところを想像できるから、だからやっぱり闘い続けていけるんでしょうね。

――戦時中の教育では、戦争は正しいと教わっていたのでしょうか？

平安山さん　そうですね。東洋平和のためだと。だから「欲しがりません、勝つまでは」と言われていましたね。もう物資がありませんでしたから。昔は徴兵検査で合格しないと本当の男子じゃないと言われていましたからね。あの戦争は正しいと思っていました。教育というのは良い教育をしてもらわないと恐ろしいものになりますよ。だから特に昔の沖縄の先生たちは自分たちが教えた子供たちがみんな戦争で亡くなっているものだから、先生方が立ち上がって平和運動もしていました。

畑を耕す平安山さん。

――契約している人たちを憎いと思ったことはありますか？

平安山さん　いやいや。これは初めから強制的にさせようとしたことですから、今でも憎んでいません。まぁ、じわりじわり生活しにくいようにやってくるんですよ。復帰当時は契約していない人が多かったわけですから。契約させようとして物を持って来たり、「君が契約しないから隣の人が困っている」と言って脅してきたり。そういうことがあったんですね。私の畑がここにあるとして、両隣の人は契約しているわけです。だから両隣の人、本人が言っているんじゃなくて防衛関係の人たちが、そう言うのです。それで隣同士の仲を悪くしようだとか。こっちも米軍の土地接収から勉強してきていますから、そういうことをするのだと思います。米軍もそう言っていましたから、それはもとから信じませんでしたね。

平和になるために

――最後に、若い人たちに何かメッセージはありますでしょうか？

平安山さん　そうですね、一番悪いのは戦争ですから。軍隊を持つのは戦争するためですから。戦争のない平和な世界にするのは、これからは皆さんですから。私ももう八十歳になりますが、政治から変えなければいけないと思いますね。一番最初に変えるのは政治からです。

取材後記

確かな事実を自分の目で見たくて、感じたくて伊江島に向かった私にとって、得るものは大きかった。

伊江島にはいくつもの戦争に関わるものが残されていた。実際に目で見て、聞くことは、やはり迫力が違う。例えば教科書やテレビなどで戦争関係のものが出てきたら、私は何気なく次のページ、次のチャンネルに進んでいくだろう。だが、目前にあると、まるで違う。戦争当時のまま銃弾の跡などが残されている伊江島の公益質屋跡という建物。壁には大きな穴があいて破壊されていたので、中の人は皆殺されてしまっただろう。後頭部の部分が破壊されている兵隊のヘルメット。その兵隊は、きっと即死しただろう。戦争を知らない私でも、それらを見ると、当時の悲惨な様子がしっかりと頭に浮かんでくる。これを忘れてはいけないと思った。

また、私が伊江島で訪れた先々で必ず耳にした言葉があった。それは「平和」と「戦争」という言葉だ。普段も割と耳にする言葉だが、伊江島でこの二つの言葉を聞いた時は、いつもと違う言葉のように聞こえた。重みがあるのだ。実際に戦争や地上戦といったものを経験しているからこそ「平和」という言葉に実感が込められているし、それを何よりも人々は望むのだろう。

平安山さんはインタビューが終わった後の帰り際に、こう私たちに言った。「平和のために一緒に頑張りましょう」。

注

（1）島の農民たちが自分たちの悲惨な状況を訴えるために本島を南から北へ乞食の格好をして行進した運動。

（2）一九〇一年、沖縄本島の上本部に生まれる。十七歳でキリスト教徒になり、一九二五年に移民し、キューバへ。沖縄には一九三四年に戻る。戦後の沖縄で米軍強制土地接収に反対する反基地運動を主導した人物。抵抗した際に非暴力、非服従を貫き通したことから沖縄のガンジーとも呼ばれている。二〇〇二年に肺炎で他界。

（3）一九八四年に「ヌチドゥタカラ　命の尊さ」を再確認するとともに、戦争を知らない世代や、これから生まれてくる子供たちに、戦争の恐ろしさと平和のありがたさを少しでも知ってもらおうと思って建てた反戦平和資料館。

（4）米国の軍用地を所有している人に国から支払われるお金。伊江島に割り振られている国からの予算は約十四億七〇〇〇万円にもなる。

（5）米国が軍用地を使う際に、「国に土地を貸す」という形で国との契約を結び、国からお金を分割して受け取っている地主。

（6）米国が軍用地を使う際に、「国に土地を貸す」という形の契約に応じず、土地の解放を巡って闘い続けている地主。半ば強制的に契約を結ばされ現金を一括で払われることになり、契約地主よりも税金の面で不利に立たされている。

取材日▼二〇〇九年六月十七日

普天間基地移設と辺野古問題

証言1 宮城武雄 ▼普天間第二小学校元教頭

証言2 平良悦美 ▼辺野古新基地建設反対メンバー

聞き手 佐竹祐哉（中央大学総合政策学部二年）
山田香織（中央大学総合政策学部一年）

はじめに

　蒼い海に白い砂浜。流れる三線の音色に、南国の豊かな自然。沖縄と聞くと、大半の人がそうした観光地としての姿を思い浮かべるのではないだろうか。だが、名だたる観光名所からは少し離れた地。沖縄県名護市、辺野古。そこは今、ある問題に晒されている。

　始まりは一九九六年だった。同県宜野湾市に普天間飛行場という米軍の基地がある。その基地の老朽化、周辺住民に及ぶ危険性の排除、そして負担軽減を理由として移設が決定されたのだ。のちに、移設先が辺野古の沖合に決定。ブッシュ前大統領の提唱した米軍再編の中でも、重要な役割を担う計画として位置づけられ、より、同地にあるキャンプシュワブに密接した沿岸への移設が検討されている。同時に、在沖縄の海兵隊員八〇〇〇人とその家族九〇〇〇人をグアムへ移転。人口の多い沖縄県の本島の中南部の基地の多くを返還し、結果、沖縄全体としての負担は軽減されるという。

　しかしながら、この計画には多くの問題点も指摘されている。辺野古はジュゴンやサンゴなどの貴重な動植物が生息する海域であり、基地が移設されることによってその環境が破壊されてしまうのではないか、という懸念。そもそも、ただでさえ米軍基地の密集する沖縄に、新たに基地を作ること自体が問題だ、という意見。とりわけ、辺野古では、様々な人の利害や立場の違いによって、同じ地元の住民同士でさえ対立せざるを得ない状況もある。辺野古は、そういう悲しい土地だった。キャンプシュワブとの境目。鉄条網により分断された浜辺が、それをより一層強調しているように思える。

　そんな中で声をあげて、基地に文[illegible]を突き付

データ

1：普天間基地移設問題…1996年、宜野湾市の普天間飛行場の老朽化と、周辺住民に及ぶ危険性の排除、負担の軽減という目的で同飛行場の移設が決定。のち、基地は辺野古の沖合に移設されることに。現在はブッシュ前大統領の提唱した在日米軍再編計画の一つとして重要な位置を担う。そのため、飛行場は沖合ではなくよりキャンプシュワブに密接した沿岸部に移設することが決定。同時に、在沖縄の海兵隊員8000人とその家族9000人をグアムへと移転させる計画も。それにより、人口の多い沖縄県の本島の中南部からは基地の多くが返還され、負担は軽減されるという。取材時は、現地にて環境影響アセスメント調査が防衛施設庁によって進められていた。

2：命を守る会…辺野古の地元の人々、特に高齢者の人々が結成した基地移設反対団体。現在は、この会に加え、名護市の住民で結成された「ヘリ基地反対協議会」や「平和市民連絡会」も共同で活動している。活動内容としては、辺野古の浜辺にあるテント村での座り込み活動。及び、海上で防衛施設庁が行う調査活動の阻止等がある。

ける人々がいる。地元の高齢者を中心として組織された「命を守る会」だ。現地では、この会に加えて、名護市の住民で結成された「ヘリ基地反対協議会」や「平和市民連絡会」も、共同でテント村での座り込みをはじめとした抗議活動を行っていた。

今回、お話を聞かせていただいたのは、そんな基地移設抗議活動の中でも、中心として動いている人物である平良悦美さん。これから記すのは、何も知らない東京の大学生が彼女に伺った、辺野古という土地で起きている「現実」である。（佐竹）

私はまず、問題の根源とも言える土地、普天間を訪れた。現地に実際に生活している人々の話を聞くためだ。しかし、「基地」という言葉を出すだけで多くの人が口をつぐんでしまう沖縄の人々にとって、神経質にならざるを得ない基地問題の複雑さを、まざまざと見せつけられたようだった。

そんな中、話を聞かせてくださった方がいた。生まれてからずっと普天間で暮らしてきた宮城武雄さんだ。

証言1▽宮城武雄

この土地に生まれて——宮城武雄さんの話

——宮城さんはこの土地に何年ぐらい住んでいるのですか？

宮城さん　私はここ普天間で生まれて、中学生まで過ごしました。それから台湾の師範学校、今で言うと高校に当たるところに行ったんです。私は向こうで軍隊に入り、戦争に行くことになったんですが、幸い台湾は戦争の被害があまりなかったので、助かりました。その後は、ここ普天間に帰ってきて、今まで住んでいます。台湾に行ったのは五年間ぐらいだったので、人生八十五年のうちの八十年ぐらいは、ここに住んでいることになります。

——基地用地として宮城さん自身の土地を取られたのは、いつ頃でしょうか？

宮城さん　それは終戦直後、昭和二十年ですね。私が軍隊から帰ってきたら、もうここに家はないし、すべて飛行場になっていたから。もうそれから後はずっと住む家もなくてね。

——自分の土地を取られた時は、どのように感じましたか？

宮城さん　それは憎しみや悔しさも、もちろんありました。でもこれは占領されているんだから、抵抗のしようがない。それに本土復帰直後にも問題はありました。特に有名なのは、伊佐浜《いさはま》問題（伊佐浜土地闘争）というのがあったんです。場所は国道五十八号線沿いの美浜《みはま》付近の東側辺りでしたね。ここは非常にきれいな田んぼが並んでいてね。あの地区の生活の糧になっていたんですが、そこは、終戦後すぐに基地になったんですね。そこに一旦移動して、沖縄は家の者が皆、戦争で亡くなって、そしてその後みんなそこに家をつくっていたわけですよ。私たちも二十代の頃はそこで米作りをしていました。しかし一九五五年に、ここも基地にするというふうに言われたのです。そしてその時期、あの辺のお母さんや先生方などの住民が皆立ち上がって反対運動をしたんです。すると彼ら（米軍）がどうしたかというと、銃とブルドーザーで住民たちを追っ払ったんです。それは有名な伊佐浜事件というんですね。

――その土地には、その他にどういったものがあったんでしょうか？

宮城さん　そこには私たちの先祖の墓もあったんです。沖縄の墓というのを見たことがある人はわかると思いますが、前方後円墳のような大きなお墓でしょう。そのようなお墓や私たちの家もあったんです。しかし、彼ら（米軍）はお墓や家を二束三文ぐらいで無理に取ったのです。今だったら一億円で作るような大きなお墓です。それを私たちも本当にわずかなお金で取られたんです。私たちは皆お墓も取られてどうするか考えたんです。土地もない、墓を作る場所もない。金もないということで、私たちの親はいろいろ考えて、しょうがないから共同墓を作ろうということになったんです。私たちは長屋で十基ずつ作ったんです。

――基地の近くに住んでいて、不便することはありますか？

宮城さん　例えば、テレビなんかを見たいと思ってる時にも、騒音があって途絶えることがあります。しかし、元々ここの人が住んでいる地区・住宅の上はなるべく飛ばないようにということを約束しているはずだからね。最近はそれを構わずに飛んでいるね。

――大きな騒音はいつも聞こえていますか？

宮城さん　そうですね。米軍の休み以外はほぼ毎日ですね。七月の北京オリンピックの時期にもよくありましたよ。

――飛行機は毎日何時頃に飛行訓練をするのでしょうか？

宮城さん　時間は別に決まりはあまりないですね。休日以外はいつでも練習をしています。しかし、最近はよく飛んでいるね。

――寝ていて飛行機の騒音に起こされることはあるんです

か？

宮城さん　それはよくありますね。話によく聞くのは、子供なんかは暑いから戸を開けて寝るんです。しかし、そうすると騒音で起こされるということがよくあるそうです。

――普天間飛行場は現在（二〇〇八年）、辺野古への移設案が出ていますが、基地自体はどういうふうになるのを一番望んでいますか？

宮城さん　現在、多くの住民は、市長に立候補した五人に、ここの普天間基地を撤去してほしいと言っています。仲井間知事は普天間基地を撤去じゃないまでも、使用させない、危険を除去すると、そういうことを言っていたんですが、なかなか実行に移せませんね。やはり多くの市民はこの基地は撤去してほしいと思っています。特に県外という話や、またそれ以外の他の場所にという話もあります。本当はもう国外や県外に移設するのを望んでいるのだろうけどね。

――やはり基地はなくなってほしいと思いますか？

宮城さん　そうですね。それは多くの方がそう思っていると思います。しかし同時に、住民の中には、基地の中に自分の家や土地それから畑がある人もいる。それが基地に取られているわけですね。そうすると、彼らには軍用地料という基地収入が入るんです。それで今生活をしている人もいる。働けない、仕事がないというような人たちは「基地があるのはやむを得ない。もう少し私が生きている間は……」という感じがあるのでしょうけどね……。しかし、普天間の住民のほとんどは、子供や子孫のためには基地はなくしたほうがいいと思っているという現状もあります。

――この基地がもし辺野古に移転するとしたら、今度は辺野古の人たちも騒音に苦しむことになると思うのですが、どう思いますか？

宮城さん　そうなんですね。この移設にも危険があるんです。多くの区民はここも反対、向こう（辺野古）に移転することも反対。なるべく外国にという考えなんです。グアムのように受け入れると言っているところもあるんだけどね。しかし、日米両政府は「やはり基地は沖縄に置かな

騒音について話す、宮城さん。

いといけない」と思っているんでしょうね。

——今大部分の方が基地に移転してほしいと思っている、と言われましたが、一部には賛成の人もいるんでしょうか？

宮城さん　先ほど言ったように、そういう人もいるんでしょうね。もうそれは仕方がないことだと思います。

——それはなぜでしょうか？

宮城さん　基地の軍用地料で収入を得て生活をしている人や、年をとってこれから何をすることもできないといったような方もいるんですね。特に老年の人なんかは基地収入を目当てにしている人たちもいるのが現状です。

——基地に対する抗議活動というのは、普段から行われているのでしょうか？

宮城さん　いつも抗議をしています。昔からずっとね。しかし、私たちがいくら抗議活動をしても聞かないんです。アメリカにはセーフゾーンというものがあるそうなんです。それは飛行する場所から、住宅地はある程度離れないといけないというものなんだそうです。以前宜野湾《ぎのわん》の前市長が「アメリカでは適用されているのに、なぜ宜野湾では適用されないのか」と抗議をしたそうなんですが。なぜかというと、普天間第二小学校などは、まさにそのセーフゾーンに引っかかるでしょう。そうしたら米軍は「勝手に家を作ったのが悪い」と言ったそうなんです。しかし、元々ここは沖縄の土地でしょう。そういったこともあり、非常に県民を無視している現状があるんですよね。

——最後の質問ですが、宮城さんは「基地があって危険だ」とも言われる普天間から、引っ越そうとは思わなかったんでしょうか？

宮城さん　引っ越すというのは……。ここは私の生まれた土地。故郷だからね。基地がなくなるべきなんです。私たちが望んでいることは、ここから基地がなくなり、そこに私たちの元の屋敷が建つことです。そして子や孫たちが住んでほしいと思うのです。基地も騒音もない街になってほしいと、そう願っている。だから、私はここから引っ越すというのは全然考えていないのです。

普天間飛行場のすぐ近く。抜けるような青空を切り裂いてゆく飛行機を見上げながら、宮城さんの話を思い出した。基地のない普天間に生まれ、戦後に基地の街と化してゆく普天間を見つめてきた宮城さん。「基地はなくなってほしい」という切実な願いがあった。

次に、新たに作られる基地を阻止しようとしている人々に会いに行った。彼らのいる場所は、名護市の辺野古。「命を守る会」という地元のおじい、おばあが立ち上げた会を中心に、いくつかの団体が一緒にテントを張って、浜で座り込みの抗議活動をしている。その中心人物の一人である平良悦美さんに、お話を伺った。

証言2▽平良悦美

活動に至るまでの道のり

――沖縄にはいつ移住されたのですか？

平良さん　生まれた時はね、沖縄の人じゃありませんでした。日本人だったの、私は。一九五九年の六月に、コザ（現沖縄市）へ移住したんです。まだアメリカの占領下で、ドルを使う所にやってきたわけです。

来てみたら、戦争の名残なのか荒れ果てていて、まだ緑があんまりありませんでした。安物の西部劇の舞台のような荒んだ所で、米兵がのさばっていました。私は若いかわいい女の子だったから、大きな米兵が囲い込んでくれましたよ。

――沖縄に来て、どんなことを感じましたか？

平良さん　まあ、小説の舞台のようで、結構楽しんでいました。最初に暮らした所は、バラックの中の一コーナーで、板敷き。ふすまも障子もない、硝子戸も雨戸もないのです。上から下ろすパネルみたいなものを、朝はガタンと上にあげて、夜になるとゴトンと下ろしてね。そうやって全部閉めると窓もないから真っ暗がりだけど、節穴だらけだから光が漏れてくる。そんな所で暮らし始めました。

――暮らし始めてからは、どんなことを感じましたか？

平良さん　そうやって暮らしていくうちに、米軍の将校たちと親しくなったの。そうして彼らに招待されて、訪ねて行った所というのが、私たちの暮らしとレベルの違う所でね。清潔で、ある種の快感がありました。大和（本土）からここに引っ越してきた時の落差と、ここから米軍将校に招かれて米軍基地の中に行った時の落差っていうのは、別の形であるのね。そういうのを結構楽しんでいました。

語り手の略歴

平良悦美　▷1934年、和歌山県新宮市でクリスチャンの両親のもとに生まれる。1959年に当時まだアメリカの占領下にあった沖縄に移住し、絵を描く仕事をしていた。そんな中、琉球人の青年牧師と結婚。里子を含む5人の男の子を育てた。これまでの基地反対運動とは違って、「命を守る」というヒューマニズムの哲学を機軸に運動を展開。旧来の闘争よりも、ソフトで自然体で、「生命」が中心にあるとされる。

平良悦美さん。

それが何を意味するのかなんて、学習もしていないし、ろくに考えてもいませんでした。

そして、私が初めて交流したその将校たちが、不思議と人間味があったのです。私が知っている中流家庭のインテリたちとは違う、温かい人間に触れ合えました。当たり前の温かい人間というのを知ったんです。だからね「こういう職業だからどうだ」、という発想は私の中にはありません。「ああ、素敵な人たちの隣で暮らしている」。そういう思いでした。

——その後、どのようにして沖縄の「現実」を知っていったのですか?

平良さん　そんなことで始まった五十年間の生活の中で、だんだん学習してこの島の歴史を知るようになったのです。日本の学校では教えてくれませんでした。日本がこの島を占領して、というか侵略して、植民地に仕立てていったということは。皇民化教育を徹底して、一二〇パーセントそれを押しつけることで、どんなに琉球（沖縄）の独自性を壊していったか、ということは。私は日本では教わっていなかったけれど、ここへ来て、学ぶことを通して、そして私の夫の個人史を通して、だんだんそういうことを知るようになっていったの。そうすると、活字で学んだことと重なって、この島が置かれている現実が見えてきたのです。

——その「現実」とは?

平良さん　毎日毎日戦争で傷ついて壊れちゃっている米兵たちが出入りしている。そして、日本軍が作っていた基地がそのまま米軍基地になっていて、朝鮮戦争が始まったとたんに、さらに基地を整理拡張し始め、普通に暮らしている土地をブルドーザーで押しのけて、家を壊しながら拡張していくっていう、そういうことが起こりました。たくさんいろんなことがありました。歴史をたどっていけばいくらでもありますよ、そういう話は。

そんな中で、この島から爆撃機が飛んで行くっていうことが見えてきたの、学習したら。面白いですね。あることでも見えないこと、というのがあるんですね。意識がどこで働くかによって、今まで見えなかったことがふっと頭の中に入ってくる、そういう経験をしました。そして、ベトナム戦争では十年間、爆弾を満載したB52が毎朝毎朝飛んで行くっていう現実を見ることになりました。しかもその爆弾っていうのが、嘉手納の弾薬庫から、いわゆる嘉手納基地って言われている飛行場のある所に運ばれて行くのです。飛行場だけを嘉手納基地だと思っている人もいるのだけど、それより広い面積の弾薬庫があるんです。それでその輸送路は普通の道路です。道路を遮断してね、交通遮断しといてね、爆弾やミサイルを積んだトラックが目の前を通って行って、その爆弾を積んだ飛行機がベトナムに発進して行く。そういうのを、見る暮らしになったの。

――その「現実」を見て、どんなことを感じましたか？

平良さん それを、「そんなもんか」って見ていた頃から、だんだんうちで子供が産まれて、この爆弾が誰の上で爆発しているのかというのが、私の想像の中で生き始めたの。子供が暮らしている所に爆弾を落としているのだ、ということが。十年も続いていますよ、ここからベトナムに出撃して行くということが。ベトナムでは三〇〇万人殺していますけどね。

悲しかった。「怒りがエネルギーになるんだ」、という言い方はよくされますけど、私はどっちかというと悲しさです。悲しかったのです。

――その時から、反基地活動に参加されているのですか？

平良さん その時はどうすればいいかわからなかったです。でも、「ベトナム戦争反対」という座り込みが県庁前で行われているという話を聞いて、子供に「ねえ、人殺しをしているから駄目よ、って言って座り込みをしている人がいるんだけど、どうしようかね」って相談したの。そうしたら、「うん、一緒に座ろう」と言ってくれました。それで、子供を連れて行ってみたら、その団体は労組だったんです。だから、私らのようなのがふらっと行っても入れるような雰囲気じゃないの、全然。「ああ、私の来る所じゃないんだな」と思いました。「じゃあ、私は何をすればいいんだろう。何ができるんだろう」。そんな思いで、ずっと暮らしていたの。

――そこからどうやって、辺野古での活動にたどり着いたのですか？

平良さん そんなことの中でね、新しい基地ができるっていうのがはっきりしたのがここ（辺野古）なの。それで、辺野古って決まった時に「辺野古ってどこなのだろう」、「この沖縄島の中のどこですか」と、私は車で探して走りまわってここへ来ました。

新しい基地を作るなら、私にはできることがある。その場所にこの一人が「否」と言って立つ。それならできる。だから、「どけ！　邪魔になる」と言って屈強な男たちが作業し始めた時、「私は何にもできんけどね」と言って作業員の首根っこを押さえた。そして、「あんたね、うちへ帰ったらあんたの子供に伝えてちょうだい。人殺しの基地は駄目って言って邪魔をする年寄りがいるってことを。覚えたか？　忘れずに伝えてよ！」って。そういうところからが始まりです。

辺野古での活動へ

――辺野古での活動は、いつから参加されましたか？

平良さん　辺野古を訪ねたのは一九九六年、六十二歳の時でした。その年の四月十二日、午後八時のニュースで当時の橋本首相とモンデール駐日大使の談話を見たの。「普天間基地はあまりにも危険だから、五年あるいは七年で返還します」という発表があったのです。

でも、私は考えました。裏がある。そんなに単純なはずがない。今まで、私たちをないがしろにしてやりたい放題やってきているのを見ているから、裏に何かあると思っていました。そうしたら三日ぐらい後、（沖縄の）東海岸に移すという発表があったのです。すると、白羽の矢の立ちそうな所で反対抗議集会がどんどん開かれていきました。勝連の辺りとかでも。私はそれ、全部行きました。

そして、そのうちに移設予定地が辺野古に決まりました。それで私は、「辺野古ってどこですか」って探してきたのです。そしたら、この地域の住民たちが反対決議をしていたの。辺野古の人たちが。そして一九九七年の一月二十七日に、この（テント村の）上のコミュニティセンターで「命を守る会」の結成集会が開かれました。それは傍聴できた。よそ者ではあったけれど。それから時々、のぞきに来たのです。仲間に入れてもらえなかったけれども。でも、私の体をそこに持っていくという決意というかその思い、それしかないという思いはずっとありました。今だって「命を守る会」のメンバーでもないんです。でも、ここに基地が作られる、とだんだん話が煮詰まってきた時に、「命を守る会」だけではなくて、島全体が動き出しました。

――ちょうどその頃に、移設の事前調査が始まったのですよね？

平良さん　そのうちに、（辺野古に来ている中で）基地移設に対して抗議の意思を持っている人たち、というものの顔が見えてきました。そうした人たちと連絡を取っているうちに、二〇〇三年の夜中のことでした。仲間から電話があったの。「明日から予備調査が始まる。僕の船がチャーターされている。マスコミを乗せて出る」。それで翌朝早くここへ来てみたら、いろんなモニターを積んだ船のエンジンがかかっていて、その時まさに港から出ようとしていたの。その船の作業員たちに「何をするつもりなのですか？ 私たちの了解を取っての作業ですか？」と、どんなに話しかけても会話にならないのよ。そして朝七時頃出て行ったの。それからは、彼らは毎日毎日朝六時に来て、作業に行っていました。

辺野古の岩場から。奥にうっすら見えるのは米軍基地、キャンプシュワブの施設。

それで、あとあと新聞を読んでわかったのは、防衛施設局が名護の市議会に「事前作業を始めます」という説明をしたと。それが四月七日だったようです。その時、市議会が「いつから始めるのですか？」と尋ねたら、「未定です」と（防衛施設庁が）答えたと書いてありました。でも、彼らは作業をその翌朝（四月八日）から始めているの。そういうのを目の当たりにしたから、もう信用できないのよ。

――そのような動きの中で、平良さんたちはどのように活動されたのですか？

平良さん　作業員たちはほとんど毎朝来ていました。そんな中で、「このままやられっぱなしはイカン」という話が出始め、こちら側の人がだんだん増え始め、「じゃあ相談しよう。私たちには何ができるのか、何をしなきゃいけないのか」ということになったのです。そして、少なくとも週一回、土曜の朝七時半に集まって、浜辺の掃除をした後に一時間に限った意見交換、情報交換をしようと決めたの。それが二〇〇三年の七月のことでした。その時のメンバーの中で、「海で彼らが作業するんだから、止めるためには海に出なければならない。泳げる人はいるか？」と言ったら、泳げる人はいませんでした。でも、海に出て止めなければいけない。ならいい方法がある。おもちゃのようなカヌーで彼らが作業したい所に留まっていれば、作業船はそこを押しのけてくることができないじゃないか。海の掟は厳しいんだから。ぷかぷか浮いているだけでもいい。じゃあカヌーの練習を始めよう。それからカヌーでの調査阻止活動が始まりました。

活動の中で感じること

——カヌーでの活動は、具体的にはどのようなことをされていたのですか？

平良さん　カヌーは難しいですよ。そんな趣味もないし、好みもないのに。あんな不安定なものに乗って海に出るのなんて、好きじゃないです。はじめは人のカヌーを借りて、一年ぐらいとにかく練習を続けました。そうやって練習して、穏やかな日にやっと乗れるようになった時に、いきなり本番を迎えたのです。二〇〇四年の四月十九日でした。午前五時に一〇〇人の作業員が一気にここにやって来たの。その時、「カヌー隊、出動！」と言われて海に出たのだけど、慌てましたね。怖かったですよ。でもその日は、海が大して荒れていたわけではなかったです。

　本当に作業船が出て来たのは、二〇〇四年の九月九日。別の港からでした。その作業船の名前が「きぼう」だとか「ゆいまーる（沖縄方言で、「助け合い」の意）」だとかね、いやらしいの。あの人たちは本当だったら恥ずかしくてつけられないだろうと思うような名前の船が来ましたよ。それで沖に出て来たから、私たちはカヌーで外洋まで行きましたよ、そんな力量もないのにね。結局、波の中で転覆しました。そばにいた人が、ひっくり返ったカヌーを急いで元に戻して持ってくれて、「早く乗んなさい、乗んなさい」と。乗ろうとしたのだけど、先に転覆したもう一艘のカヌーからほどけたロープが海の中で私の足にしっかり絡まっていたのです。それをはずすのにもう必死で。激しい波の中で、恐ろしかったですよ。

——活動の中で、辛いことは？

平良さん　悲しい質問をするのね。一緒に闘ってみなさい。どんなに面白くないかわかりますよ。

　向こうで雇われてくる人というのは、筋骨隆々の大きな人なの。もちろん男性で。海に慣れているし、水に慣れている、そして水中の作業にも慣れている人たちが、私らが邪魔になるといって、ひっくり返しに来るの。だから、高

辺野古、奥に平良さんたちのテント村が見える。

いメガネを二つ落としましたし。安いメガネには、沈まないように浮きをつけましたけど。

でもチャンスがあれば彼らには、「あんたたちを敵だと思ってないよ」と言っています。「あんたたちも敵だと思ってない。この計画がなくなれば一緒に生きていく仲間だと思っているよ。だから、あんたの分も阻止行動したいんだよ」と。すると、「一緒になんて言うな」と言って怒る人もいるけれども、「わかるよ、わかるよ」と言う人もいます。でも、「誰が食わしてくれるか」と言う人もいますね。「生活のためだよ」と言う人の方が、数は多いですね。「もっといい仕事があれば変わりたいか?」と聞いたら、「そりゃそうだよ」と言う人の方が、数は多いです。作業員の中でも、「本当は埋め立てたくない」と言う人の方が多いですね。この海を失いたくないと言う人の方が多いですよ、実際に私が聞いてみたら。

――彼らの仕事というのは、どういうものなのですか?

平良さん　雇われた仕事っていうのは、組織の構造的に末端の仕事なの。ラインを引いて、この二キロの間に生物は何がいるのか、海草はどんなものが生えているか、ということの記録を採ったりしています。そういう仕事は、専門の勉強をした人にとっては楽しいみたいですね。だから、海底の石をひっくり返して裏側を詳しく見たりして、楽しそうにやっていますよ。それで私は、「あんたたち楽しいだろうし、専門性が生かされていくんだろうけれども、日本の法律ではこの環境影響調査が終わった後、『こういう環境だからこの基地建設はやめましょう』という選択肢は用意されてないこと、知っていますか?」と話しかけているのです。知らないのですよ、現場の人々は。それが悲しいじゃないの。だから、「お金だけもらって怠けてよ」、「あんまり一生懸命働かないでよ」と。そういう話はしています。

――それなのに、作業は進んでいますよね?

平良さん　見張られているのです、監督から、事務所から。「もっとしっかり働け」という電話がしょっちゅうかかってきます。顔を見ていたら、それはよくわかります。断っているのも聞こえるの。作業ができないように、私たちが必死になって阻止するでしょ。作業船が作業をする予定の場所に行こうと思っても、カヌーで囲んだりしてね。すると、「無理ですよ、今は無理ですよ。動けません」と言っているのが聞こえるんです。だけど何度も電話がかかってくるうち、だんだん表情が変になってしまう。そして私たちを振り払って、ひっくり返して、次のポイントに向かったりするのです。でも、本当は彼らと一緒になって反対行動したいな、と思っています。

――そういった人たちが結局力に屈してしまう原因とは、何でしょうか?

平良さん　どういうところにあるかというと、教育にあると思います。一番底辺には一〇〇年かけた教育があると思う。あるいはそういう現場の、末端の作業員のような仕事にしかありつけない、貧しい社会を作っていくという政策があるのかもしれない。私は経済学の勉強はしていないからわかりませんが、そう思えてしまえるような、生活しにくい人たちが一杯出てきているんじゃないでしょうか。そして、札束をちらつかせて……ということが、現実にあるわけです。単純に言うと、そういうことなのかな。

そんな中で、私たちはとりあえずここに自分の体を持っていくことによって、「駄目だ」ということを表す役割を引き受けます。もっとも、ここでは止められないことはわかっていますよ。向こうのほうが、人数もお金も動きも上手だから。ただ、一時間延ばすとか、半日延ばすとか、五日間延ばすとかといった時間延ばしは、少しずつしていますよ。そうやって頑張っている間に、周りの人が何らかの形で賢く動いてくれるはずだと信頼をかけています。ここで頑張っている人もいなかったら、別の土地の人たちはもっとやりにくいでしょう。

これからの辺野古について

――今の辺野古の基地問題において、最も重要な課題、問題は?

平良さん　目の前の問題は、構造的に高性能の殺人出撃基地が計画をどんどん進めようとしていることです。まずこれは止めたいです。止めようよ。つらすぎるよ。弾薬庫がある、滑走路ができる、それで北部訓練場、つまりゲリラ訓練をする場所や、どこか国に攻めていった時に最初に乗り込む海兵隊の基地が北部にあるのですよ。そして、この移設計画には、あの大浦湾を原子力潜水艦でも原子力空母でも入れるような軍港にしようというものが含まれている、とも聞いてます。こんなもの、許せるかしら。何をしようとしているのかといえば、誰かを殺そうとしているのですよ。

移設を止められなかったら、容認したことになりますよ。移設を止めないという現実、事実があったら、その先を容認したという結果になる。それなら共犯者じゃないですか。そんなの嫌ですよ。

――目の前ではなく、長い目で見たらどんな問題が？

平良さん　基地建設を止めてから考えます。いくらでも問題が見えてきますよ。止めましょう。ここ、沖縄の人々だけでは止まらないのです。沖縄中の赤ちゃんから死にそうな人までを合わせても、一三〇万人しかいないのですよ。一三〇万人皆が意思表示しても、日本の中では一〇〇分の一なのです。全然足りないでしょう。

――一〇〇分の一で変えられないことを変えるために、これから必要なことは？

平良さん　皆一緒に、誰も泣かないように生きていきたいんですよ。忘れられる人や無視される人がいないように。今は、この島の人々が無視されて担わされている面があるでしょう。でも、そんなことがないようにね。

私が今ここに出てきているのは、もし私自身が無視されることを容認したり辛抱して黙ってしまったりしたら、誰か、次に無視される人のために立ち上がれないからです。私が我慢してしまえば、再生産してしまう。それはここで食い止めないといけないでしょう。

でも、私らでは止められないですよ。よくわかる。相手はすごい力ですよ。それでね、彼らは、様子を見ていると思うのです。ここで動いている人たちの背後にどれだけの大衆がいるだろうかと、見ていると思います。私たちに弾圧をかけてみた時に、私たちが潰《つぶ》れて消えてしまうのか、それとも周辺にいる人たちが立ち上がってくるのか。その辺をじっと偵察していると思うのです。その周辺というのは、沖縄の大衆じゃないですよ、たぶん。日本の多数を占める、あなたたち普通の人たちですよ。

朝、平良さんたちのミーティングの様子。

取材後記

辺野古への基地移設は着々と進んでいる。取材当時に行われていた環境影響アセスメント調査は終了し、いよいよ本格的な基地移設の準備段階に入っていくようだ。取材から一年近く経ち、確実に計画が進んでいることを感じる。彼女たちの戦いはまだ終わっていない。今もあの海岸で、あのテント村で、彼女たちは活動をしている。私たちはここで戦うから、その間にこの問題に気づいてくれ。そう叫んでいるのだろう。

そんな彼女たちから、私は何を学んだのだろうか。特に私が印象に残っているのは、「誰も泣かないように生きていきたい」という彼女の言葉。それは彼女だから思うことではなくて、私たちだって普通に暮らしていて思うことなのではないだろうか。

だが、成長していくにつれて、そうした感情は失せていく。現実を見て、米国の世界戦略、安全保障論、集団的自衛権、中国や北朝鮮の軍事力の拡大など、日本の周辺事情を学ぶにつれて、自身の限界を知っていく。それが大人になるということなのだろうか。

しかし、彼女のように真っすぐにその思いを信じ続けることも大事なのかもしれない。彼女たちは、一見無謀にも思える行為を十年以上も続けている。私はそれを笑えない。

以前は、漠然と基地があるのはおかしいのではないかと思っていただけだった。しかし、私はその問題の深さを知った。次はそれを一つひとつ解きほぐして、知りたい。どうしたら「誰も泣かないように」生きていけるのかを考え続けること。それが、私に今できることなのではないかと思う。

取材日▼二〇〇八年八月二十七－二十八日

編者 ▷ 松野良一（まつの りょういち）

1956年生まれ。中央大学総合政策学部教授。
専門はメディア論、ジャーナリズム論。
中央大学大学院総合政策研究科博士後期課程修了。博士（総合政策）。
2003年4月から中央大学FLPジャーナリズムプログラムを担当している。

証言で学ぶ「沖縄問題」
観光しか知らない学生のために

二〇一四年四月三〇日　初版第一刷発行

編　者――松野良一
発行者――遠山　曉
発行所――中央大学出版部
東京都八王子市東中野七四二-一
〒一九二-〇三九三
電　話　〇四二-六七四-二三五一
ＦＡＸ　〇四二-六七四-二三五四
http://www2.chuo-u.ac.jp/up/
装　幀――松田行正＋日向麻梨子
印刷・製本――藤原印刷株式会社

ISBN978-4-8057-5228-9